よくわかる！
労働判例
ポイント解説集

第2版

山田省三
春田吉備彦
河合　塁
編著

後藤　究
小林大祐
榊原嘉明
東島日出夫
藤木貴史
松井良和
著

K労働開発研究会

はじめに

　本書の初版を送り出してから8年が経過しましたが、コロナウイルス感染症の拡大や、ロシアによるウクライナ侵攻、それに起因する異常な円安と物価高など、経済社会構造を取り巻く環境はますます混迷を極めています。労働関係に関しても、その間に「働き方改革」やパワハラ防止法制のスタートなど、重要な法改正が行われましたが、このように激変する時代の中で、労働者・使用者を取り巻く環境も、労働に関連する紛争も、ますます大変かつ複雑なものになってきていると思われます。

　このように雇用状況や労使関係が激動に晒されている時代だからこそ、労働者・使用者いずれにとっても、「最近はどんな事件が起きているのか」「そこではどんな判決が出されているのか」「判決ではどんな理屈で、そういう結論になったのか」などを知っておくことは不可欠でしょう。本書はそのような観点から、事実関係や判決の内容、判決のポイントをコンパクトに、わかりやすく読んでいただけるよう、工夫したつもりです（年号も、読みやすくするため、原則として西暦に統一しています）。

　本書は、初版と同様に、近時の重要判例を実務的に解説して好評を博している「労働法学研究会報」（労働開発研究会）に掲載された「よく分かる！労働判例ポイント解説」をアップ・トゥ・デートしたものですが、なんと収録裁判例（38件）のうち、約3分の2は本書のために新たに書下ろしたものです。一般的な判例解説集は法理論として重要な裁判例が中心ですが、実際にはそれ以外にも、労働者・使用者にはぜひ知っておいてほしい、あるいは企業の業務で有益と思われる裁判例もたくさんあります。本書では、ここ数年以内の新しい裁判例の中からそういったものをピックアップし、盛り込みました。

　さらには（初版にはありませんでしたが）「解題」として、各テーマごとに、基本的な視点（法律やこれまでの判例の考え方）、そして本書で取り上げている裁判例以外のものを含めた、近時の関連裁判例についても道しるべ的にまとめています。これを読んでから裁判例を読むと、よりスムースにポイントが理解できるでしょう。

　裁判例には、当事者がたくさんいたり、事実関係が複雑だったり、法律上の争点が多岐にわたっていたりなど、その内容をコンパクトに理解することは、実はけっこう大変です。また、似たような事件であっても、1つ1つ事実関係は違いますので、結論だけ覚えたとしても、そのまま実務に使えるわけではありません。とはいっても、類似のケースを考える上での大きな参考になることは間違いないでしょう。本書を読めば、コンパクトに裁判例を理解でき、かつ、働く上で、あるいは企業実務で役に立つ視点も身に着けられるものと自負しています。

　本書の出版に関しては、沖縄大学からの研究助成をいただいている他、労働開発研究会の末永将太編集長には、初版同様に本当にお世話になりました。執筆者一同、感謝の念に堪えません。本書が、現場で苦労をされている労働者・使用者はもとより、労働法にかかわる多くの方々に、少しでも役に立つものとなることを祈念しています。

2022年12月　編者一同

目　次
contents

※本書掲載の事件はLEX/DB（TKC法律情報サービス「TKCローライブラリー」）に登載しています。

凡 例

主な法令は、原則として以下のように略記している。

育介法	育児休業、介護休業等育児又は家族介護を行う労働者の福祉に関する法律
均等法	雇用の分野における男女の均等な機会及び待遇の確保等に関する法律
均等則	同上施行規則
憲法	日本国憲法
高年法	高年齢者等の雇用の安定等に関する法律
最賃法	最低賃金法
障害者雇用促進法	障害者の雇用の促進等に関する法律
職安法	職業安定法
派遣法	労働者派遣事業の適正な運営の確保及び派遣労働者の保護等に関する法律
パート労働法	短時間労働者の雇用管理の改善等に関する法律
パート・有期法	短時間労働者及び有期雇用労働者の雇用管理の改善等に関する法律
労基法	労働基準法
労基則	同上施行規則
労組法	労働組合法
労契法	労働契約法
労災保険法	労働者災害補償保険法
労働施策総合推進法	労働施策の総合的な推進並びに労働者の雇用の安定及び職業生活の充実等に関する法律

よくわかる！
労働判例
ポイント解説集

第2版

労働判例の読み方について

弁護士・中央大学名誉教授　山田省三

1．判決はどのように行われるのか

訴訟においては、原告が被告に対して、どのような権利関係や法律関係につき、どのような判決を求めているかが明確に特定される必要があります。訴えが提起されたとき、訴状に不備が認められなければ、口頭弁論が行われます（口頭弁論なしに、判決を出すことは許されません。民事訴訟法87条1項）。労働事件を含む民事裁判では、訴訟当事者が主張していない事実を裁判所が判決の基礎としてはならないという弁論主義の原則が適用され、また、当事者間に争いのない事実は、判決の基礎とされます。

そして、審理が尽くされたと判断する場合、裁判所は、口頭弁論を終結し、判決により裁判を終了させることになります。ここでは、訴えの利益を欠いていたり、訴訟要件を充足していない場合には訴えの却下となりますが、これを充足している場合には、請求認容（一部認容も含む）もしくは請求棄却の判決が下されます。判決に不服がある当事者は、法定期間内（通常は14日間）であれば、控訴もしくは上告が認められます。

周知のことですが、わが国では地方裁判所、高等裁判所（控訴審）、最高裁判所（上告審）という3審制が採用されており、地裁判決に不服の場合には控訴、高裁判決に不服の場合には上告と呼ばれます。

最高裁は、上告が行われると、その申し立てが、判例違反その他の法令の解釈に関する重要な事項を含むときには、これを受理することになります（民事訴訟法318条1項）が、それ以外の場合（これには、上告申立の理由が重要でないと判断された場合が含まれます）には、上告不受理と

なり、裁判は控訴審判決が最終判断となります。上告が受理された場合には、最高裁で審理が開始されますが、事実認定は行われず、原審（控訴審）が認定した事実を前提として、判決が出されます。このため、地裁及び高裁が事実審と呼ばれるのに対し、最高裁は法律審と呼ばれます。

最高裁の判断には、控訴審（原審）判決の判断を維持する上告棄却のほか、上告自体を認めない上告不受理、原審判決の判断を否定して、最高裁自身が異なった判断を下す破棄自判があります。以上の判決により、最高裁判決が確定することになりますが、終結しないのが、破棄差戻となったケースです。これは、最高裁が高裁（原審）判決の法律判断を否定するものですが、上述したように、最高裁は事実認定をしませんので、最高裁が示した法律判断の枠組みに従って、高裁は事実認定をしたうえで、結論を出しなさいという意味となります。そうすると、破棄差戻を受けた控訴審の裁判官は、最高裁の見解と異なる判断をしたり、この最高裁判決に従う義務はあるのでしょうか。日本国憲法には、「すべて裁判官は、その良心に従ひ独立してその職務を行ひ、この憲法及び法律にのみ拘束される」と定められており（憲法76条3項）、上級審である最高裁の判断に拘束されるとは規定されていません。しかし、そうすると、高裁が自己の法律判断を維持する限り、裁判は永久に続くことになってしまいます。そこで、当該事件に限って、上級審の判断は下級審を拘束すると定められています（裁判所法4条）。

2．労働判例の読み方

判決文は、訴訟当事者（原告・被告および各代

理人）、（判決）主文（裁判の結論）、事実及び理由から構成されます。

　まず、「主文」には、たとえば「原告が被告の従業員としての地位を有することを確認する」、「被告は、原告に対し、令和4年4月1日から毎月25日限り50万円及びこれらに対する各支払期日の翌日から支払済みまで年3分の割合による金員を支払え」などと記載されています。その意味は、解雇が無効となり、被告会社の従業員としての地位が認められること、および被告会社は原告に対し、解雇期間中の賃金（バックペイ）額に法定利息3分をプラスして支払えという内容です。これに、裁判費用の支払いに関する部分が付加されることもあります。これは判決（本訴）のケースですが、仮処分事件では、原告は債権者、被告は債務者と呼ばれます。

　次の「事実及び理由」が重要であり、これは、請求内容、事実の概要、当裁判所の判断、そして結論に分類されます。さらに、「事実の概要」は、前提事実と、争点及び当事者の主張に分かれ、事実関係や、裁判上の争点に関する原告・被告の主張やその法的根拠が示されていますので、この部分を読めば、裁判において、どのような法律問題が争われているのかが明らかになります。

　そして、最も重要な部分が「当裁判所の判断」で、各争点について、前提となる事実関係と、それに対する法的判断が提示されています。本書では、この部分を中心にわかりやすく紹介することになります。最後が、「結論」であり、「主文」の内容を説明する個所となっています。

　通常の民事裁判では、要件事実が重要な意味を有することになりますが、労働裁判では、「濫用」、「合理性」といった一般条項の解釈が問題となるのが特徴と言えるでしょう。一般に、権利濫用は解雇や配転命令権のように、使用者が保有していると考えられている権利を裁判所がチェックする場合、合理性は時間外労働義務や就業規則の一方的不利益変更のように、使用者が本来有していない権利を裁判所がチェックする場合に用いられる判断基準と考えられます。また、裁判所の判断を具体的な事実に当てはめると、まったく正反対の結論に至ることも少なくありませんので、労働事件では、どのような事実関係であるか、すなわち前提事実が極めて重要であることに留意されるべきでしょう。

3．労働判例の掲載誌について

　最後に、労働判例の全文を掲載する雑誌を紹介します。

　これには、「労働判例」（産労総合研究所、月2回発行）、「労働経済判例速報」（日本経済団体連合会、月3回発行）が代表的なものですが、このほか、毎号ではありませんが、「労働法律旬報」（旬報社、月2回発行）にも判例全文が掲載されます。

　このほか、労働判例に限定されませんが、最高裁の判例を集めた「最高裁判所民事裁判例集」（各年刊行、法曹会）がありますが、昭和40年代までの労働判例については、「労働関係民事裁判例集」（法曹会、隔月刊行）などが参考になります。ここでは、現在手軽にみることができる「労働判例」と「労働経済判例速報」の2誌を紹介することにしましょう。

　「労働判例」では、労働審判例が掲載されることがありますが、ダイジェストの判例を除いて、全判例について、判決の位置付け、関連判例等を含む詳細な解説（コメント）が付されており、関連判例を知ることができること、あるいは重要な裁判例には、研究者や弁護士等の実務家による判例解説が掲載されているのが特長と指摘できるでしょう。ただし、丁寧な判例解説がついている分、判決から掲載に至るまで、少し時間がかかることもあります。

　これに対し、「労働経済判例速報」に掲載される判例は2～3件（長文の場合には1件）と少ないこと、個々の判例の解説が付いていないこと（裏表紙に使用者側代理人の弁護士の解説1頁分がありますが）が挙げられますが、その名が示す通り、速報性に優れているのが特長です。以上のように、ジックリ読むものならば前者、速報性を求めるのであれば後者が適任ということが指摘できるでしょう。

　また、速報性という点では、労働開発研究会が発行する「労働判例ジャーナル」が優れており、数か月前の判決の事実関係と判決要旨とがコンパクトにまとめられており、とても便利です。

　以上が判例誌ですが、近年では、電子媒体により判例全文を読むことが可能となっています。「労働判例」は創刊号からDVD化されていますし、第一法規のWEBサイト（判例秘書等）、労働法を含む重要判例を見ることができます。

個別労働関係法上の労働者

1. 労働者概念の多様性

　労働法における主たる登場人物が、労働者と使用者であることに疑いありません。ここでは、ある用語の定義は、それぞれの法律の目的によって異なることに注意が必要です。

　「使用者」とは、労契法では、「その使用する労働者に対して賃金を支払う者」（2条1項）であるのに対し、労基法では、「事業主又は事業の経営担当者その他その事業の労働者に関する事項について、事業主のために行為をするすべての者」と定義されています（10条）。

　文字通り、労働契約を規律する労契法では、労働契約の当事者ですから、同法の使用者とは、労働者から労務提供を受けて、賃金を支払う一方の契約当事者です。すなわち法人もしくは個人事業主ということになります。これに対し、労基法の使用者は、「事業主や経営担当者」のほか、課長や係長等が含まれることがあります。労契法の定義より広くなっています。その理由としては、時間外労働等の労働時間管理を行ったり、年次有給休暇に対する時季変更権を行使する等、現実に労働者を指揮監督するポストにある職にある者も「使用者」に含めていると考えられます。

　労働者についても同様であり、法律によって、「労働者」の定義が異なります。

2. 労基法上の労働者

　賃金や労働時間等の基本的労働条件を規律する労基法は、同法における「労働者」を、「職業の種類を問わず、事業または事務所に使用されて、賃金を支払われる者」（同法9条）と定義しています。「労働者」といえば、工場労働者を想像しますが、もっと幅広くホワイトカラー、運転手、飲食店従業員、教員等を含むということです。

　したがって、労基法では、①事業または事務所に、②使用され、③「賃金を支払われる者」が労働者ということになります。①は労基法が適用される事業・事務所ですが、労基法別表第一に列挙されており、ほとんどの事業等が含まれていま

す。②の「使用される」というのがもっとも重要なポイントで、後に説明する「使用従属関係」が存在することです。③では、「賃金」との用語が問題となりますが、これは「名称の如何を問わず、労働の対償として使用者が支払うすべてのもの」（同法11条）と規定されています。ここでは、賃金、給与、手当他に賞与が含まれていることが注目されます（労基法11条）。「賃金」では「労働の対償」がキーワードですが、具体的には、「支給基準が明確となっているもの」が該当します。

　労基法上の「労働者」のキー概念である「使用従属関係」における具体的判断要素として、①業務遂行上の指揮監督関係の存否・内容、②支払われる報酬の性格・額、③具体的な仕事の依頼、業務指示等に対する諾否の自由の有無、④時間的および場所的拘束性の有無・程度、⑤労務提供の代替性の有無、⑥業務用機材等機械・器具の負担関係、⑦専属性の程度、⑧使用者の服務規律の適用の有無、⑨公租等の公的負担関係、その他諸般の事情を総合的に考慮して判断されることになります（新宿労基署長（映画撮影技師）事件、東京高判2002・7・11労判832号13頁）。なお、同事件では、同一の判断基準を採用しながら、「労働者」性の有無につき、結論が分かれています。

　そして、以上の要素を分類すれば、①、③、④、⑤が「指揮監督下の労働」、②が「報酬の労務対償性」という労働者性を決定する基本的な部分を示すものであり、⑥〜⑨が労働者性を補強する部分となります。

　近年の裁判例をみると、たとえば劇団員の労働者性が争われたエアースタジオ事件（本書10頁）があります。そこでは、労基法上の労働者とは、使用者の指揮命令下に労務を遂行し、労務提供に対して賃金を支払われる関係にあったかという2点が挙げられています。具体的には、①使用者に対する各業務について許諾の自由を有していたか、②業務に際して時間的・場所的拘束があったか、③労務提供への対価が支払われていたかなどの諸点から、個別具体的に判断されるとされています。ワイアクシス事件（東京地判2020・3・25

労判1239号50頁）では、契約解除が解雇に該当するか否かの前提として、原告であるコピーライターが労働者と認められるかが争点となっています。判決は、①コピーライティング業務自体の業務の性質上、被告会社の代表者や従業員から具体的な指示を受けることは多くはなかったものの、顧客のディレクターの指示に基づいて業務を進める必要があったこと、②原告は、被告会社の従業員の勤務形態および勤務時間で勤務していたと推定され、業務に関して、時間的場所的な拘束度が相当あったこと、③原告の業務については、具体的な仕事の依頼、業務指示等に対する諾否の自由はなく、原告は、被告会社の業務上の指揮監督に従う関係が認められ、業務提供の代替性もなかったこと、④支払われる固定報酬は、実質的には労務提供の対価的性格を有しており、原告には事業者性が求められず、事業者性も認められないこと、⑤被告会社も原告を労働者と認識していたこと等の事情から、原告が労基法9条、労契法2条1項の労働者に該当するとされています。

このほか、代行ドライバー（日本代行事件・本書14頁）、訓練期間中の航空会社の客室乗務員（ケイ・エル・エム・ローヤルダッチエアーラインズ事件・東京地判2022・1・17労判1261号19頁）が、「労働者」と認定されています。

これに対し、ロジクエスト事件（東京地判2020・11・24労判1259号69頁）では、個別配送業務従事者の労働者性が問題となりましたが、①被告会社の業務があれば発注することになっており、原告には諾否の自由があったこと、②原告は、業務の遂行にあたり、本件業務の性質上最低限必要な指示以外は、業務遂行方法等について、裁量を有し、自ら決定することができることとされており、配送業務の遂行にあたり、本件会社の社名やロゴが入ったエコキャリーバッグ、ユニホームを使用していますが、これは円滑な業務を遂行するためのもので、労働者性を基礎付けるものではないこと、本契約料金は、配送距離に応じた単価に個々の件数を乗じて算出するものであり、労務提供期間との結び付きは弱いものであるとして、労働者性が否定されています。

このほか、いわゆるアイドルが最低賃金法上の労働者には該当しないとされたHプロジェクト事件（東京地判2021・9・7労判1263号29頁）があります。なお、最低賃金制度が適用される「労働者」とは労基法9条の労働者と同一とされていま

す（最低賃金法2条1号）。アイドルであった亡Aは、①アイドルグループのイベントの9割程度参加していましたが、イベントへの参加は、Aが「参加」を選択して初めて参加を義務付けられるものであり、本件グループのメンバーとしてイベント等に参加するか否かについて、諾否の自由を有していたこと、②Aらメンバーに支払われていた報酬は、その励みとなるように、その活動による収益の一部を分配するもので、メンバーの労務に対する対価としての性格は弱く、Aが提供する役務による成果がすべて被告会社に帰属とされていること、③販売応援は、店舗における販売活動というよりも、芸能的要素を伴った活動であること等から、販売活動に限定しても、Aが労基法の労働者とは言えないと判断されました。

3. 労災保険法上の労働者

労災補償保険法（労災保険法）は、労働者の業務災害と並んで通勤災害も補償の対象としています。同法には、労働者の定義がありませんが、労基法9条の「労働者」と同一のものと考えられています。その理由として、労災保険が、使用者の労基法上の労災補償制度を前提に、その責任保険としての性格を持つ（労基法84条1項参照）とともに、労災保険給付が労基法上の災害補償事由が生じた場合に行われること（労災保険保険法12条の8第2項参照）があげられています。また、（国・津山労基署長（住友ゴム工業）事件（大阪地判2020・5・29労判1232号17頁））では、業務委託契約を締結している二輪車用タイヤの開発テストライダーが、労災保険法上の「労働者」と認められています。

4. 労働契約法上の労働者

最後に労契法における労働者とは、「使用者に使用されて労働し、賃金を支払われる者をいう」と定義されています（同法2条1項）。これは、労基法9条の規定と類似していますが、「事業に使用される」とする労基法とは異なり、「事業」で使用される必要はない点で、わずかに異なります。両者は基本的は同一と考えられていますが、事業性のない個人に使用される者も含まれますので、労契法の労働者のほうが、少しだけ広いことになります。　　　　　　　　　　（山田 省三）

コンビニフランチャイズにおける加盟者の労組法上の労働者性

セブン-イレブン・ジャパン事件　中労委命令2019・2・6労経速2377号3頁　　LEX/DB25562667

【問題となったポイント】
・コンビニフランチャイズ契約の加盟者は労組法上の労働者か

事実の概要

本件は、コンビニフランチャイズ（以下、フランチャイズ＝FCと表記）チェーンを運営し、出店・経営全般に関するシステムやノウハウの提供等を業とするX社との間で加盟店基本契約（以下、本件FC契約）を締結し、Xの店舗（以下、加盟店）を経営する加盟者らが労組法3条の労働者といえるのかが問題になった事案です。事案の経緯として、まず、加盟者らを組織するY組合が「団体交渉のルール作り他」を議題とする団交をXに申し入れたところ、Xは、Yが組織する加盟者は独立した事業主でありXと労使関係にはないこと等を理由にこれに応じませんでした。そのため、Yが、Xによる団交拒否が労組法7条2号に反するとして、労働委員会に救済申立てを行いました。その後、初審（岡山県労委命令2014・3・13）がYの申立てを認めたため、Xがこれを不服として中央労働委員会に再審査申立てを行いました。

命令要旨

Xの申立て認容、初審命令取消

1　労組法上の労働者性に関する一般論

労組法は憲法28条の規定を受けて「『労働者が使用者との交渉において対等の立場に立つことを促進することにより労働者の地位を向上させること』を目的として……労働者が労働組合に結集して団体交渉することを助成する諸種の保護を行っ

ている」。この趣旨目的に加え、同法3条の規定に照らせば、労組法上の労働者とは「労働契約によって労務を供給する者のみならず、労働契約に類する契約によって労務を供給して収入を得る者で、労働契約下にある者と同様に使用者との交渉上の対等性を確保するために労組法の保護を及ぼすことが必要かつ適切と認められる者をも含む」。この理解を前提に、①労務供給者が相手方の事業組織に組み入れられているか、②当該契約の全部又は重要部分が相手方によって一方的・定型的に決定されているか、③その者への報酬が労務供給に対する対価ないしそれに類似するものとみることができるか、との判断要素に照らし、団体交渉の保護を及ぼすべき必要性と適切性が認められる場合には、当該労務供給者は労組法上の労働者に当たる。①に関しては補充的に(a)その者が個別の業務の依頼に応ずべき関係にあるか、(b)労務供給の日時・場所や態様について、広い意味での指揮監督に従って業務に従事しているか、(c)相手方に専属的に労務を供給しているか、といった要素も考慮される。「他方、……事業者性が顕著である場合には、労組法上の労働者性は否定される」。

2　判断要素への当てはめ
(1)　事業組織への組入れ

契約上、加盟者は独立事業者とされる一方で、Xは加盟者に対し、Xの経営ノウハウを総合したX・システムの利用を許諾し、継続的な経営指導等を行い、加盟者が払う対価（X・チャージ）を主要な収益源とする事業者であるから、「加盟者については、Xの事業組織に組み入れられているとは評価し得ないようにも考えられる。しかしながら、加盟者が実態として独立した小売事業者としての性格を失っている場合、Xと加盟者が一体となって事業を行っているものとして『事業組織への組入れ』を認め得る」。

加盟者が資金を調達し、商品原価や人件費・光熱費等を負担する一方、商品販売の利益は加盟者

に帰属するため、加盟者は損失や利益の帰属主体となる。また、加盟者は自らの判断で他人労働力を活用し、Xによる一定の制約はあるものの、店舗の立地や複数店舗を経営するか否かを自ら決定している。反面、加盟者は売上金をXに毎日送金しなければならない等、Xが加盟者の資金を管理している側面があり、加えて、仕入商品の選択、Xの推奨商品の仕入れ販売価格、各種サービスの導入や販売施策に関し、X・システムの利用に伴う一定の制約があり、さらには年中無休・24時間の営業を義務付けられる等の一定の制約はあるものの、加盟者は「なお経営者として相当の裁量を有する独立の小売事業者としての性格を持つ」。

他方、加盟者はXが実施する研修を修了しなければ出店できない。また、XはOFCと呼ばれる職員を通じて、各店舗の日常業務やサービス、管理状況全般を点検し、それを加盟店の業務改善や契約更新のための資料としている。この点検結果が契約更新に与える影響は明らかでなく、その意味で、それに従わなければならないという一定の圧力になり得ることは否定し難い。また、Xは統一的な店舗の内外装、看板、ユニフォーム等の外部への表示を加盟店に求めている。もっとも、「これらは、加盟者の事業活動としての店舗経営への制約としての面があるとしても、加盟者がXの事業のための労働力としてその組織に組み入れられていることを根拠付けるものとはいえない」。

次に、加盟者は自ら店舗で稼働することを義務付けられておらず、多くの場合、営業時間の相当部分につき従業員を就労させており、自らの労働量・労働時間帯や店舗の立地を決定でき、「Xから時間的・場所的拘束を受けて労務を供給しているとはいえない上」、店舗運営業務(商品販売・接客、店舗清掃、従業員の監督等)に従事する際にはXのマニュアル等に従い、OFCの助言・指導を受けているものの、これらに拘束力があるとはいえず、「店舗での業務遂行が事実上制約を受ける面があるとしても、それは加盟者の事業活動としての店舗経営への制約とみるべきものであり、加盟者が広い意味でもXの指揮監督の下で労務を供給しているとはいえない」。

その他、加盟店経営に専属的に従事する加盟者がほとんどであるものの、他の事業を営むことは禁じられていない。また、加盟者が経営する加盟店はX・チェーンの国内店舗総数の約97%を占め、加盟者が支払うX・チャージはXの総利益の約

85%を占めており、加盟者の事業活動がXの事業活動にとって不可欠といえるが、同チャージはX・システムの利用やXの助言・指導等への対価としての性格を有するものであり、加盟者がXにとってむしろ事業者間取引の相手方であることを示す。これらを踏まえると、「加盟者は、Xの事業活動に不可欠な労働力として、Xの事業組織に組み入れられていると評価することはできない」。

(2) 契約内容の一方的・定型的決定

加盟者はXが用意した定型的な契約書に基づいて契約を締結しているものの、「加盟者は独立した小売事業者であることからすると、本件FC契約は、加盟者の労務供給や労働条件というよりは、加盟者による店舗経営という事業活動の態様について規定しているとみるのが相当であり、Xがその内容を一方的に決定している……としても、加盟者の労組法上の労働者性を根拠付けるものとはいえない」。

(3) 報酬の労務対価性

加盟者がX・システムの利用や経営支援への対価として金員を支払うという本件FC契約の「趣旨としては、加盟者が契約上の義務を履行し、Xからその対価として金員を受け取ることは予定されていない。……さらに……加盟者は独立の事業者であって」、労働力としてXの「事業組織に組み入れられているとみることは困難である上……時間的・場所的に拘束されているとはいえず、広い意味でXの指揮監督の下で労務を供給しているともいえない」。そうすると、加盟者がオープンアカウント(Xの決済システム)を通じてXから金員を受領しているとしても、「そのことをもってXから加盟者への報酬と評価する前提を欠くというべきであって、加盟者がXから賃金、給料その他これに準ずる収入を得ているとはいえない」。

また、Xが各店の売上金から仕入代金やチャージ等を控除後に加盟者に送金する各種の引出金や加盟者の総収入に対する最低保証制度、地域別適用金等の金員の性格をみても、「報酬の労務対価性を肯定することはできない」。

(4) 顕著な事業者性

「加盟者が独立した小売事業者であることは既に判断したところであるが、労組法上の労働者性の判断においては、事業者性が顕著であるかどうかも問題となる」。加盟者は店舗運営業務と併せて、資金調達、従業員採用、仕入れ・販売方針の決定等の経営判断業務を行っており、また、全加

盟店の半数以上、Y組合員の半数弱が法人の経営者としての性格を持ち、加盟者の事業経営者としての性格は一層強まる。さらに、複数出店をしている加盟者が全体の約18%を占める。これらの事情からすれば、加盟者は「恒常的に独立した経営判断により利得する機会を有し」、「事業の……損失や利益の帰属主体となり、他人労働力等を活用して、自らリスクを引き受けて事業を行っているのであって、顕著な事業者性を備えている」。

3　結論

「本件FC契約の内容は、Xによって一方的かつ定型的に決定されており……加盟者の小売事業の経営は一定の制約を受けて」おり、両者の間に交渉力格差があることは否定できない。

しかしながら、上記「制約は事業者間の問題とみるべきであり、Xによる研修や評価制度の存在等の事情を考慮しても、加盟者がXの事業組織に組み入れられているとはいえない。また、加盟者がXから時間的・場所的拘束を受けて労務を供給し、あるいは、広い意味でもXの指揮監督の下に労務を供給しているとはいえないことなどからしても、加盟者はXの事業の遂行に不可欠な労働力としてXの事業組織に組み入れられ……ているとはいえない。さらに、加盟者がXから労務供給の対価……を受け取っているということはできず、他方、加盟者の事業者性は顕著である」。

顕著な事業者性を持つ者にも、交渉力格差が発生することはあり得るが、そのような交渉力格差は、労使間の交渉力格差というよりは、「経済法等のもとでの問題解決が想定される、事業者間における交渉力格差とみるべきものである」。

以上を総合考慮すると、「加盟者は……Xとの関係において労組法上の労働者に当たると評価することはできない」。

ポイント解説

1　はじめに

コンビニFCにおける加盟者は、フランチャイザー（本部）との間で交渉力格差を抱えており、これまでにも、独占禁止法等の領域で、かかる格差に起因する問題の解決が目指されてきました（大山盛義「『コンビニ問題』と裁判例」労旬1943号（2019年）19頁を参照）。他方、本件は、加盟者らが団体交渉を通じて契約上の諸問題の解決を目指した事案といえます。

本件の初審命令や別のコンビニFCに所属する加盟者に関する労働委員会命令（ファミリーマート事件・東京都労委命令2015・3・17）は、加盟者の労組法上の労働者性を認めました。この2つの命令はFC契約の加盟者に対して労働法による保護の可能性を認めた初の事案であり、相当のインパクトを持つものでありました。いずれの事案でも本部側が再審査を申し立てたために、その行方が注目されていましたが、中労委は本部側の申立てを認め、初審命令を取り消しています（ファミリーマート事件・中労委命令2019・2・6も参照）。

2　本件命令の特徴

まず注目したいのは、冒頭での労組法上の労働者性に関する一般論及びその判断要素です。確かに、本件命令が挙げる判断要素は、近時の最高裁判決：国・中労委（新国立劇場運営財団）事件・最3小判2011・4・12労判1026号6頁、国・中労委（INAXメンテナンス）事件・最3小判2011・4・12労判1026号27頁、国・中労委（ビクターサービスエンジニアリング）事件・最3小判2012・2・21労判1043号5頁や2011年の『労使関係法研究会報告書』の中で既に使用されております。しかし、少なくとも最高裁判決についていえば、上記諸判決はいずれも一般論を示していません。故に、諸判決の中で使用された考慮要素を本件命令のように労組法上の労働者性に関する一般的な判断基準として位置づけるべきかについては、なおも争いがあるところです。

さらに、労組法上の労働者の定義や判断基準をめぐる問題は、労組法や憲法28条の趣旨目的をどう理解するのかという問題にも関係しています。この点、本件命令は憲法28条及び労組法の趣旨目的を『団体交渉の助成』に求め、そこから、労組法上の労働者を「労働契約下にある者と同様に使用者との交渉上の対等性を確保するために労組法の保護を及ぼすことが必要かつ適切と認められる者」と定義しています。団体交渉権のみならず団結権や団体行動権をも保障する憲法28条や労組法の趣旨目的をこのように限定的に理解すべきなのか、仮にそう理解するとしても、本件命令が示す定義・判断要素が必然的に導かれうるのか。この点はなおも議論の余地があるのではないでしょうか。

もっとも、憲法28条や労組法の趣旨目的、それ

から労組法上の労働者性に関する判断基準について いえば、本件初審命令も中労委とおおむね同じ 立場を採っていました。とすれば、なぜ両者間で 結論が異なったのかが気になるところです。その 理由として、第一に、中労委命令と初審命令で は、加盟者の店舗経営や就労実態に関する認定事 実が異なっています。第二に、これを踏まえ、 X・システム上の制約、Xによる経営指導等の拘 束力の評価や加盟者の『事業者』としての裁量の 評価も両者の間では異なっています。特に、初審 命令が、第二の点で挙げた制約や拘束力につい て、それらが加盟者の労組法上の労働者性を肯定 するに足りるほどの強度を有していたと判断した のに対して、本件中労委命令は、これらは拘束力 を有しないか、拘束力があるとしても、あくまで 加盟者の経営判断に関わるものであって、加盟者 の店舗での労務従事には関係しない、あるいは、 加盟者にはなおも『事業者』としての広範な裁量 が認められると述べています。このようなXによ る制約や拘束力をいかに評価するのかが本件事案 の評価を分ける一つの重要な論点といえるでしょ う（この点で本件中労委命令に懐疑的な立場を採 るものとして、橋本陽子「判批」ジュリ1533号 （2019年）５頁、本久洋一「判批」労旬1943号 （2019年）11-12頁を参照）。

3 本件命令への最大の疑問

　本件命令は、加盟者が独立事業者であるとか、 顕著な事業者性を有することを度々指摘したうえ で加盟者の労働者性を否定しています。一般的な 語感からすれば、『事業者』とは労働者の対概念 といえそうなので、労働者に該当しない者の範囲 を画定すべく、『事業者』概念を用いるとの手法 は必ずしも筋違いとはいえないでしょう。

　しかし、本件命令が用いる『事業者』概念は何 を根拠に定義づけられているのでしょうか。少な くとも労組法の中にはこれに関する定義はありま せんし、本件命令もその具体的な根拠を示してい ません。むしろ、規範的根拠を明らかにすること なく、フリーハンドにこの概念を定義づけている ような印象を抱きます。

　ところで、本件命令は最後に「顕著な事業者性 を持つ者であっても……交渉力の格差が発生する ことはあり得るが」、それは「経済法等のもとで の問題解決が想定される、事業者間における交渉 力格差とみるべき」と述べています。本件命令が 繰り返し用いる『事業者』概念とは、ひょっとす ると、経済法の下で用いられる同概念を念頭に置 いたものなのかもしれません。ただ、そうだとし ても、経済法上の『事業者』概念と本件命令が言 うところの『事業者』概念の意味内容は一致する のか、そもそも、労組法上の『労働者』性を定義 づける際に、異なる法領域における『事業者』概 念を援用することの論拠が明らかにされるべきで しょう。いずれにせよ、『事業者』概念の規範的 根拠を明らかにし、それを前提に概念の意味内容 を解明することこそが、本件事案を解決するうえ での最も重要な作業なのではないでしょうか。

実務へのポイント

　本件は労働委員会命令ですが、将来的には裁判 所のレベルで同様の問題が扱われることも予想さ れます。したがって、こうした訴訟の行方を見守 る必要があるでしょう。

　現段階でその帰趨を予測することは困難です が、いずれにせよ、加盟者の方々が本件を提起す るに至った思い（「せめて、本部とまともに話し 合いをする機会が欲しい」という彼らの思い）を 軽視してはならないのではないでしょうか。私的 自治（ないし集団的私的自治）という概念がある ように、当事者が誠実に協議・交渉を行い、自ら 利害・課題を調整してゆくことは本来望ましいこ とのように思われます。もちろん、交渉はときに 多くの時間と労力を要するので忌避する気持ちも よくわかります。しかし、相手方との話し合いに まともに応じることなく不満を抱かせ続け、最終 的には訴訟等の場面で第三者（裁判所）の力に頼 ることとて、同じように（いや自主的な交渉以上 に）時間と労力を要するのではないでしょうか。

　実務に関わる方々には、本件のような自営業者 とされる人たちに対して、「労働者ではないあな た方との交渉に応じる義務はありません」という 門前払いをするのではなく、相手の悩みに聞く耳 を持ち、悩み・要求に応じられないとしても、そ れに応じられない具体的な理由を述べる等のでき る限りでの誠実な対応を期待したいものです。

（後藤 究）

劇団員の労基法上の労働者性

エアースタジオ事件　東京高判2020・9・3労判1236号35頁　　　　　LEX/DB25566834

> **【問題となったポイント】**
> ・劇団員の労働者性
> ・劇団公演と裏方業務で判断が分かれるのか

事実の概要

　被控訴人（一審被告）Y社は、舞台制作、映像制作、芸能プロダクション、スタジオ経営、飲食店経営等を目的とする株式会社であり、「劇団空感演人」（以下、本件劇団）を運営していました。

　X（控訴人、一審原告）は、2008年12月頃に本件劇団に仮入団し、翌年8月に本件劇団との間で入団契約を締結して劇団員として活躍し、2016年5月に退団しました。当初、Xらには金員が一切支給されませんでしたが、2013年4月以降、月額6万円が支給されるようになりました。

　Y社は、2012年頃にカフェを開設し、Xも同店店員として長時間シフト制で勤務しましたが、16時〜0時または0時〜5時まで勤務した場合、賃金については、1回の勤務当たり5000円、急遽シフトに入る場合には1時間当たり1000円と定められていました。

　本件は、Xが、Y社に対し、最低賃金の支払い（最賃法4条1項）および法定外労働時間分の割増賃金の支払いを求めたものです。最賃法の「労働者」（2条）は労基法9条と同様ですから、結局、Xが労基法上の労働者に該当するかが争点となりました。本件では、その他に、消滅時効の援用の可否、未払い賃金・割増賃金の請求、パワハラに基づく損害賠償請求等が問題となっていますが、本稿では労働者性の問題に絞って紹介します。

　なお、一審判決（東京地判2019・9・4労判1236号52頁）は、劇団の裏方作業（劇団の会場整理、セット組立て・解体、衣装、小道具、ケータリング、イベント業務）についてはXの労働者性を認めましたが、劇団における公演出演については労働者性を否定しています。

判旨

1　判断基準

　「Xは、本件カフェにおける業務を除き、本件劇団における業務について、Xが労働基準法上の労働者であることを争っているところ、同法の労働者と認められるか否かは、契約の名称や形式にかかわらず、一方当事者が他方当事者の指揮命令の下に労務を遂行し、労務の提供に対して賃金を支払われる関係にあったか否かにより判断するのが相当と解される。

　そして、本件劇団においてXが従事した業務は多様なものであるところ、XとY社が労働者と使用者との関係にあったか否かは、上記観点を踏まえ、Xが、劇団における各業務について、諾否の自由を有していたか、その業務を行うに際し時間的、場所的な拘束があったか、労務を提供したことに対する対価が支払われていたかなどの諸点から個別具体的に検討すべきである」。

2　業務ごとの判断

(1) 裏方業務について

　「これらの点を考慮すると、Xが、大道具に関する業務や音響照明の業務について、担当しないことを選択する諾否の自由はなく、業務を行うに際しては、時間的、場所的な拘束があったものというべきである。

　また、Xは、劇団員のAとともに小道具課に所属し、同人との間で、年間を通じてほぼ毎週行われる公演のうちどの公演の小道具を担当するか割り振りを決め、別の公演への出演等で差支えのない限り、日々各公演の小道具を担当していた事実が認められるところ、公演本数が年間約90回と多数であって、Xが、本件劇団が行う公演の小道具を担当するか否かについては諾否の自由を有していたとはいえない。また、小道具は、公演の稽古や本番の日程に合わせて準備をし、演出担当者の指示に従って小道具を準備、変更することも求められていたことなどからすると、Xは、本件劇団の指揮命令に従って小道具の業務を遂行していた

ものというべきである。

　そして、Xを含む劇団員らは、公演に出演しない月には4日間、劇団の業務を行わない休日を作ることを推奨され、休日希望日を劇団側に伝えることとされていたこと、劇団の業務とアルバイトとの両立が難しい劇団員らが多かったことも理由の一つとなって、月額6万円の支給が始まったこと、しかも現在はY社の判断で月額20万円程度まで支払われる場合があり（略）、単なる生活保障のための給付とは考え難いこと、本件劇団は、裏方業務に相当な時間を割くことが予定されている劇団員らに対し、裏方業務に対する対価として、月額6万円を支給していたものと評価するのが相当である」。

(2) 公演出演、演出、稽古について

　「劇団員は事前に出演希望を提出することができるものの、まず出演者は外部の役者から決まっていき、残った配役について出演を検討することになり（略）、かつ劇団員らは公演への出演を希望して劇団員となっているのであり、これを断ることは通常考え難く、仮に断ることがあったとしても、それはY社の他の業務へ従事するためであって、前記のとおり、劇団員らは、本件劇団及びY社から受けた仕事は最優先で遂行することとされ、Y社の指示には事実上従わざるを得なかったのであるから、諾否の自由があったとはいえない。また、劇団員らは、劇団以外の他の劇団の公演に出演することなども可能とはされていたものの、少なくともXについては、裏方業務に追われ（小道具のほか、大道具、衣装、製作等のうち何らかの課に所属することとされていた。）、他の劇団の公演に出演することはもちろん、入団当初を除きアルバイトすらできない状況にあり、しかも外部の仕事を受ける場合は必ず副座長に相談することとされていたものである。その上、勤務時間及び場所や、公演についてはすべてY社が決定しており、Y社の指示にしたがって業務に従事することとされていたことなどの事情も踏まえると、公演への出演、演出及び稽古についても、Y社の指揮命令に服する業務であったものと認めるのが相当である」。

(3) その他の業務について

　「公演における受付及び会場整理は、小道具等の裏方業務と同様、諾否の自由があったとは認められず、本件劇団の指揮命令に服する業務であったものというべきである」。

　「会議及びミーティングは、本件劇団における公演を円滑に進め、より利益を上げるために開かれていたもので、Xには、小道具等の裏方業務と同様、参加の諾否の自由はなく、参加が義務とされていたことからすれば、本件劇団の指揮命令に服する業務であったものというべきである」。

　「掃除や倉庫引越しの対象は、本件各劇場及び本件各倉庫であるところ、Y社はシフト表を作成して人員を割り当てたり、掃除について具体的に指示していることからすれば、Y社の指揮命令に服する業務であるというべきである」。

　「公演打ち上げは、外部のキャストをもてなす目的で、本件劇団内又は本件カフェで行われていたものの、欠席も可能で参加を強制されていたとは認められないこと、会費はY社の経費から支出され、劇団員実質無料で飲食可能であったことからすれば、Y社に賃金支払義務を発生させる業務であったとまでは認められない」

3 結論

　「以上によれば、Xは、本件カフェにおける業務のほか、本件劇団の業務のうち、大道具、小道具、音響照明（裏方業務）、公演への出演、演出及び稽古等の業務（ただし、（略）公演打ち上げ等懇親会への参加は除く。）についても、本件劇団の指揮命令に従って、時間的、場所的拘束を受けながら労務の提供をし、これに対してY社から一定の賃金の支払を受けていたものと認められるから、Xは、Y社に使用され、賃金を支払われる労働者（労働基準法9条）に該当するというべきである」。

ポイント解説

1 本判決の特徴

　本件では劇団員の労基法上の労働者に該当するか否かが問題となっています。Xは、本件劇団の業務において、受付、会場整理、小道具作成、セット設営、事務、音響照明といった多様な裏方業務にとどまらず、公演プロデュース、キャスティング、興行という管理運営的職務も行っていたほか、舞台公演にも参加するなど、劇団の大半の部分に関わってきています。このこともあってか、本件一審判決は、「Xは、本件劇団の指揮命令に従って、時間的、場所的拘束を受けながら労務の提供し、これに対してY社から一定の賃金の支払いを

受けていたものと認められるから、Xは、Y社に使用され、賃金を支払われ労働者（労働基準法9条）に該当すると認められる」とする一方で、「他方、公演への出演は任意であり、諾否の自由があったことはXも認めているとおりであるから、Xは、Y社の指揮命令により公演への出演という労務を提供していたとはいえず、チケットバックとして支払われていた金銭は、役者としての集客能力に対する報酬であって、出演という労務の提供に対する対価とはいえない」として、裏方業務と公演出演とを分けて判断しているのが特徴です。

　労働者性を判断する場合には、業務の全体から判断されるのが通常ですが、本件一審判決のように、業務ごとに労働者性を判断するというのは珍しいものです。以上のように、両判決とも、裏方作業については指揮命令関係が認められていますので、問題になるのは、結論が分かれた公演出演についてでしょう。

　この点に関し、本件一審判決は、本件劇団の公演への出演を断ることができたことを理由としていますが、本件控訴審判決は、断ってもそれはY社の他の業務へ従事するためのものであり、Y社からの業務依頼を最優先することとされていたことから、事実上従わざるを得ず、諾否の自由があったとは言えないと判断されています。まさに不利益が生じないとしても、劇団員である以上、裏方業務ではなく、舞台出演を何よりも希望しているのではないでしょうか。本件劇団でも、演目が決まると、まず外部の役者から出演者が決まり、残った配役を当該劇団から補充するということであれば、本判決が指摘するように、出演依頼を断ることは考えにくいでしょう。とりわけ、1公演あたり出演数20〜30人であれば、劇団員は4人程度ということですから、まさに狭き門でしょうから、断れば次の依頼がこないと考えるのが通常でしょう。著名な舞台俳優ではない限り、出演を断ること自体が不利益につながりやすいと指摘できます。

　このように、本判決が、裏方業務だけでなく、無体出演について指揮命令の存在を認めたことは妥当ではないでしょうか。以上のように、劇団員等の労働者性の判断においては、時間的・場所的拘束性、報酬の性格等が問題になりますが、特に仕事の諾否の可否が大きな比重を占めています。

　ところで、労働者性の判断において、報酬の性格が問題とされますが、金額も要素として考慮さ

れる必要があります。労働法において、有期労働契約の上限が3年ではなく5年とできる労働者の範囲を定める規定（労基法14条1項）およびすべての割増賃金の規定（労基法37条）が適用除外されるプロフェッショナル社員（労基法41条の2）を除き、報酬額が問題になることはありません。しかし、年収1億円の俳優と、200万円の劇団員とでは、労働者性の判断においても相違が出てくるのではないでしょうか。

　なお、本判決は、公演終了後の打ち上げ参加は、指揮命令関係が及んでいないと別個に論じていますが、労基法上の労働時間か否かの問題なら別ですが、本件ではあくまで労働者性の判断の問題ですから、本件の結論に影響するものではないでしょう。

2　関連判例

　近年の事例では、最賃法上の労働者性が否定されたものとして、Hプロジェクト事件（東京地判2021・9・7労判1263号29頁）がありますが、ここでも、公演活動参加の諾否の自由があったことが理由とされています。亡Aは農業アイドルとして、9割程度アイドルグループ公演に参加していましたが、イベントへの参加はシステムに自身で「参加」を選択して初めて義務付けられ、「不参加」を選択した場合には参加を強制されることはなかったこと、報酬もグループメンバーの励みとなるよう、収益の一部を分配するもので、労働への対価性は弱いという理由でした。

　これに対して、労働者性が肯定された元アイドルグループ事件（東京地判2016・7・7労判1148号69頁）は、未成年者アイドルYが退職を申し出て、出演予定のライブイベントを一方的に拒否したことから、X芸能マネジメント会社が債務不履行ないし不法行為に基づく損害賠償をYに請求した事案です。

　同事件の出演契約は3年の有期契約であったため、1年を超える有期労働契約については、労働者は、1年勤務すれば自由に退職できると定める労基法137条の適用の可否をめぐって、Yが労基法の労働者に該当するかが争われたものです。Yの仕事は、X社の企画したイベントで、グループでダンスや歌唱を中心としたイベントに出演していましたが、仕事の内容やスケジュール等は、その都度Xからメールで指示されており、YのX社からの収入は、歩合の月給制でイベント等の売上

の30％が給与とされ、源泉徴収されていました。これに対し、判決は、Yは、Xの指揮監督の下、時間的場所的拘束を受け、業務内容について許諾の自由のないまま定められた労務を提供しており、それに対応した報酬を得ていたと判断されました。このほか、芸能事務所に所属するモデルの最低賃金法上の労働者性が争われたJ社ほか1社事件（東京地判2013・3・8労判1075号77頁）でも、労働者性が肯定されています。

次に、アイドルの恋愛禁止条項の拘束力との関係でも、労働者性が争われていますが、2件の裁判例において、結論を異にしています。

まず、被告アイドルYがファンと称する男性とラブホテルに入り、その写真が流失し、当該グループの解散に至ったAマネジメント会社事件（東京地判2015・9・18判時2310号126頁）では、Y自身が恋愛禁止条項の内容を認識しながら、これに違反することは、アイドルグループのイメージを低下させるもので、債務不履行ないし不法行為に該当するとして、原告であるX社がYに対し、マネジメント側の指導監督不足を過失相殺を4割と算定して、被告アイドルに対して、マネジメント費用65万円の支払いを命じました。同判決では、損害賠償事件であるため、専属マネジメント契約の法的性格は問題とされていませんが、労基法の労働者に該当する場合、もし違約金等の定めが労基法16条違反となることもあり得ます（いわゆるキャバクラ嬢の私的交際禁止違反に対する200万円の違約金の定めが同条及び公序良俗違反で無効とされたキャバクラ運営A社事件・大阪地判2020・10・19労判1233号103頁が参考になります）。

もう一件は、専属契約書において、アイドルYがファンと性的な関係を持った場合には、マネジメント事務所Xが損害賠償請求できるとの定めがあるところ、アイドルが男性と男女関係を持ったことから、当該アイドルから解約が申し入れられ、マネジメント事務所X社が当該アイドルの異性交際の事実とグループ脱退をファンの前で一方的に報告したBマネジメント事務所事件（東京地判2016・1・18労判1139号82頁）です。

同判決は、まず本件マネジメント契約の法的性質について、「X社が、所属の芸能タレントとしてYを抱え、X社の具体的な指揮命令の下にX社が決めた業務に従事させることを内容とする雇用類似の契約」であるから、民法628条に基づく解除権」によって、同契約は終了したと判断してい

ます。ここでは、「雇用契約類似の契約」という手法で、労基法の規定の準用を認めています。

そして、同判決は、「（恋愛感情）の具体的現れとしての異性との交際、更には当該異性と性的関係を持つことは、自分の人生を自分らしくより豊かに生きるために大切な自己決定権そのものであるといえ、異性との合意に基づく交際（性的な関係を持つことを含む。）を妨げられることのない自由は、幸福を追求する自由の一内容をなすものと考えられる」としました。そのうえで、Yが異性と性的関係を持ったことを理由に事務所が侵害賠償を請求できるのは、YがX社に「積極的に損害を生じさせようとの意図を持って殊更これを公開した場合等に限定して解釈すべき」とし、本件はこの場合に該当しないとして、X社の請求を棄却しています。

当該アイドルの承諾もないのに、ファンの前でアイドルの男女関係を暴露することは、性的プライバシー侵害の可能性は否定できませんが、その問題は別にして、アイドルの恋愛について、読者の方はどのようにお考えでしょうか。

最後に、明治時代の旧民法では、「角力、音曲師、俳優ト座元興行主トノ雇用契約」と規定されていたように、俳優が雇用（労働）契約とされていたことが注目されます（ちなみに角力とは相撲、座元興行主とは、さしずめ現代の芸能プロダクションのことでしょう）。

実務へのポイント

本件は劇団員の事案ですが、労基法上の労働者であれば、労働法令の保護を100％受けるのに対し、労働者性が否定されると保護がゼロというのはどうかという疑問が否定できません。最近では、演劇人については独禁法の適用も問題となっていますが、フリーランスへの保護も課題となっています。

使用者が保険料を全額単独負担し、業務災害・通勤災害について、比較的手厚い保護が受けられる労災保険は、「労働者」のみに適用されます。労働者でなければ、「特別加入制度」（労災保険法33条以下）に加入することになりますが、2021年4月1日から、芸能実演家（俳優、舞踏家、音楽家、演芸家、スタント等）等が特別加入できるようになりました。　　　　　（山田　省三）

運転代行業務に従事する自営的就労者の労働者性

日本代行事件　大阪地判2020・12・11労判1243号51頁　　　　　　LEX/DB25568634

> **【問題となったポイント】**
> ・出社日選択の自由を持つドライバーは、労働基準法上の労働者といえるか

事案の概要

本件は、運転代行業を営むY社との間で、業務委託契約を締結し運転代行業務に従事したX₁、X₂（以下Xら）が、Yに対し時間外割増賃金等を請求した事件です。主な争点は、Xらが労基法9条の「労働者」に該当するかです。Xの運転代行業務（契約書上は、その他Yの指示した事項にも従事義務がありました）の実態は、次の通りです。

ドライバーは、翌週の出社予定について、予め「出社」、「連絡」（Yから打診があれば業務遂行可）、「休み」のいずれかをYに提出していました（事実①）。ドライバーは、出社日にY事務所に赴いて、ドアの開閉確認練習、社訓音読、身だしなみチェックを受けたのち、番号札を受け取りました（事実②）。運転代行業務は、番号札の順番に打診されました。また、業務用車両はY事務所に備え付けであり、車両の保険料はY負担でした。

運転代行業務は、契約書上、「Yの配車責任者の指示に従う」とされていました。もっとも実際は、運転経路の選び方や業務終了後の待機場所、待機場所まで戻る際に高速道路を使用するか否か等を各ドライバーが自由に決めていました（事実③）。また業務終了後に、Yの事務所に戻り次の業務の打診を待つか、歓楽街等に待機して利用者から直接依頼が来るのを待つかも、ドライバーの自由でした（事実④）。利用者から直接依頼が来た場合の報酬も、Yからの打診を受けた場合と同じ割合でYと分配していました。なお、運転代行業務は、Yの本部長も従事したことがありました（事実⑤）。また、ドライバーが出社予定日に急遽出社できなくなった場合、まずドライバー間で調整を行い、調整がつかない場合には、Yが「連絡」のドライバーに打診して調整をしていました。調整の対象は、Yと業務委託を結んだドライバーに限られていました（事実⑥）。

ドライバーの報酬は、運転代行業務の売上額に応じた完全歩合制でした（事実⑦）。ただし、ドライバーらが「出社」とした日に遅刻・欠勤等した場合、報酬が一定額控除されていました（事実⑧）。報酬から、社会保険料等公租公課は控除されていませんでした（事実⑨）。Yの営業時間は夜間（PM8時〜AM4時）でした（事実⑩）が、ドライバーは出社時にタイムカードを打刻する必要がありませんでした（事実⑪）。

なおY事務所のトイレ横には、「皆様は個人事業主です！」との見出しで労災保険の特別加入制度を案内する張り紙や、確定申告の相談窓口を紹介する張り紙が掲示されていました（事実⑫）。また、Yの令和1年6月の求人情報には、「Wワークの方も歓迎」と記載されていました（事実⑬）。

判旨

1　時間的・場所的拘束性

事実①・⑪に照らし、「Xらを含むドライバーは出社するか否かを自らの意思で自由に決定することができていた」し、「労働時間も把握されていなかった」から、「勤務日・勤務時間について拘束されていなかった」。また、事実④に照らし、「勤務場所についても拘束されていなかった」。

「出社」予定日にドライバーが遅刻・欠勤すれば、通常の「勤務態勢を確保することができなくなる」ため、雇用契約以外の契約においても「違約罰を課すことを契約内容とすることはあり得る」。事実⑧は、「労働時間の拘束性があったということの証左」とはいえない。

2　業務遂行上の指揮監督

事実③に照らし、「運転代行という業務の遂行方法について、Yから各ドライバーに対する個別具体的な指示はなされていなかった」。

「Yの名称を用いて運転代行業務に従事する以上、Yの事業運営上の方針に従い、一定の顧客サービスレベルを維持・充足する必要がある」のだから、事実②は、「上記必要性のために注文者が行う程度の指示であ」り、「具体的な個別の業務遂行上の指揮監督で」はない。

3　諾否の自由

出社日を自由に決定できたことからすれば、「Xらを含むドライバーはある日について業務を受けるか否かの諾否の自由を有していた。」

また、事実⑤に照らし、Yが高位の役職者に運転代行業務を命じざるを得ないほどに、「Xらを含むドライバーが、……一定の時間になれば自らの意思で以降の運転代行業務に従事しない」という「諾否の自由を有していた」。

Xらは、Yからの打診を原則拒絶できなかった旨主張する。しかし、番号札制度のもとでは、「早い番号を取り、多くの打診を受ける機会を得るか否かは、各ドライバーの選択に委ねられていた」のであり、「ドライバーが個別の打診について諾否の自由を有していなかったとはいえ」ない。

4　代替性

事実⑥は、「直ちにXらがYの指揮監督下にあったことの証左」とはいえない。「運転代行業務という業務の性質上」、Yが「ドライバーが有効な運転免許を有していることを定期的に確認すること」や、車両保険の適用される状況を確保する必要があるからである。

5　労務対償性

事実⑦に照らし、「労務提供時間の長さとは無関係なものであった」から、「Xらが支払を受ける報酬は、労務対償性が弱かった」。また、事実⑨・⑫も、「報酬の労務対償性がなかったことをうかがわせる事情」といえる。

6　専属性

事実⑩・⑬に照らし、「Yで運転代行業務に従事するドライバーは、副業として従事している者

が多かった」から、専属性はなかった。その他、XらがYの「業務に専従していた」事情もない。

7　結論：請求棄却（確定）

「Xらが、Yの指揮命令に従って労務を提供していた」といえない。Xらに労基法は適用されない。

ポイント解説

1　使用従属性による判断

通説的見解によれば、就労者が労基法9条の「労働者」に該当するか否かは、「使用従属性」の基準により判断されます。1985年の労基法研究会報告書は、主たる判断要素として①「指揮監督下の労働」といえるか、②報酬が「労働の対償」といえるかを、補強的判断要素として、③事業者性の有無（機械・器具の負担、報酬額、公租公課の有無）、④専属性の程度を考慮するとしています。中心となるのは「指揮監督下の労働」であり、（イ）仕事の依頼に対する諾否の自由、（ロ）業務遂行上の指揮監督、（ハ）時間的・場所的拘束性の有無、（ニ）代替性の有無、といった指標をチェックすることになります。

本判決は、上述の判断要素・指標に沿っており、典型的判断の一例と言えます。本判決の事案の特徴は、企業が自ら運営する事業にXらが組み込まれていることは明確である一方、個別の業務遂行過程や個別的な就労場所・時間について、Yによる具体的指示が少ない点です。近年では、登録したアプリの指示に沿って食料配達を行うなどの働き方（いわゆる「プラットフォームワーク」）も増えていますが、本判決で問題となった働き方は、そうした働き方とも共通点があります。デジタルなアプリこそ用いていませんが、番号札による業務割当の仕組みも、アルゴリズムによるマネジメントの最も単純な形態といえるからです。

2　先行判例との比較

運転代行業に従事する自営的就労者に関する先行判例として、ミヤイチ本舗事件（東京高判2018・10・17労判1202号121頁）があります。同判決は、本判決と異なり、ドライバーの労働者性を肯定しました。なぜ同じ業種の事案で異なる結論になったのでしょうか。それは、先行判例が、次の3つの特徴から本判決よりも「指揮監督下の

労働」を認定しやすかったからだと考えられます。

　まず、①契約書のほかに、「就業規則」や「社内遵守事項」が存在していました。勤務場所をみだりに離れない、業務開始15分前に出勤して車両点検を行う、配車に文句を言わない等が定められていたのです。「就業規則」に定めがない事項は労基法の定めに従う旨の記載も存在しました。本判決におけるYの指示が、ドアの安全確認や社訓音読、身だしなみチェックに限定され、運転経路の選択が自由であったことと比べれば、具体的な指示の程度が高かったといえます。

　また、②就労の時間や場所についても、会社側の具体的指示がありました。ドライバーらの勤務シフトは、会社側が一方的に策定していました。会社代表者がドライバーに対し、駅近くや飲食店の駐車場で待機すること、待機中は窓を開けておく旨の発言をしていたことも認定されています。本判決においてYが、ドライバーの意向を反映してシフトを決定していたことや、待機場所をドライバーの自由に委ねていたこととは対照的です。

　さらに、③ドライバーは、運転代行業務以外にも、顧客への手土産の用意や名刺の作成、シフト表の作成、草むしりなど様々な業務に従事することを命じられていました。つまり、①〜③全体として、個別の業務についての指示の程度が、本判決よりも具体的だったこと、そのため、「包括的な指揮監督に服していた」と評価しやすかったことが、結論の違いにつながったと考えられます。

　以上の検討からは、現在の裁判例が、「指揮監督下の労働」（なかでも「業務遂行上の指揮監督」）にかなり重点を置いていることが見えてきます。つまり、労基法9条所定の「労働者」に該当するためには、個別の業務について、勤務場所や時間、業務の遂行方法などに関する具体的指示を会社がしている必要がある、ということになるでしょう。

　実際、ソクハイ事件（東京高判2014・5・21労判1123号83頁）は、1週間前にシフトを自分で決められるバイク便ドライバーが、労基法上の「労働者」に該当しないと判断しています。同判決では、業務マニュアルには詳細な就労プロセスが指示されていましたが、個別の業務については簡単な指示（荷受先、引取指定時刻、荷届先、依頼先、集金の有無・集金先、配送距離・料金の通知）に留まった、という点が、「指揮監督下の労

働」（「業務遂行上の指揮監督」）を否定することにつながりました。

3　「指揮監督下の労働」

　しかし、結論はともかく、本判決の理由付けには、いくつかの点で疑問が残ります。例えば、判旨1・判旨3は、事前に出社とした日に欠勤した場合の違約罰が存在するにもかかわらず、諾否の自由を認めています。この点は、ミヤイチ本舗事件判決の評価と正反対です。また契約書において、運転代行業務やその他の業務につき、「Yの配車責任者の指示に従う」との規定が設けられていた事実も、法的評価に反映されていません。

　さらに、それ以上の疑問があります。本判決は果たして、「労働者」性判断において、運転代行業の特殊性を反映できているでしょうか。この特殊性を考慮するうえで、「指揮監督下の労働」（「業務遂行上の指揮監督」）を重視することは適切だったでしょうか。

　運転代行業は、「自動車運転代行業の業務の適正化に関する法律」（以下「業法」）により規制されています。業法は、自動車運転代行業を営む者（業法2条2項；以下業者）と運転代行業務に従事する者（同2条5項；以下従事者）を明確に区別して規制しています。運転代行法令研究会『自動車運転代行業適正化法の解説［改訂3版］』（大成出版社、2009年；以下解説書）に照らし、少し詳しく見てみましょう。

　業法上、業者は従事者に対し具体的な指示を下すことが予定されています。まず、業者は、交通法令に違反して罰金刑に処された者等、一定の欠格事由を帯びる者を従事者としない旨が「義務」づけられています（業法14条2項）。不適格者が運転代行業務に従事することで、「料金の不正収受等の不適正な事案の発生を助長し、運転代行業務の適正な運営が確保されない恐れが高くな」るからです（解説書30頁）。また業者は、従事者に対して「料金の収受方法、代行運転役務の提供の条件の説明方法その他の利用者の利益の保護に関する事項」についての指導を行うものとされています（業法18条）。「運転者に対する十分な指導がなされにくく、接客および法令遵守の面で問題が発生しやすい」ので、「代行業者の責任において…指導を行わせる」（解説書33頁）ためです。

　加えて、より重要なことですが、業法上、業者は従事者を自らの事業組織に組入れることが予定

されています。従事者が自らの判断で収益を上げる（自営的に働く）余地がほとんどないのです。すなわち、不適格業者排除のため、運転代行業を営む際には、都道府県公安委員会の認定を受けなければなりません（業法4条）。認定を受けた業者は、第三者に自らの名義をもって代行業を営ませることを禁じられています（業法10条）。料金についても、業者が自らの名において事前に掲示し（業法11条）、利用者に説明しないといけません（業法15条）。その他の条件についても同様です（業法13条）。随伴用自動車にも従事者名ではなく業者名を掲示しなければなりませんし（業法17条）、従事者の起こした事故等についても損害賠償のための措置を講じねばなりません（業法12条）。

要するに、業法は、従事者を自らの事業に抱え込んだ業者を行政がコントロールすることを通じて、運転代行業の適正化を図っています。業法の構造に照らせば、業者と従事者との関係を「業務委託」契約関係とみてよいか、疑問が残ります。いったい、ここで「委託」される「業務」とは何でしょうか。業者から独立した者に自動車運転代行業の中核となる運転代行業務を委託することは、業法の禁じる名義貸しと実質的に同じではないでしょうか。実際、業法は運転代行業を個人事業主が営む場合、個人として公安委員会の認定を受けるよう求めています（解説書166頁によれば、営業形態を個人事業主から法人に切り替える際にも、再度認定が必要です）。業法が、法人が利用客から受注した業務を「個人事業主」に委託することを予定しているか、疑わしいと思います。

確かに、本判決の事案において、YはXらの個別の運転代行業務に対し具体的な指示をしていなかったかもしれません。前掲の労働基準法研究会報告書は、「通常注文者が行う程度の指示等に止まる場合には、指揮監督を受けているとは言えない」としており、本判決もこの点を考慮した可能性はあります。しかし、個別の指示なしで運転代行業のビジネスが可能となるのは、業者が包括的なビジネスモデルをあらかじめ設定し、それにそって就労するよう従事者に義務付けているからでしょう。業者による具体的な指示がないとしても、契約書等を通じ従事者を自らの事業に組み入れることで、包括的なコントロールを及ぼしていると考えるのが、業法の仕組みに照らして自然でしょう。契約書等において、事前に業務遂行過程に関する指示が包括的に組み立てられている場合には、それらも含めた法的評価が必要です。

前掲の労基法研究会報告書によれば、「業務の性質上放送局等『使用者』の具体的な指揮命令になじまない業務については、それらの者が放送事業等当該事業の遂行上不可欠なものとして事業組織に組み入れられている点をもって、『使用者』の一般的な指揮監督を受けていると判断する裁判例があり、参考にすべき」とされています。本判決においても、「事業組織への組入れ」を重視することは可能だったように思われます。ドアの安全確認や社訓音読、身だしなみチェックといったYの指示は、「一定の顧客サービスレベルを維持・充足する必要」に根ざしており、まさに包括的な指揮監督と評価する余地があるからです。

今後、「指揮監督下の労働」（「業務遂行上の指揮監督」）に重点を置いて労基法上の「労働者」性を判断すること自体の妥当性も問われます。伝統的な雇用においても、時間面ではフレックスタイム制や裁量労働制、場所面では事業場外みなし労働やテレワーク等、指揮監督の程度の低い就労形態が登場しているからです。「プラットフォームワーク」等、個別の業務についての具体的な指示を欠いた就労は、ますます広がっていくでしょう。

実務へのポイント

本件で業務委託形式をとったのは、就労者に対する時間外割増賃金等を「節約」する目的だったのかもしれません。しかし、具体的な事実関係次第では、就労者の労働者性が肯定されるという法的リスクも伴います。使用者側から見ると、ビジネスモデルを詳細に設計しているのであれば、就労者に労働者としての待遇を保障することが、サービスの質の向上につながりますし、紛争防止にも資するといえます。

労働者側の割増賃金請求は、時間外労働の抑制というより、退職に際して金銭の上積みを求めた、という色彩が強いように思われます。労働者側から見れば、自営的な就労形態を選択する際には、就労条件を事前によく確認すること、納得できない条件については契約締結前に相手方とよく話し合うことが重要です。

（藤木 貴史）

業務委託契約者の労働者性

ブレイントレジャー事件　大阪地判2020・9・3労判1240号70頁　　　LEX/DB25566827

【問題となったポイント】
・本人の希望により労働契約から業務委託契約に変更した業務従事者について労働基準法上の労働者といえるか

事実の概要

　本件は、労働契約から業務委託契約に切り替えてラブホテルのフロント業務に従事していたXが、自分は労基法上の労働者に該当するとして、ラブホテルを経営するY社に、時間外労働にかかる割増賃金（労基法37条1項）などの支払いを求めた事案です。

　Xはもともと、Y社との労働契約に基づいて、Y社が経営するラブホテルのフロント係として勤務していました。最初の3か月（2015年9月11日から同年12月10日まで）は時給制でしたが、その後は月給制で支払われていました。またこの間、Xに月額4万2000円〜6万円の時間外手当が支給されていました。

　2016年7月頃に、Y社が社会保険に加入することになったところ、Xを含めて複数の従業員が、給料から社会保険料を控除される結果、手取額が減少することに難色を示したことから、Y社は従業員に、「フリーランス契約」と称する業務委託契約を締結すれば報酬額が減ることはないとして、業務委託契約への切り替えの希望者を対象に社会保険労務士を交えて説明会を開催しました。ただし、その説明会では、業務委託契約を選択すると労働者ではなくなり、割増賃金の支払いを請求できなくなるという説明はなされませんでした。結果的に、Xは業務委託契約に切り替えましたが、同時期に業務委託契約に切り替えた者は他にはいませんでした。

　Y社の就業規則によると、フロント係は、午前11時から翌日午前11時までの24時間勤務で、休憩・仮眠時間は原則4時間、昼食時間と夜食時間はそれぞれ1時間と規定され、3日に1回の割合で勤務する1か月単位の変形労働時間制が採られていました。業務委託契約締結後もXの業務内容に変化はなく、従前と同様の業務に従事していました。Xの業務委託契約の内容は、フロント管理のほか、駐車場管理、厨房あるいは清掃業務など、契約変更前に行っていた業務が列挙されているとともに、「Y社の指示に基づき委託業務を処理する」との記載があり、受託業務報告書の作成・提出が求められていました。なお、使用する器具、備品、消耗品、諸経費等は、すべてY社からの無償貸与、あるいは支給ないしY社負担とされていました。

　Y社は、Xを含め従業員の勤務日を記載したシフト表を作成していましたが、業務委託契約締結後も勤務日の決定方法に変わりはなく、他の従業員とともに1枚のシフト表で定められていました。シフト表には、仮眠時間や昼食、夜食時間にかかる開始時刻や終了時刻は定められていませんでしたので、Xは勤務時間中において適宜食事や睡眠を取っていました。

　Xに支払われた業務委託料は、「フロント業務委託費」の名目で20万5000円〜22万円、「諸費用」として5000円、この他、「追加業務（Xの業務に対する熱心さ等を評価して特別に支給されるもの）」という費目で月額1万4000円から11万4000円が支払われていました（これについては支払われない月もありました）。ただし、時間外手当に相当する項目はありませんでした。

　このような状況下で、XはY社に対し、労基法37条所定の割増賃金その他を請求したのが本件です。

　なお、社会保険料を控除されたくないことを理由に、労働者側から契約形態の変更を求めた場合には、労基法上の労働者とならなくなるのか否か、というのが本件の特徴といえます。

判旨

　請求認容。裁判所は下記のとおり述べてXの労

働者性を認め、割増賃金等の支払いをY社に命じました。

Xの業務は、「業務委託契約書中に、その内容が細かく特定されていた上…かかる業務をY社の指示によって行い、勤務日ごとに毎回各種状況の報告を行うこととされていた」ため、Xもその書式を用いて「詳細な内容の報告を上げていた」ことから「Y社による詳細な特定や報告の要求があったことからすると、Xの業務内容及び遂行方法に対しては、Y社の指揮監督が及んでいたということができる」。

Xの「業務時間が、基本的に午前11時から翌日の午前11時と定められ、業務を行う場所も、…一つの場所に定められているものであ」ったことから「時間的場所的な拘束性がある」。

「Xは、形式上、Y社との間で、業務委託契約を締結している」が、「午前11時から翌日の午前11時までというXの業務時間は、労働者であるY社の従業員を対象とした就業規則に記載されている始業時刻及び終業時刻の内容と同一である」。また「Xが、本件業務委託契約書に基づいて従事する業務内容や、Xの具体的な勤務日の決定方法については、業務委託契約締結以前に、労働契約に基づいて労務を提供していたときのものと変わりがなかった」。

以上のことから「Xは、Y社との間で、形式的には業務委託契約を締結しているものの、時間的場所的な拘束を受けている上、その業務時間・内容や遂行方法が、Y社との間で労働契約を締結した場合と異なるところがなく、Y社の指揮監督の及ぶものであったことからすると、Xは、実質的には、Y社の指揮命令下で労務提供を行っていたというべきである」。他方でY社の主張（Xの要望を受けて業務委託契約を締結し、Xが開業届や青色申告承認申請書を提出していることから、Xは労働者ではない）については、「それ自体は、Xが労働者であることと相容れないものである上、本件業務委託契約への署名押印は、Xが自発的に…行ったものであって、Y社の意向を受けてやむを得ず行ったものとはいえない」ものの、「Xは、業務委託契約の締結にあたり、Y社から『労働者』に該当しなくなる結果、労基法上の割増賃金の支払いを求めることができなくなるなど、Xにとって不利益となる点につき説明を受けた上で、本件業務委託契約書に署名を行ったものではなく」、また、「Xは、Y社からの指揮命令下において労務を提供していたということができることから…Xが『労働者』であるとの評価を妨げるものとはいえない」。「したがって、Xは、労基法上の『労働者』に該当する」。

ポイント解説

1　はじめに

労基法による割増賃金を請求するためには、労基法が適用される労働者（労基法上の労働者）に該当する必要があります。割増賃金の争いでは、しばしば、労基法上の労働者にあたるか否かが問題となるのです。

本件の特徴は、労働契約から業務委託契約に切り替えたものの、切り替えの前後で業務やシフト管理に変わりがなかったという事情の下で、Xが労基法上の労働者にあたるかどうかが問題となった点にあります。労働者性が争われる事案は少なからずありますが、「事実の概要」でも触れたように、本件は、労働者の希望に沿って契約形態が変更されていたにもかかわらず、実質的判断により労働者性が肯定された点が特徴的といえます。

2　労働者性の判断について

労基法上の労働者は、「事業又は事務所…に使用される者で、賃金を支払われる者」（労基法9条）とされていますが、どのような場合がこれにあたるのでしょうか。

判例などでよく用いられるのが、労働基準法研究会報告書（1985年）です。この中では、①指揮監督下の労働であるといえるか（具体的には、仕事の依頼や業務従事の指示に対する諾否の自由の有無、業務遂行上の指揮監督の程度、時間的場所的拘束性の有無、労務提供にかかる代替性の有無など）、②報酬に「労務対償性」があるかの2点が、主たる判断要素として示されています。また、それでも判断がしにくい場合の補強要素として、事業者性の有無（機械・器具の負担の有無、報酬の額、専属性の程度のほか、給与所得としての源泉徴収の有無、社会保険加入の有無、服務規律適用の有無など）が挙げられています。

実際の判例等では、具体的にどのように判断されているのでしょうか。傭車運転手の労働者性について争われた横浜南労基署長（旭紙業）事件・最1小判1996・11・28労判714号14頁をみてみま

しょう。

　この事件は、自己所有のトラックを持ち込み、会社の指示に従って運送業務に従事していた運転手が、作業中に負傷したところ、労働者にはあたらないとして労災保険の給付が不支給とされたため、その取消を求めて提訴したものです（労基法上の労働者と労災保険法上の労働者は、同一の概念だと理解されています）。

　一審判決は、労基法上の労働者とは、使用者との使用従属関係のもとに労務を提供し、その対価として賃金の支払を受ける者であり、使用従属関係の有無は、雇用、請負といった形式にかかわらず、業務遂行上の指揮監督関係の存否や内容、時間的・場所的拘束性の有無や程度、労務提供の代替性の有無、業務用機材の負担関係、服務規律の適用の有無、報酬の性格、公租などの公的負担関係、その他諸般の事情を総合的に考慮して、その実態が使用従属関係のもとにおける労務の提供と評価するにふさわしいか否かにより判断すべきとの基準を示し、労働者にあたるとしましたが、二審では、労働者か否かが判別困難な就労形態については、労働契約ではなく運送請負契約を締結した当事者の意思をできるだけ尊重する方向で判断するのが相当であると述べ、その結果、労働者にあたらないとしました。これに対し最高裁は、業務遂行に関する指示は、運送物品、運送先及び納入時刻に限られており、運転経路、出発時刻、運転方法等には及ばなかったなど、業務遂行上必要とされる指示以外は具体的な指揮監督を受けていなかったこと、勤務時間については、始業・終業時刻が定められていたわけではなく、時間的・場所的拘束性も一般の従業員に比べはるかに緩やかであったこと、自己所有のトラックを持込み、ガソリン代等の必要経費も自己負担しており事業者性が強度であったなどとして、二審と同様に労働者にはあたらないとしました。最高裁は、二審が述べたような形式的な契約形態による判断は行いませんでしたが、従来からの判断基準に沿って、運送係の指示を拒否する自由がなかったことや、始業終業時刻は運送係の指示により事実上決定されていたこと、運賃（報酬）も決して高いとはいえなかったなどとしつつ、上記のような指揮監督関係を重視して、労働者にはあたらないと判断したのです。

　これに比べて本判決はどうでしょうか。本判決では、一般的な判断基準は示されていないものの、おおむね、上記報告書あるいはこれまでの判例等で示された基準に基づいて労働者性の有無が判断されています。具体的には、業務委託契約への切り替え後も、Ｘの業務は業務委託契約書により細かく特定されていたうえ、Ｙ社の指示に従って、勤務日ごとに利用客に関する報告や引継ぎ事項およびその他詳細な内容について、毎回受託業務報告書を提出していたことから業務内容や遂行方法に対する指揮命令があったこと、Ｘの業務時間は、労働者であるＹ社の従業員を対象とする就業規則に記載されている勤務時間と同様の内容であり、また業務遂行場所も定められていたことなどから時間的場所的拘束性があったとされました。

　以上により、業務委託契約といっても形式的に締結されたもので、労働契約としての内容の近似性があり、実質的にはＹ社の指揮命令下で行われていたとして、Ｘの労働者性が認められました。上記最高裁判決と比較しても労働者性の判断は容易であり、妥当な結論といえましょうが、最近は、裁量性の強い労働者も増えてきており、指揮命令関係を重視する上記の判断基準が、今の時代の労働者性判断にあたって妥当なのかといった疑問を呈する声もあります。

3　契約の形式が労働契約ではない場合には？

　労働法の適用や社会保険料の負担を回避するため、形式上は業務委託とされているものの、実質は労働契約（雇用契約）であるとして労働者性が争われた事案は少なからずあります。ここでは、このようなケースで、労働者性が認められたものと、認められなかったものを見ておきましょう。

　まずは、労働者性が肯定された例です。イヤシス事件・大阪地判2019・10・24労判1218号80頁では、業務委託契約を締結してマッサージ店で働いていた労務従事者につき、業務従事時間に拘束性があること、報酬につき最低保障額が定められているが業務従事時間により減額もあったこと、顧客の依頼を自由に断ることができないことから、諾否の自由がなかったこと、売上兼出勤簿等によって業務報告をしていたこと、業務従事場所が定められていたこと、業務従事場所および備品等を会社側が提供していたこと、報酬額も他の従業員と比べ高額であったとはいえないこと、また、契約書の中に「遅刻」や「始末書」等労働契約を前提として文言が記載されていたことなど、従事

している業務内容一つ一つにつき検討を加え、その結果、労働者にあたるとされています。

一方、否定された例では、リバース東京事件・東京地判2015・1・16労経速2237号11頁があります。これは、マッサージ店でセラピストとして手技療法業務を行っていた原告が、被告との契約は業務委託契約ではなく、雇用契約であるとして争った事案です。

裁判所は、契約書の規定内容は、手技療法業務提供の委託に関する約定であると認められるところ、契約を締結したセラピストは、稼働日及び稼働時間を自ら決定することができること、施術の担当に関して諾否の自由を有していること、被告から必要な限度で一定の注意喚起等を受けることはあるものの、業務遂行上の指揮監督等を受けることはなく、施術の実施についても基本的には自らの裁量で行っていることなどから、セラピストが被告の指揮監督下において労務を提供しているものとは認められないとしました。さらに、セラピストが受け取る対価も完全出来高制であり労務対償性が認められないこと、また、税法上の扱いや兼業が可能であったことなどから高い事業者性も認められるとして、労働者にはあたらないとされました。

このようにみてきますと、労働者性の有無の分かれ目は、具体的な指揮命令がなされている実態にあるか否かによるところが大きいといえましょう。

上述したとおり、本件は、労働者の方から希望して業務委託契約に変更したところが従来の事案とは異なります。なお、「『労働者』に該当しなくなる結果…割増賃金の支払いを求めることができなくなるなど…不利益となる点について説明を受けた上で、本件業務委託契約書に署名を行ったものでは」ないことを挙げていますが、仕事内容そのものの実質は契約前と何ら変わっていなかったのですから、たとえ十分な説明があったとしても、労働者にあたると判断されたのではないかと思われます。

実務へのポイント

労基法上の労働者であれば、短時間勤務など一部の場合を除き、社会保険（健康保険・厚生年金保険・労災保険・雇用保険）に加入しなければな

りません。労災保険を除いて、保険料は労使折半のため、その分は給料から引かれることになります。このことを回避するため、業務委託契約とすることで社会保険加入を免れようとするケースは少なからずあるのですが、労働者でなくなれば、労働法の保護も受けられなくなります。

そこで、労働者側へのアドバイスとしては、次のことを指摘しておきます。

裁判になれば、労働者にあたると判断されることもなくはありませんが、そうでなければ、労働法による労働者保護を受けられなくなります。

社会保険加入に関しても、「保険料負担があるから嫌だ」と考えるのは早計です。

社会保険に加入しなければ、国民健康保険および国民年金への加入となり、その保険料は全額自己負担となりますが、健康保険、厚生年金保険の保険料は、半分を事業主が負担してくれるのです。給付面についてみてみると、健康保険では私傷病により労務不能となった場合の所得保障として傷病手当金があります。また、産前産後休業にかかる所得保障については、出産手当金が用意されています。厚生年金保険においては、国民年金だけの基礎年金より上積みされ、給付が手厚くなっており、さらに、失業した場合には雇用保険から給付がなされます。加えて、業務上の負傷、疾病に関しては、労災保険の給付を受けられることになります。このように社会保険の適用を受けた場合の利益は大きいといえましょう。

他方、使用者側へのアドバイスとしては、たとえ労働者側が業務委託契約を希望した場合でも、実態によっては、労基法上あるいは社会保険法上の使用者としての責任を免れることはできないということです。

そもそも社会保険の適用を受けるか否かは労使本人たちの選択ではなく、実態によりますので、社会保険の適用があったと判断されれば、労使共に最長2年間遡って保険料を徴収される可能性もあります。

もちろん、労働者が労働法上、社会保険法上の諸々のデメリットを承知のうえで、自ら希望して業務委託契約を締結し、実態としてもそれに相応しいものになっているなら違法とはいえませんが、単に労働法や社会保険の適用から免れたいという理由で雇用契約から業務委託契約に変更することは、双方にデメリットが大きいと思われます。

（東島 日出夫）

労働契約の成立と展開

1. 労働契約の成立と展開をめぐる論点

（1）労働契約成立過程における問題と考え方

　労働契約も契約の一種であり、売買契約や賃貸借契約などと同様に、どちらか一方が申し込んで、もう一方がそれに「承諾」すれば法律上は労働契約が成立します。契約成立までの流れは実際のケースごとにまちまちでしょうが、おおむね「募集→応募→選考→内々定通知（→労働者の承諾）→内定通知→就労開始（試用期間→本採用）」という過程をとることが多いでしょう。判例は、「あくまでもこの事案では」とクギをさしつつ、労働者の応募を「申込み」、使用者からの内定通知を「承諾」と捉えています（大日本印刷事件・最2小判1979・7・20労判323号19頁）。

　労働契約が成立することで、労働者は働く義務を負い、使用者はそれに対して給料（賃金）を払う関係が成り立ちます。しかし、この労働契約の成立過程では、なにかとトラブルも生じます。

　多いのは、1つは募集・応募段階。使用者の募集方法としては、使用者が直接募集するケースと、ハローワークや民間の転職支援会社などを通じて募集するケースがありますが、いずれも、賃金や労働時間その他の労働条件を示さなければなりません（職安法5条の3第2項）。またこれとは別に、労働契約の締結時（具体的には、内定のタイミング）に、使用者は労働者に対して、賃金や労働契約の期間、就業場所や従事すべき業務などを明示しなければなりません（労基法15条）。しかし、この募集条件や労働条件をめぐって、後から「最初に聞いていたのと違う！」というトラブルがけっこうあります。

　もう1つは内々定～内定段階。とりわけ問題となるのは、内々定や内定の取消でしょう。コロナ禍では、新規学卒者の内定取消がニュースなどで報道されましたが、中途採用の場合も、労働者が新しい会社から内定をもらって前職を辞めた後で内定が取り消されると、かなり深刻といえるでしょう。一般的には「内々定は事実上の行為にす

ぎないからまだ労働契約は成立していない、内定によって労働契約（始期付解約権留保付労働契約）が成立する」と説明されています。これに従えば、内定取消は労働契約の解消（＝クビ）と評価されることになります。しかし実務的には両者の区分はあいまいで、使用者は「内々定」としかいってなくても、採用する気が明らかで、労働者も（他の内々定を全て断っているなど）働く気があったというような場合もあるでしょう。そうした場合には、労働契約が成立していたと評価される可能性もあります。

（2）展開過程における問題と考え方

　労働契約がスタートすると、労働者も使用者も、お互いに契約に基づいて義務が発生します。義務にもいろいろとありますが、中心となるのは、労働者は働く義務（労務提供義務）、使用者は給料を払う義務（賃金支払義務）です。

　労働者の労務提供義務とは、要するに「働く義務」ですが、法的には、労働者が労務提供義務を負うのは、あくまでも「労働契約の範囲内」であり、逆にいえば使用者も、労働契約の範囲内でしか指揮命令はできません。しかし現実には、採用段階で、労働者のその先の労務提供内容をすべて事細かく決めておくことはほぼ不可能です（例えば「○年○月○日の10時～10時10分までコピーを20枚取る」など）。ですので結局「従業員は、正当な理由がない限り、業務命令に従わなければならない」といった就業規則の包括的な規定などを根拠に、使用者のその都度その都度の指示（業務命令）によって、労働者が労働契約上の義務として、従事すべき具体的な労務提供の内容が確定することとなります（労契法7条も参照）。

　そうすると結局労働者は、明らかな法違反などでない限り、使用者の幅広い指揮命令（業務命令）に従わなければならないことになりそうですが、とはいっても、法律に反していなければどんな業務命令でも従わないとダメ、とはいえません。業務上の必要性が乏しい、労働者に精神的苦痛を与えるだけ、労働者にあまりに酷なものなどは、権利濫用（労契法3条5項）として無効にな

るでしょう。

ところで、労働者が労務提供義務などに違反した場合（具体的には、業務遂行過程で事故を起こしたり、顧客に損失を与えた場合など）に、労働者が、使用者から損害賠償を請求されたり、使用者が被害者に賠償をした後で、労働者に求償するといったこともあります。たしかに義務違反は債務不履行（民法415条）なので、労働者も損害に対し責任を負いますが、といっても賠償額が高額だと労働者には過酷ですし、使用者は労働者を使用して（時には危険なこともさせて）利益をあげているのですから、失敗したときだけ全責任を労働者に押し付けるのはあんまりです。そこで判例は、労働者の過失の程度、労働者の地位、損失発生回避のための使用者の対応（保険加入や十分な人員配置など）等から、労働者の責任を軽減することが一般的です（茨石事件・最1小判1976・7・8判時827号52頁）。

2. 労働契約の成立と展開をめぐる近時の裁判例

（1）成立過程に関する近時の裁判例

本書24頁のカキウチ商事事件、28頁のApocalypse事件は、いずれも働き始めてから「最初に聞いていた話と違う！」ということが問題となりました。カキウチ商事事件では、ハローワークの求人票や使用者のホームページで出ていた労働条件と、実際の労働条件とが異なっていたことが問題となりましたが、求人票に記載されていた条件につき、面接の際に同じ内容の説明がされていたり、その後に個別面談を経て作成された労働契約書にも同様の記載があったことから、労働者の主張が一部認められました。Apocalypse事件では、賃金の金額や計算方法などが示されていない中で、労働条件が求人広告の内容と異なる場合、異なることをはっきりと労働者に示しておかなかったことで、求人広告の内容の労働条件で労働契約が成立したとされました。このあたりは実務的にも参考になるでしょう。

また、労働者が週5日に満たない日数しか働けず、賃金がもらえなかったことが問題となったホームケア事件・横浜地判2020・3・26（労判1236号91頁）では、週の所定労働日を明確に定める書面や合意はありませんでしたが、過去の勤務実態などから、週4日が労働日数だったと認定され、賃金請求の一部が認められています。

内定取消事案としては、内定後に（使用者が経営する病院が保有していた）HIV感染情報をもとにした内定取消（社会福祉法人北海道社会事業協会事件・札幌地判2019・9・17労判1214号18頁）、内定後のバックグラウンド調査の結果の解雇（ドリームエクスチェンジ事件・東京地判2019・8・7労経速2405号13頁）がありますが、いずれも取消は無効とされました。他方、フォビジャパン事件・東京地判2021・6・29労経速2466号21頁では、採用決定権限のない社長から採用期待度の高い発言を聞いていたものの、その後の権限のある会長面接で、それより低い処遇しか示されなかったことが問題となりましたが、社長に採用決定権限がないことを労働者も認識していたとして、内定成立が否定されました。なお内定取消は、前掲・大日本印刷事件が著名ですが、近年は、企業の経営悪化等を契機としてなされる場合も少なくありません。その際は、整理解雇とほぼ同じ観点から、通常の内定取消よりも厳格な判断がされます（インフォミックス事件・東京地決1997・10・31労判726号37頁）。

（2）展開過程に関する近時の裁判例

コロナ禍では、非典型雇用労働者のシフト削減が話題となりましたが、シフト削減は、労働契約の範囲内なら特に問題はないのでしょうか。コロナ関連ではありませんが、この点を考える上で参考となるのが、本書32頁のシルバーハート事件です。この事件では「シフトによる」との契約上の文言から使用者のシフト決定権が認められた反面、シフト削減が収入減少に直結することを重く捉えて、合理的理由のないシフトの大幅削減は「シフト決定権限の濫用」とされたもので、実務的にも参考になります。

労働者が労務提供過程で損害を発生させた場合の法的責任については、上で触れたとおり、使用者と労働者の力関係の差や、「損害の公平な分担」という考え方から、損害の全額を労働者に請求することには通説・判例は否定的です。ただ、特に第三者に損害を発生させた場合（交通事故など）で、先に労働者が第三者に賠償し、その後、使用者に求償（逆求償）できるのかは、あまりはっきりしていませんでした。この点で本書36頁の福山通運事件は、やはり損害の公平な分担という観点から、使用者に対する「逆求償」も可能ということを最高裁として認めたものとして注目されます。

（河合塁）

採用面接時の説明と実際の労働条件との相違を理由とする差額賃金請求の成否

カキウチ商事事件　神戸地判2019・12・18労判1218号5頁　　　**LEX/DB25565563**

【問題となったポイント】
・採用面接時の会社担当者の説明に基づき、試用期間を1か月とし、当該期間終了後に賃金を月額35万円以上支払う旨の労働契約が成立していたといえるか

事案の概要

　本件は、運送事業を営むYにトラック運転手として雇用されていたX1・X2（以下「Xら」）が、Yに対し、採用面接時のYの説明に基づいて自らが認識していた賃金額よりも実際に支給された賃金額が低いとして、この差額を未払賃金として請求した事案です。

　Yは和歌山県に本社を置いていましたが、2016年1月頃に兵庫営業所を開設し、その後、同営業所の事業拡大のために同年6月頃からトラック運転手を募集することになりました。Yがハローワークに申し込んだ求人票によれば、兵庫営業所のトラック運転手の場合、正社員で賃金が基本給13〜15万円、基本給＋精務給＋各種手当で35万円〜、試用期間は3か月、その間の日給は9,000円〜（経験・能力による）とされていました。

　従前、XらはZ社でトラック運転手として就労していたところ、2016年5月下旬頃に、以前の職場の同僚であるCからZよりもYの方が賃金が高いと聞きました。これを受け、XらがYのHPを確認すると、「大型ドライバーで月給36万円以上」との記載がありました。ちなみに、C自身は2016年5月頃にYの従業員の紹介により、Yにトラック運転手として採用されました。その後、XらもCを通じて兵庫営業所のG所長に連絡をとり、面接に臨みました。この面接には、Yの代表者A、取締役B及びG所長が同席しました。

　その後、Xらは2016年6月15日ごろからYの兵庫営業所で就労を始めました。もっとも、Yは、Xらの入社時に契約書や労働条件通知書を作成せず、また、その時点で就業規則を作成していませんでした。入社から7月中旬までの約1か月間、Xらは二人乗車（横乗り）の体制でトラックに乗車し、その際、関東方面への運行については日給9,000円をもらう一方で、関東以外への運行の場合、日給6,000円しかもらっていませんでした。

　2016年7月31日、Xらは給与支払明細書を見て、採用面接時に試用期間は1か月で、1か月が経過したら賃金が35万円となる旨の説明を受けたはずなのに、実際の給与がその説明通りには支給されていなかったことや上記事情から日給6,000円しかもらえない日があったことについても事前に何も説明を受けていないとして不満を覚えました。実はC他他の従業員も実際の給与支給額が採用面接時の説明と相違するとの不満を持っていたため、XらはCらとともにYに抗議しました。

　これを受け、Yは翌月7日に兵庫営業所で説明会（以下「本件説明会」）を開きました。この会には、Y側からA、B及びH行政書士が、従業員側からCらとXらが出席しました。従業員側からは、採用面接時に、トラック運転経験者の場合には試用期間は1か月で試用期間中は日給9,000円、試用期間経過後は賃金が上がると聞いていたが、給与明細上はそうなっておらず、また、関東以外の横乗りについては日給6,000円しか払わないとの説明を受けたことが無い等の指摘がありました。これに対して、Yは改めて関東以外への横乗りの日給は6,000円であると説明したものの、既に日給6,000円で給与を支給したことには落ち度があったことを認め、日給9,000円との差額分を支払うことを約束しました。しかし、従業員側からの不満が噴出したため、Yは収拾がつかないと判断し、順次、従業員との個別面談を行うことにしました。

　YはX2との個別面談の際、改めて日給9,000円と日給6,000円との差額分を支払うと申し出たも

のの、試用期間の終了時期を示さず、今後、試用期間中の横乗り（関東以外）の場合には日給6,000円とし、試用期間終了後には基本給と歩合給を支払うことを説明し、これを受け入れられないならば退職しても構わないと伝えました。X2は日給6,000円の取扱いには納得できないと述べたものの、Yがあらかじめ用意した有期雇用契約書（研修期間用）（以下、「本件契約書」）に署名し、労働条件についてはまた話をすることを確認し、トラックの鍵を置いて兵庫営業所を辞去しました。このとき、X2に提示された上記契約書には、①雇用期間は2016年7月1日から8月7日まで、②日給が9,000円等の記載がありました（ただし、「横乗りの日当は6,000円（関東以外）」との記載もありました）。YはX1とも個別面談をし、その際、試用期間を短縮し、試用期間経過後には基本給が13〜15万円で売上の15%が加算されるが、月給35万円は保証できない旨説明しました。X1はこれに納得できなかったものの、YがX2に提示したものと同じ有期雇用契約書（研修期間用）に署名し、労働条件についてはまた話をすることを確認し、トラックの鍵を置いて兵庫営業所を辞去しました。

しかし、Xらは2016年8月8日以降にYに出勤せず、Yとの間で労働条件についての追加の協議が行われたこともありませんでした。最終的には、X1は9月12日から、X2は10月14日から別会社での就労を開始しました。その後、Xらは自らの試用期間は勤務開始日から1か月間であり、当該期間終了後の賃金は月額35万円以上であったこと等の確認を求めて提訴をしました。

判旨

Xらの請求棄却

「XらがY入社前に見たYのHPには大型ドライバーで月給36万円以上との条件が記載されていたが……Yが1月にハローワークに申し込んだ求人票には『基本給13万円〜15万円、基本給＋精務給＋各種手当で35万円〜』と記載されており、入社前の面接の際、A及びBが、基本給のみで35万円との説明をすることはにわかには考え難いこと、Xらは、Y入社前、Yと同業のZ社に勤務し、運送会社の賃金体系を把握しており、X1も、基本給が月額35万円ではなく……時間外手当等を含めな

いと月額35万円に届かないことを認識していたことからすると、Xらが基本給が月額35万円であると認識していたものと認めることはできない」。

加えて①Y入社時、Xらも基本的に試用期間が3か月と聞いていたこと、②XらがYに抗議して本件説明会が開催されたものの、労働者側からの不満等で収拾がつかなくなり、個別面談に移行したこと、③Xらは個別面談の直後、研修期間用として雇用期間を7月1日から8月7日まで、日給9,000円との内容の本件契約書に署名したことが認められる。「これらの事実からすると、Xらの労働契約において、少なくとも8月7日までは試用期間であり、試用期間中は日給9,000円であったと認めるのが相当であり、Xらの上記主張は採用できない。」なお、8月7日の個別面談の際、XらはYから本件契約書に署名するよう求められたので、十分に確認しないまま署名した旨供述するが、Xらの抗議に基づき本件説明会が開催され、そこでもY側と労働条件についてやりとりをしているのであるから、「Xらが労働条件に無関心なまま本件契約書に署名したとは考え難」い。

ポイント解説

1 本件紛争の原因

本件は、試用期間の長さとその後の賃金額について、労使間に認識のズレがあったことに起因する紛争です。すなわち、労働者側では、試用期間は採用後1か月間のみであり、この期間の経過後は、月給35万円以上をもらえるとの認識があったものの、使用者側では、試用期間は3か月間であり、この期間の経過後でも月給35万円を保障するつもりはないとの異なる認識がありました。

ところで、労契法4条2項をみると、「労働者及び使用者は、労働契約の内容……について、できる限り書面により確認するものとする」との規定が、また、労基法15条1項には、「使用者は、労働契約の締結に際し、労働者に対して賃金、労働時間その他の労働条件を明示しなければならない」との規定があります。それから、労基法89条によれば、使用者は賃金等の重要な労働条件について、就業規則を作成し、行政官庁に届け出なければならないとされています。これらを踏まえると、Y社が契約締結時に、試用期間や賃金等の労働条件を記載した契約書・労働条件通知書あるい

は就業規則をXらに交付していれば上記認識のズレは生じ得なかったのではないかと思われますが、実際には、Yらはこうした対応を取っておりませんでした。こうしたYの労務管理上の不備が本件紛争の火種になったといえるでしょう。

2 本件のような場合の労働契約内容の確定方法

通常であれば、労使が合意する労働契約書あるいは使用者が交付する就業規則や労働条件通知書の中に労働条件が規定されることになりますが、本件のように、労働条件の内容を把握するためのこれら書面上の手がかりが無い場合には、当事者の合意内容をどのように把握すべきでしょうか。

この点では、本件同様に使用者が労働契約書や労働条件通知書等を作成していなかったため、労働契約の内容（＝賃金額や計算方法）の確定方法が問題となった先行事案（Apocalypse事件・本書28頁）の判旨が参考になるかもしれません。この事案で、裁判所は、労働契約書や労働条件通知書が作成されていない場合には「求人広告その他の労働契約の成立に関して労働者と使用者との間で共通の認識の基礎となった書面の内容、労働者が採用される経緯、労働者と使用者との間の会話内容、予定されていた勤務内容、職種、勤務及び賃金支払の実績、労働者の属性、社会一般の健全な労使慣行等を考慮して、補充的な意思解釈で明示又は黙示の合意を認定して賃金その他の契約内容を確定すべき」としています。そして、続けて、「求人広告その他の労働者募集のための労働条件提示は、使用者からの労働契約締結のための申込みの誘引で、それ自体は契約を成立させる意思表示ではないが、労働条件を的確な表示で明示すべきもので」あり、労働者が「労働契約を申し込むときは上記労働条件提示の内容を当然に前提としているから、上記労働条件提示で契約の内容を決定できるだけの事項……が表示されている限り、なお、使用者が上記労働条件提示の内容とは労働条件が異なることを表示せずに労働者を採用したときは、労働者からの上記労働条件提示の内容を含む申込みを承諾したことにほかなら」ないと述べています。

こうして、類似のケースを取り扱った先行事案は、特に求人広告に記された労働条件をもとに、補充的意思解釈を通じて、当事者の合意内容を確定させています。その他の先行裁判例でも、職安法が求人者に労働条件明示義務を課していること

等を勘案して、求人票や求人カード等に記載された労働条件は、「一般的には、これと異なる明示又は黙示の合意のないかぎり、労働契約の内容となるとするのが契約当事者の意思に合致するものと解するのが相当である」といった見解が支持されています（安部一級土木施工管理事務所事件・東京地判1987・3・27労判495号16頁、千代田工業事件・大阪高判1990・3・8労判575号59頁、株式会社丸一商店事件大阪地判1998・10・30労判750号29頁、福祉事業者A苑事件・京都地判2017・3・30労判1164号44頁を参照）。

3 本件のアプローチ

本件においても、裁判所は特に求人票の記載内容を前提にしながら、Yの主張通り、①試用期間が1か月以上として設定されており、また、②試用期間終了後に基本給として月額35万円以上を保障する旨の合意があったとは言えないとの判断を下しているものとみることができるでしょう。

もっとも、上記先行裁判例では、使用者が求人票や求人カードの記載内容とは「労働条件が異なることを表示せずに労働者を採用したとき」、あるいは当該記載内容とは「異なる明示又は黙示の合意のないかぎり」、求人票等の記載内容に基づく労働契約上の合意があったものと認められるとされており、これを裏返せば、当事者間で「採用面接等の協議の結果……求人票と異なる合意がされたときは、従業員となろうとする者の側に著しい不利益をもたらす等の特段の事情がない限り、合意の内容が求人票記載の内容に優先する」と理解することができそうです（藍澤證券事件・東京高判2010・5・27労判1011号20頁）。

「試用期間は1か月間だけであり、その後は月給35万円の支払いが保障される旨の説明を採用面接時に受けた」とのXらの主張についても、上記先行事案に倣って、求人票の記載内容に優先して考慮されるべき個別合意の存在を裏付けることを試みたものといえるでしょう。もっとも、本件裁判所は、そもそもXらがそのような説明を採用面接時に受けたとは認定し難いとしているので、結局、求人票の記載内容等によって当事者間の合意内容が確定されています。なお、揚げ足取りな指摘になりますが、この点、本件裁判所は「Xらの試用期間が1か月であったことについてはXらに立証責任があるところ、Xらが……立証責任を尽くしたということはできない」としています。し

かし、元を辿れば、本件紛争の原因は、使用者が労契法４条や労基法15条の求める労働条件の明示や説明の要請を十分に果たさなかったことにあると思われます。こうして、使用者が自らに課された説明義務を果たさない場合において、なぜ、労働者が労働条件に関する立証責任を負わざるを得ないのかには疑問が残ります。ちなみに、学説でも、使用者が労契法４条の要請する労働契約内容に関する説明を十分に果たしていないといえる場合には、使用者側に不利な形で契約解釈がなされてもやむを得ないとの指摘がみられます（米津孝司ほか「労働契約法逐条解説」労旬1669号（2008年）28頁［緒方桂子］参照）。

４　労働者の期待権侵害の成否

　関連して、もう１つ指摘しておきたいのは、求人票や採用面接段階での使用者の説明・発言の内容がただちに労働契約の内容を構成するものではない（＝補充的意思解釈等によって労働契約の内容として認定されるものではない）としても、かかる説明・発言が労働者に法的保護に値する期待を抱かせる可能性があるということです。使用者がその期待を損なう行為をする場合には、契約締結過程における信義則違反として損害賠償責任が発生することになります。この点で参考になるのは、日新火災海上保険事件・東京高判2000・4・19労判787号35頁です。同事件では、求人広告や採用面接等の中で、会社側が中途採用者に対して「新卒同年次定期採用者と給与条件につき差別をしない」旨の説明を行い、応募者側に新卒同年次定期採用者の平均的給与と同等の給与待遇を受けることができるものと認識させたものの、実際には中途採用者の初任給を新卒同年次定期採用者の下限の格付けとする取扱いをしたことによって中途採用の応募者に精神的衝撃を与えたとして、裁判所は、会社側の「求人に当たっての説明は、労基法15条１項に規定するところに違反するものというべきであり、そして、雇用契約締結に至る過程における信義誠実の原則に反するものであって、これに基づいて精神的損害を被るに至った者に対する不法行為を構成する」と判断しています。

　こうした裁判例の動向も踏まえてみると、本件でも、Y社がXらに労働条件についての誤った認識を抱かせたことに対する損害賠償責任の成否が検討される余地があったのではないかと思われます。特に、Y社がHP上で「大型ドライバーで月給36万円以上」との情報を記載していたことに加え、Xらだけでなく、Cら他の従業員においても、「試用期間は１か月間だけであり、その後は月給35万円の支払いが保障される」との認識を抱いている者が多かったことからすれば、期待権侵害の成否という論点についても深堀的に検討が加えられるべきだったのではないでしょうか。

実務へのポイント

　労務管理の知識が十分とはいえない中小零細の事業者であっても、本件のようなトラブルを避けるために、労働者を採用する前段階で就業規則や個別の労働契約書、労働条件通知書を作成しておいて、その中で賃金・労働時間・試用期間等の重要な労働条件を明記しておくことが重要です。身近に信頼のおける社会保険労務士や弁護士がいるのであれば、こうした専門家にこれらの書面の内容を確認してもらうことも有用かと思います。

　また、求人票を出す際には、「求職者は求人票記載の労働条件を信じて労働契約の申込みをしてくる」ことを大前提の認識としたうえで、求人票の記載内容と就業規則や契約書等に記載された労働条件との間に齟齬が生じないように心がけることが肝要です。そもそも、こうした形での労働条件明示が要請される基礎には、「求職者に対し真実の労働条件を認識させたうえ、ほかの求人との比較考量をしていずれの求人に応募するかの選択の機会を与える」との目的があります（前掲・千代田工業事件を参照）。職安法42条においても、適切な職業選択の機会を労働者に確保させるとの観点から、求人広告等を用いる場合には、「労働者に誤解を生じさせることのないように平易な表現を用いる等その的確な表示に努めなければならない」と規定されていますが、このような誤解を生まない、明確で分かりやすい条件を提示することも心がけるべきでしょう。

（後藤　究）

労働契約内容不明に際しての補充的解釈

Apocalypse事件　東京地判2018・3・9労経速2359号26頁　　　　**LEX/DB25560795**

【問題となったポイント】
・労働契約の内容があいまいなままに働き始めた後で、労働者は労働契約上の権利を主張できるのか
・求人時・採用時の労働条件が明示されていない場合は、使用者の法違反というだけにとどまるのか、労働者が契約上の権利として使用者に契約違反を主張できるのか

事実の概要

　Yは飲食営業等を営む株式会社です。2016年11月25日ころ、Yはそば居酒屋「A」（以下、「A」）を新規開店しました。Yは、調理スタッフを「月給25万円〜40万円」「※年齢・経験・能力などを考慮の上、給与額を決定します。」「9：30〜23：00（実働8時間／シフト給）」「4週6休」等という労働条件を公開・募集し、X1・X2はこの条件を見て応募しました。同年10月、YはX2に電子メールで毎月の賃金の金額を「税引き前の総支給額で34万円で考えております」等と提示したものの、「総支給額」が残業代を含めた金額とは説明しないまま、X1の賃金を月40万円、X2の賃金を月34万円と決定し、YはX1らに想定された残業時間についても説明しませんでした。

　X1らは、X1の月40万円の賃金およびX2の月34万円の賃金はそれぞれ基本給を意味するものと考えたうえで、X1らはYと期間の定めのない労働契約を締結して、2016年11月12日からAの新規開店準備に従事し、2017年1月22日まで勤務しました。2016年11月18日以降、X1らはYからタイムカードによる出勤および退勤の時刻記録を指示され、これに従って働きました。X1らとYとの間には、労働契約書・労働条件通知書その他の労働条件内容を明確に示す書類は作成されませんでした。YはX1らにその給与明細書の通りに毎月の賃金を毎月15日締め、当月末支払いで、基本

給・家族手当・技能手当・皆勤手当・定額残業手当・食事手当等に区分して支払いました。

　しかし、X1らは当初4名の調理スタッフによるシフト制の予定であったところ、退職者の発生でX1ら2名のみの体制となり、再三の要請にもかかわらず、人員の補充もなされないため、X1らは休憩・休日も取れず、泊まり込みを含む過重な勤務状態を余儀なくされたことから退職を決意し、Yに対して、これまでの時間外手当・休日手当等の速やかな精算を求める旨を記載した、退職通知書を送付しました。

　さらに、X1らがY社に対し、①労基法37条に基づき法定時間外および深夜・早朝労働による割増賃金等、労基法114条に基づく付加金等の支払いを求め、本件訴訟を提起しました。この事件では、①基礎賃金・②合意による労働契約変更の有無・③労働時間および割増賃金の計算・④賃確法所定利率の適用・⑤一部弁済・⑥付加金が、それぞれ争点となっていますが、ここでは、争点①②③に限定して言及します。

判旨

　X1らの請求を一部認容。一部棄却。

1　争点①について

　「X1らとYとの間で労働契約が成立し」、「賃金の金額や計算方法を明示する労働契約書や労働条件通知書は作成されていない」ときは、「求人広告その他の労働契約の成立に関して労働者と使用者との間で共通の認識の基礎となった書面の内容，労働者が採用される経緯、労働者と使用者との間の会話内容、予定されていた勤務内容、職種、勤務及び賃金支払の実績、労働者の属性、社会一般の健全な労使慣行等を考慮して、補充的な意思解釈で明示又は黙示の合意を認定して賃金その他の契約内容を確定すべきである。」

　「求人広告その他の労働者募集のための労働条件提示は、使用者からの労働契約締結のための申

込みの誘引で」あるから、「労働条件を的確な表示で明示すべきもので（職業安定法5条の3、42条、65条8号参照）、……上記労働条件提示で契約の内容を決定できるだけの事項……が表示されている限り、使用者が上記労働条件提示の内容とは労働条件が異なることを表示せずに労働者を採用したときは、労働者からの上記労働条件提示の内容を含む申込みを承諾したことにほかならず、両者の申込みと承諾に合致が認められるから上記労働条件提示の内容で労働契約が成立した」。「使用者の内心において、上記労働条件提示の内容で労働契約を締結する意思がなくても、労働者がそのことを知り、又は知ることができた場合でない限り、労働契約は無効にならない（民法93条）。」

「Yは、X1らに対し、賃金は月25万円から月40万円の範囲内、勤務時間は1日8時間という労働条件を提示した上……、上記賃金のうち残業代に当たる部分の存在、その金額又はその計算方法を示すことなく、食事手当を除く賃金をX1は月40万円、X2には34万と決定してX1らを採用した」。「X1らとYとの間には、1日8時間の所定労働時間の勤務に対し、X1には月40万円の賃金をX2には月34万円の賃金をそれぞれ支給する労働条件で労働契約が成立したと推認され」、「固定残業代における明確区分性の要件を検討するまでもなく、基礎賃金はX1につき月40万円の賃金を、X2につき月34万円の賃金をそれぞれ基礎として算定」する。

2 　争点②について

「Yは、平成29年1月31日の支給の賃金から定額残業手当を取りやめることとし、X1らとの間で、毎月の賃金を基本給17万1000円、技能手当3万円、皆勤手当2万円はそのまま維持するという賃金内容で合意したと主張する」が、「認定した労働契約で定める賃金内容と比較すると、そのような合意は、賃金を労働者（X1ら）の不利に変更するものにほかならない」。「このような合意を成立させる労働者の同意の有無は慎重に判断されるべきであり、当該変更を受け入れる旨の労働者の行為の有無だけでなく、当該変更により労働者にもたらされる不利益の内容及び程度、労働者により当該行為がされるに至った経緯及びその態様、当該行為に先立つ労働者への情報提供又は説明の内容等に照らして、当該行為が労働者の自由な意思に基づいてされたものと認めるに足りる合

理的な理由が客観的に存在するか否かという観点からも、判断されるべきである（2016年2月19日民集70巻2号123頁：筆者注：山梨県民信用組合事件）。」

X1らの「同意がXらの自由な意思に基づくものと認めるに足りる合理的な理由が客観的に存在するとは認められない。」

3 　争点③について

大星ビル管理事件最高裁判決（最1小判2002・2・28労判822号5頁）を引用したうえで、「X1らは、タイムカードで記録される出退勤の間、多忙かつ長時間の勤務を余儀なくされる実情にあり、Aの営業の間は、常に来客の可能性に備えて待機する必要があり、Yから休憩時間を特定の時間帯で指定されることも、勤務の実情において労働時間と休憩時間が明確に区別されることもなく、勤務中の食事も本件店舗内で済ませることになっており、食事のための外出は原則として認められていなかった」。「タイムカードに記録された出退勤の各時刻の間は、特段の事情がない限り、継続的に作業に従事し、又は手待時間として来客に備えて待機していたものとして、Yの指揮命令下に置かれた労働時間に当たる」。

ポイント解説

1 　求人詐欺とは

本件では、YとX1・X2の間で労働契約は成立したものの、Yの説明や情報提供がもともと不十分だったことで、後から争いになりました。Yのな契約内容の提示にX1・X2は幻惑され、気づいた時には「40万円ないし34万円が基礎賃金か残業代込みか」について不明なまま働かされてしまっています。この脱法的な労務管理は、「求人詐欺」といわれています。「求人詐欺」では、使用者が採用募集に意図的に高い労働条件を提示することで労働者を呼び込んで労働契約を結ばせておきながら、入社直前や入社後の労働契約履行の段階では当初の労働契約締結時とは全く異なった低い労働条件で働かせるというわけです。このような使用者は、最初の契約段階で明確な労働条件を明示せずに、曖昧な労働契約を結ばせ、その後は安く長く働かせる悪だくみをしています。求人詐欺は、ブラック企業に連なる由々しき労働問題

です。

2 労働条件明示の原則

　本件のような争いは、労使双方が労働契約締結段階で「労働契約書」等を作成してその契約内容を相互に確認しておけば予防できそうです。法的規制はどのようになっているのでしょうか。まず、労基法15条1項は、使用者が労働者に労働条件を明示する義務を課しています。また、労契法4条1項は「使用者は、労働者に提示する労働条件及び労働契約の内容について、労働者の理解を深めるようにするものとする」という「努力義務（訓示）規定」を課しています。さらに、職業安定法5条の3は、労働者の募集を行う者（将来の使用者）・その他、公共職業安定所等が求人に応募するもの（求職者）に対し、従事すべき業務の内容・労働条件を明示する義務を課しています（同条1項）。

　法的規制は充実しているようにも見えますが、労働契約にかかわる法規範は中途半端なものと言うしかないです。なぜなら、このような法的規制は国が使用者（事業主）に公法上の義務を課すもので、ここから使用者の「情報提供義務」「説明義務」を導くことは難しく、労働者の「労働契約（私法上）の権利」を直接的に保障するものではないからです。このため、使用者は労働者に「曖昧な労働契約」を結ばせておき、実際に労働者が働いてみたところ「こんなはずじゃなかった。話が違う」という詐欺まがいの話が横行します。

3 求人詐欺としての「固定残業代制」「定額残業代制」

　求人詐欺においては、「求人票の記載より給料が低かった」「賞与年2回のはずが、年1回しかもらえない」「労働時間が求人票の記載より長かった」「始業時刻より早い出社を求められた」「面接時に話していた内容と違う仕事内容だった」「入社直前で勤務先が変わった」「正社員の募集のはずなのに非正規雇用だった」「雇用保険や社会保険ありといわれたのにそうではなかった」等のパターンがあります。

　本件の争点①において言及されている「固定残業代制（定額残業代制）」という労務管理も求人詐欺において悪用されることがあります。「固定残業代制」とは、時間外労働・休日労働・深夜労働に対する割増賃金をあらかじめ定額の手当等の

名目で、あるいは基本給の一部として支給する制度のことです。例えば、「月給22万円」と聞いていたので高給だと思って入社したら、実は80時間分の残業代が込みだったといったケースが想定されます。この場合、法定労働時間の月160時間の労働時間に労働が留まると80時間の残業代は支払われません。よくわからないうちに労働者は残業の80時間も余分に働く予定の労働契約を締結させられてしまっているというわけです。

　固定残業代の制度自体は、使用者が労基法所定の計算方法による金額以上の金額を支払っていれば、必ずしも、違法ではありません。具体的には、①何時間分で何円の残業代が含まれているのかがはっきりと計算すればわかること、②残業代部分や基本給部分が最低賃金を下回らないこと、③前もって支払われた残業代の分よりも長く働いた場合に超過した残業代を支払うことの3つの要件を満たせば適法です。しかし、使用者が3つの要件を満たさないような固定残業代を払っておいてとぼけると労働者は混乱します。さらに、ずる賢い使用者は労働者が法所定の方法で計算した差額請求を行うことを面倒に感じ、その請求をあきらめがちなことを熟知しています。脱法的な「固定残業代制」の濫用を行う、使用者に警鐘を鳴らし、残業代等にかかわる未払い賃金の支払いを命ずる裁判例が続出しています。例えば、グレースウィット事件（東京地判2017・8・25労経報2333号3頁）、PMKメディカルラボ事件（東京地判2018・4・18労経速2355号18頁）、ビーダッシュ事件（東京地判2018・5・30労経速2360号21頁）をその例としてあげておきます。

4 本判決と関連裁判例

　本判決は、争点①にかかわり、労働契約書や労働条件通知書は作成されていない「曖昧な労働契約」において、裁判所が労使間の合意を補充的意思解釈によって認定したこと、争点②については、Yの当初は労働条件（労働契約内容）において「固定残業代」を採用していたが、2017年1月31日の支給の賃金からそれを取りやめた（労働契約変更を行った）という主張に対して、X1らの「合意」があったか否かを論点にして、就業規則に規定された退職金の支給基準の変更に対する労働者の合意の有無が争われた、山梨県民信用組合事件最高裁判決（最2小判2016・2・19労判1136号6頁）を引用した上で、その変更の効力を否定

していること、争点③にかかわり、X1らがAに滞在した時間の大部分を「手待時間」と捉えて、その労働時間性を肯定しています。

争点①にかかわる、瑕疵ある意思表示に関する裁判例の多くは労働者側の退職の申し込みにかかわる意思表示の無効・取消をめぐって争われてきました。例えば、労働者が退職の意思なしに退職願を提出し、それが受理された場合、その意思表示は民法93条の「心裡留保」によるものとされ、使用者が労働者の真意を知っていたか知るべきであった場合は無効（昭和女子大学事件・東京地判1992・12・21労判623号36頁）、そうでない場合は有効（穂積運輸倉庫事件・大阪地判1991・8・28労判710号90頁）としています。また、民法95条の「錯誤による意思表示」の裁判例については、昭和電線電気事件（横浜地川崎支判2004・5・28労判878号40頁）・富士ゼロックス事件（東京地判2011・3・30労判1028号5頁）が、民法96条1項の「強迫による意思表示」の裁判例については、石見交通事件（松江地益田支判1969・11・18労民集20巻6号1527頁）、ニシムラ事件（大阪地判1986・10・17労判486号83頁）、損害リサーチ事件（旭川地決1994・5・10労判675号72頁）があります。

一方、本判決は、争点①にかかわり、使用者（Y）側の契約締結時の労働条件提示（意思表示）について民法93条の「心裡留保」の問題として判断しています。本判決と同様に、使用者側の求人票記載の労働条件の提示と実際の労働条件との間に相違が生じた、千代田工業事件（大阪高判1990・3・8労判575号59頁）では、判決は「Yは、本件求人票の雇用期間の欄に、『常用』と記載しながら具体的に雇用期間欄への記載をしなかったものであるから、Yの内心の意思が……期間の定めのある特別職を雇用することにあったにせよ、雇用契約締結時に右内心の意思がXに表示され雇用期間について特段の合意をするなどの特段の事情がない限り、右内心の意思にかかわりなく、本件求人票記載の労働条件にそった期間の定めのない常用従業員であることが雇用契約の内容になる」と判断しています。同様に、丸一商店事件（大阪地判1998・10・30労判750号29頁）において、判決は求人票に「退職金有り」と記載したうえ、採用に際して、これと異なる説明をしていなかった、退職金支給が労働契約の内容となると判断しています。同様な系譜に属する裁判例とし

ては、愛徳姉妹会事件（大阪地決2002・5・30労判830号16頁）があります。

一方、求人票等の表現や合意内容が不明確な場合には、労働契約の内容を根拠づけることできないと判断する裁判例の系譜もあります。例えば、安部一級土木施工管理事務所事件（東京地判1987・3・27労判495号16頁）においては、判決は、「求人カード記載の賞与や昇給は一応の見込みにすぎず、これがそのまま労働契約の内容になったものではないと判断するのが相当である」と判断されています。同様な判断を導く裁判例として、日新火災海上保険事件（東京高判2002・4・19労判787号35頁）があります。

実務へのポイント

労基法15条等の法規定から、使用者の「情報提供義務」「説明義務」を導くことは難しいため、本件のような問題は、労働契約上の信義則に基づく「契約締結上の過失」という解釈論によって論じられています。「契約締結上の過失」とは、契約成立過程における一方当事者（とりわけ、使用者）の故意・過失によって相手方（とりわけ、労働者）が損害を被った場合には、一定の要件をみたした場合には、相手方に損害を被らせないようにする信義則上の義務を負うという法理のことです。使用者が就業規則や労働契約において労働条件明示義務を果たさずに、曖昧な労働契約によって労働者を幻惑させてしまうような場合において、ドイツ法上の「不明確原則」（つまり、作成者不利（「疑わしいときは表示者の不利に（in dubio contra sipulatorem)」）という原則）を参照しながら、使用者（表示作成者）がより明確な形で契約条項を表現しえたにもかかわらず、不明確なまま放置した場合にその責任を負わせ、使用者（表示作成者）は条項の文言の意味を自己に有利な援用をすることができないという効果をもたせることで、本判決の論理構造がすっきりと理解できそうです。学説の展開や動向にも注視していきたいものです。

（春田 吉備彦）

シフトを一方的に減らされた場合の賃金請求の可否

シルバーハート事件　東京地判2020・11・25労判1245号27頁　　LEX/DB25568166

> 【問題となったポイント】
> ・一方的にシフトを減らされた場合、その分の賃金を請求することができるのか

事実の概要

　本件は、シフト制で働く労働者が、使用者によって一方的にシフトを削減されたことで勤務日・勤務時間が激減し、結果的に賃金も大幅に減ったということが問題となった事件です。

　Y社は介護事業および放課後児童デイサービス事業を営む有限会社です。Xは2014年1月頃、Y社の求人広告をみて応募し、同月30日に採用されました。雇用契約書には、始業・終業時刻及び休憩時間の欄に、「始業時刻午前8時00分、終業時刻午後6時30分（休憩時間60分）の内8時間」のほか、「シフトによる」との記載のみがあり、業務内容は空欄、就業場所は各事業所とされ、主たる事業所の記載はありませんでした。なお、Xの提出した履歴書には週3日勤務を希望する旨の記載がありました。

　Y社の各事業所における勤務体制は、各月に組まれるシフトで決定されていました。シフトの決定方法は、各従業員が各事業所の管理者に翌月の希望休日を申告し、これを考慮して作成されたシフト表の案をもとに、使用者の方で各事業所の人員が適正に配置されるよう調整を行ったうえ、正式なシフトが決定されるというものでした。

　Xは複数の介護事業所を異動しながら、送迎補助や入浴・トイレ介助などの業務を行っていました（利用者の対応などについて、副社長や他の職員から注意指導を受けたことがありました）。

　Xは、2016年1月頃から、原則として午後の半日勤務のみの児童デイサービスの勤務シフトに入るようになりました。当初は、特に異議を述べず

に応じていましたが、2017年2月以降、児童デイサービスでの勤務のみとなってからは、不当配転だと考えるようになり、不服を述べたうえで業務に従事していました。そうした中で、Xのシフトは、2017年5月には13日（勤務時間65.5時間）、6月は15日（同73.5時間）、7月は15日（同78時間）でしたが、8月以降は大幅に減らされました（7月20日時点では17日であったのが、同月24日では5日（同40時間）に削減され、9月は1日（同8時間）のみとされ、10月以降のシフトは1日も配属されなくなりました）。その後、Xは労働組合に加入し、Y社との間で数回にわたり、勤務シフト時間や勤務場所などに関する団体交渉を行いましたが、状況は改善されませんでした。そこでXは、勤務時間を週3日、1日8時間、週24時間、勤務場所を介護事業所、職種を介護業務に限定する合意をしたにもかかわらず、Y社のせいで就労できなかったとして、また予備的に、2017年8月以降のシフトの大幅な削減は違法かつ無効であるとして、未払賃金等の請求を求めたものです。なお、実際にはさまざまな請求がなされていますが、本解説では、シフト削減の問題についてのみ取り上げることとします。

判旨

　一部認容。勤務時間などの合意については認められませんでしたが、シフトの一方的な削減については、（大幅に減らされた）2017年9月・10月分の賃金相当額（13万234円＋遅延損害金）に限って、Xの請求を認めました。

1　勤務時間の合意について

　「雇用契約書には…週3日であることを窺わせる記載はな」く、「平成26年2月から28年1月まで及び同年4月のスケジュールによれば、1か月の出勤回数は9回～16回であり、…勤務開始当初

の２年間においても、必ずしも週３日のシフトが組まれていたとは認められない」ことから、「固定された日数のシフトが組まれていたわけではなかった」。

（労働者への不利益が著しいことから）「シフトによる旨の合意をすることは考えられない」とのX主張に対しては、「翌月の勤務に関する希望を踏まえて、シフトによって勤務日及び勤務日数を決定する方法は、労働者の都合が反映される点で労働者にとっても都合のよい面」もあり、「シフトによるという合意自体があり得ないものとはいえ」ないとしました。

2 シフトの不当な削減による賃金請求権の有無について

「毎月のシフトによって勤務日や勤務時間が決定していたことからすれば、適法にシフトが決定されている以上、…シフトによって決定された勤務時間以外について、Y社の責めに帰すべき事由によって就労できなかったとして賃金を請求することはできない」。

しかし、「シフト制で勤務する労働者にとって、シフトの大幅な削減は収入の減少に直結するものであり、労働者の不利益が著しいことからすれば、合理的な理由なくシフトを大幅に削減した場合には、シフトの決定権限の濫用に当たり違法となり得る」。そして、「不合理に削減されたといえる勤務時間に対応する賃金について、民法536条2項に基づき、賃金を請求し得る」。

「勤務日数を１日…とした平成29年９月および一切のシフトから外した同年10月については、同年７月までの勤務日数…から大幅に削減したことについて合理的理由がない限り、シフト決定権限の濫用に当たり得る」。

もっともXは、「平成29年10月30日の団体交渉において、児童デイサービスの半日勤務には応じない旨表明して」おり、これにより、「児童デイサービス事業所でのシフトに組み入れることが困難になるといえる」。また、Xの勤務状況等から、Y社が「Xについて介護事業所ではなく児童デイサービス事業所での勤務シフトに入れる必要があると判断することが直ちに不合理とまではいえないことからすれば、同年11月以降のシフトから外すこと」については、「シフトの決定権限の濫用があるとはいえない」。

ポイント解説

本件はY社が原告となって、Xに対し、週３日・１日８時間・週24時間、Y社の介護事業所において介護職に限定して労務を提供させる義務がないことなど、複数の債務が存在しないことの確認を求めて訴えを起こした（本訴請求）ところ、これに対してXが、本訴に関連した本件請求を行ったものです（反訴請求）。本件は、使用者側であるY社が原告となって債務（労働契約）不存在の訴えを起こしたという非常に珍しいケースです。なお、本解説では反訴を中心に検討するため、反訴原告をXとしました。

1 シフト労働者の給料って、どうなってるの？

最近では、人手不足や労働者のニーズの多様化などもあって、働く日（労働日）や労働時間を一定の期間ごとに調整して、特定するような働き方が増えています。これが一般的には「シフト」と呼ばれるもので、採用時点では、はっきりと労働日や労働時間などを決めずに、一定期間（１か月や１週間）ごとに作成される勤務割や勤務シフトなどの中で、具体的な労働日や労働時間を決定するというものです。

では、シフトの場合の賃金は、どうなっているのでしょうか。基本的には、実際の労働契約の決め方によるものと思われます。たとえば労働契約や就業規則の中で「週４日」とはっきり決まっていれば、労働者は週４日のシフトを請求できるでしょう（何らかの使用者側の都合で入れなかった場合には、休業手当（労基法26条）が請求できます）。しかし実際には、「週〇日程度」といった曖昧な決め方や、そもそも何も決められていないといったケースのほうが多いと思われます。その場合には、「シフトのない日＝休み＝賃金もゼロ」ということになるのでしょうか。

使用者からすれば、「労働日じゃないんだから、賃金（休業手当）は出ないよ」となりますし、労働者側は、「生活があるので、全然シフトに入れないというのは困るよ、それも使用者の都合でシフトを減らしておきながらどうなの」となるでしょう。本件は、まさにその点が問題となった事件なのです。

2 シフトを減らしても、給料は払わないとダメ？

本事件を見る前に、シフトを減らされた結果、賃金がもらえないということが争いとなったケースを紹介しておきましょう。

1つは、ホームケア事件・横浜地判2020・3・26労判1236号91頁です。これは、介護事業を営む会社で、デイサービス利用者の送迎業務などに従事していた労働者が、実際の勤務日数が、労働契約上の所定労働日数（週5日）より少なかったとして、差額を求めた事案です。雇用契約書および労働条件通知書には、「出勤日欄」に「毎週（月 火 水 木 金 土 日のうち週5日程度）」、「業務の状況に応じて週の出勤日を決める」等と記載されていました。そのような中、（ア）雇用契約における週の所定労働日数が何日なのか、また、（イ）Xが就労しなかったことについてのY社の落ち度が争点となった事案です。

裁判所は、（ア）について、所定労働日数にかかる合意は「各契約書の記載のみにとらわれることなく…Xの勤務実態等の事情も踏まえて、契約当事者の意思を合理的に解釈して認定するのが相当」として、おおむね週4日勤務であったとしました。（イ）については、Xを送迎計画表に入れるかどうかはY社が判断していたことであり、Xが送迎計画表に入らなかった日に就労しなかったとしても、それはY社のせい（責めに帰すべき事由）であるとして、4日に満たない日数分についての賃金相当額の請求を認めました。

もう1つは、萬作事件・東京地判2017・6・9労働判例ジャーナル73号40頁です。

これは、飲食店Yで働いていたXが、遅刻を繰り返していたことや、上司や同僚等とのトラブルなどを問題視され、「週1日か2日のみの勤務」という形でシフトを削減されたことに対し、削減された分の賃金等を請求した事案です。

裁判所は、Xの勤務すべき日は、労働契約では具体的に定められていなかったものの、シフト表で事前に指定する休日及び年末年始以外は勤務日とされていたこと、勤務成績等を評価して勤務日数を増減させる旨の定めがなかったこと、Xにとってはでの賃金を（単なる小遣い稼ぎではなく）生活費に充てることを目的としていたこと、Xの収入を生活維持が可能な程度に確保するためには勤務日の日数が相当程度確保される必要があることなどから、「少なくとも週4日の勤務が継続的に確保されることを黙示に合意にしていた」(ママ)として、週の最低労働日数に関する（黙示の）合意を認定しました。

また、賃金請求については、「Xの勤務態度が債務の本旨に従った労務提供が一般に見込めないものであったとは認められず、まして約2か月間にわたって週1日ないし2日までの勤務日数の減少を継続する必要があったとはいえない」としました。さらに、Xの勤務態度は懲戒処分もありうるところ、（それもせずに）シフトの削減をしたことは、「労働契約上の根拠に欠ける事実上の制裁に過ぎず…断続的に実質的な出勤停止を継続して、Xの経済的生活を苦境に追い込み、その雇用契約上の地位を著しく不安定にさせるもので、いわば『飼い殺し』にもなりかねない」と厳しく述べ、「合理的なものとはいえない」としました。そのうえで週1、2回のシフトにしたことについては、「労務提供の受領を正当な理由なく拒否したことに当たる」と述べ、不当に勤務日を指定しなかったと認められる日の分につき、賃金請求を認めました。

このように、いずれの事件も、理論構成は異なりますが、シフトの一方的な削減に対し、裁判所は、勤務実態や契約内容から、一定の範囲での勤務日数の「合意」があったと評価し、それに足りない分の賃金請求を認めています。少なくとも使用者は、単純に「シフト制だから使用者が自由に減らせる＝賃金を払わなくてもいい」というわけではなさそうです。

3 「合意」が認められない場合は？

では、労働者と使用者との間に、「合意」があったと評価されない場合はどうでしょうか。本件の場合、ホームケア事件と異なり、勤務日数にかかる「合意」の存在が否定されています。具体的には、実際の1か月ごとの勤務日数にもバラつきがあったほか、労働者の状況（運転免許や相談員資格を持っていませんでした）により、他の職員の配置との兼ね合いなどから、週3日という合意はなかったとしました。さらに、「シフトによる」という決め方は、労働者にとって都合のよい面もあるので、そのような合意自体があり得ないわけではないとしています。

たしかに、シフト制は、すき間時間を活用して収入を得ようとする主婦や学生にとっては働きやすい勤務形態という面もあります。しかし、休み

たくてもシフトに入らなければならず、シフトに入りたくても減らされてしまうというデメリット面もありますので、そのような点では、「労働者にもメリットがあるから」と安易に片づけてよいのかは、疑問の残るところです。もっとも、この判決の言辞は、一般論としてシフト制がどうかというだけの話であり、「労働者にもメリットがあるからシフトは使用者の自由」とまで述べているわけではなく、この点注意が必要でしょう。

さて本件では、所定労働日が週3日だという合意は退けられましたが、結論的にはシフトが「大幅」に削減された分に対する賃金請求が認められています。すなわち、「シフトで決められている日以外は、賃金請求できない」という立場を採りつつ、「シフトの大幅な削減は収入の減少に直結する」という理由のもと、労働者が被る著しい不利益を回避するため、合理的な理由なくシフトを「大幅」に削減した場合には、「シフトの決定権限の濫用」にあたり無効だとしています。週の勤務日数にかかる合意はなかったとしながら、直近3か月からの大幅なシフト削減を権利濫用と構成した点は、画期的な判決であるといえましょう（その背景には、恣意的な日数減や、団体交渉での使用者側の態度などもあったものと思われます）。萬作事件のような「シフトを減らす」ことの権利濫用性と、本件のような「シフトを決める」ことの権利濫用性を、同じといっていいのかは、はっきりしませんが、あまりにも理不尽なシフトの削減ないしシフト外しは許容されない、ということは十分留意しておくべきと思われます。

4 シフトに入れなかった場合は、賃金の100％？それとも60％？

これらの事件では、民法536条2項を根拠に、賃金の100％相当の請求が認められています。本条は債務者の危険負担を謳ったもので、債権者は使用者を、債務者は労働者を指します。使用者の帰責事由で働けない場合、労働者は反対給付（賃金）を請求できるというものです。他方、労基法26条は、使用者の責に帰すべき事由によって休業した場合は、使用者は平均賃金の60％以上の休業手当を払わなければならない、としています。この条文だけみると、労基法よりも民法のほうが労働者に有利という感じもしますが、民法536条2項に基づく請求が認められるケースは、労基法26条に基づく請求が認められる場合よりも限定的

（つまり、使用者の落ち度が大きい）なケースです。労働者の方からすれば、休業手当のほうが請求しやすいともいえます。（本書56頁の、「センバ流通事件」の解説も参照ください）。

実務へのポイント

これまでみてきたように、通常は、「シフトに入っていなければ、賃金の支払義務は生じない」わけですが、契約の形態や、これまでの勤務実態から、週の勤務日数等がある程度決まっていると評価されるような場合、一方的かつ理不尽に削減してしまうと、シフト削減が許容されず、シフト決定権の濫用と評価されてしまう、というリスクがあるといえるでしょう。使用者の方ではシフトを削減するにあたって、十分に労働者に説明し、できるだけ了承を得ておくこと、また労働者の生活への不利益をある程度緩和する方策を考えるなど、合理的な理由を用意しておく必要がありましょう。

なお、近時のコロナ禍によるシフト削減問題に関し、「シフト決定権限の濫用」法理は、コロナ禍に便乗して解雇に導くようなシフト削減に対して、一定の歯止めをかけられるものと評価できましょう。

さて、「シフトの削減って、休業になるの？」という話です。

休業というのは、もともと働く義務があった日を、何らかの事情で休みにした（だから保障が必要でしょ）という話なので、もともとシフトがない日って働く義務がない＝休業ですらない、という理屈もありうるわけです（賃金、休業手当は本来発生しません）。コロナ禍では、この点が大きな問題となってきているわけです。これについては、コロナ禍だからといって一方的にシフトを削減し、何の保障もしないというのは、場合によっては「シフト決定権の濫用」と評価される場合もありうるでしょう。トラブルを避けるためには、十分に説明するとか、代償措置を用意するなどの対応が必要かもしれないですね。なお、厚労省から「『シフト制』労働者の雇用管理を適切に行うための留意事項」（2022年1月）というパンフレット等が出されていますので、参照されることをお勧めします。

（東島 日出夫）

被用者が第三者に損害を与えた場合の賠償責任と被用者から使用者に対する逆求償

福山通運事件　最2小判2020・2・28労判1224号5頁　　　　　　　　LEX/DB25564902

【問題となったポイント】

・最高裁判決に基づけば、被用者が働く過程で第三者に損害を与え、使用者が損害賠償責任を行った場合には、使用者が被用者に対して求償することは認められてきた

・本事案では、はじめて、最高裁が、被用者が働く過程で第三者に損害を与え、被用者が先に損害賠償を行った場合に、被用者が使用者に対して逆求償することができることが認められることを明らかにした

事案の概要

　Xは、貨物運送を業とするY社に雇用され、トラック運転手として荷物の運送業務に従事していました。2010年7月、トラックを運転中、訴外A運転の自転車と接触し、転倒させる事故（以下、「本件事故」）を起こし、同日、Aは本件事故により死亡しました。Y社は、その事業に使用する車両すべてについて自動車任意保険契約を締結していませんでした。

　2012年12月、Aの相続人の一人であるB（長男）は、Xに対して本件事故による損害の賠償を求める別件訴訟を提起したところ、2015年9月、この訴訟の高裁判決は、1383万円余りおよび遅延損害金の支払いを認めました。2016年6月、Xはこの判決に従い、Bに対して1552万円余りを有効に弁済供託した後に、Y社に対して逆求償しました。一方、Y社もBに支払った賠償金の1300万円をXに求償しました。

　第一審判決（大阪地裁2017年9月29日）では、被用者と使用者の責任割合を1：3として請求を一部認容して、逆求償が認められましたが、第二審（大阪高裁2018年4月27日）では、本来の賠償義務者は被用者であり、使用者責任は被害者保護

の見地から使用者の代位責任を認めたにすぎず、本来の賠償義務者から使用者に対する求償はできないとの考え方の下、請求を棄却しました。このため、Xが上告したのが、本件上告審です。

判旨

　高裁判決破棄差戻し

　「民法715条1項が規定する使用者責任は、使用者が被用者の活動によって利益を上げる関係にあることや、自己の事業範囲を拡張して第三者に損害を生じさせる危険を増大させていることに着目し、損害の公平な分担という見地から、その事業の執行について被用者が第三者に加えた損害を使用者に負担させることとしたものである」。

　「このような使用者責任の趣旨からすれば、使用者は、その事業の執行により損害を被った第三者に対する関係において損害賠償義務を負うのみならず、被用者との関係においても、損害の全部又は一部について負担すべき場合があると解すべきである。」

　「使用者が第三者に対して使用者責任に基づき損害賠償義務を履行した場合には、使用者は、その事業の性格、規模、施設の状況、被用者の業務の内容、労働条件、勤務態度、加害行為の態様、加害行為の予防又は損失の分散についての使用者の配慮の程度その他諸般の事情に照らし、損害の公平な分担という見地から信義則上相当と認められる限度において、被用者に対して求償することができると解すべきであるところ」（最高裁1976年7月8日第一小法廷判決・民集30巻7号689頁）、「上記の場合と被用者が第三者の被った損害を賠償した場合とで、使用者の損害の負担について異なる結果となることは相当でない。」

　「以上によれば、被用者が使用者の事業の執行について第三者に損害を加え、その損害を賠償した場合には、被用者は、上記諸般の事情に照ら

し、損害の公平な分担という見地から相当と認められる額について、使用者に対して求償することができるものと解すべきである。」

ポイント解説

1 被用者が働く過程で第三者に損害を与え、使用者が損害賠償責任を行った場合の使用者が労働者に対して行う求償について

「夜勤中にうっかり居眠りをしてしまい、工場の高価な機械を壊してしまう」とか「弁当屋で働いていて、うっかりと唐揚げ弁当の唐揚げを床に落としてしまう」といったことは、被用者が働く過程では、起こり得ます。被用者の過誤（故意・過失）によって、使用者に直接的に損害を与えた場合、被用者はこれと法的因果関係のある損害について一定の賠償義務を負います。

被用者（加害者）が職務中に交通事故を起こした場合のように、被用者が使用者ではなく第三者（被害者）に損害を与える場合もあり得ます。この場合、民法709条に基づき被用者には第三者に対する損害賠償責任が生じます。この場合、被害を受けた第三者は、資力の乏しい被用者ではなく、資力を有する使用者に損害賠償請求を行うという選択をすることも少なくありません。民法715条3項は、使用者が、使用者責任に基づき、第三者に損害賠償を行った場合、使用者が被用者への求償（筆者注：求償とは、損害を生じさせた被用者に対し、損害賠償の自己負担を求めること）ができる旨を定めていますから、使用者は被用者に故意・過失がある場合には被用者に求償することになるでしょう。もっとも、この場合でも、使用者が被用者に対して全額の求償を求めることができるのかどうかについては、被用者と使用者の間の資力格差や報償責任ないし危険責任の法理（筆者注：使用者は、被用者を使用することにより経済的利益を上げている以上、そのリスクも負うべきという考え方）といった労働契約の特質を踏まえたうえで、考えていく必要があります。

茨城石炭商事事件（最1小判1976・7・8民集30巻7号689頁）は、タンクローリーの運転手の職務上の不法行為により、使用者が第三者に損害賠償を支払った場合の求償および使用者が被用者から直接被害を被った場合の損害賠償にかかわる事案です。最高裁判決は「使用者は、その事業の

性格、規模、施設の状況、被用者の業務の内容、労働条件、勤務態度、加害行為の態様、加害行為の予防若しくは損失の分散についての使用者の配慮の程度その他諸般の事情に照らし、損害の公平な分担という見地から信義則上相当と認められる限度」でしか被用者に求償できないものとして、全額求償については制限をかけて、損害賠償額の4分の1の範囲で求償できるとしています。

このような責任制限法理については、被用者の過失が軽過失にとどまる場合には、労働者が責任を追及されることはないといってよいと思います。例えば、トヨタカローラ南海事件（大阪地岸和田支判1976・6・9判時842号102頁）では、被用者が運転中に死亡事故を起こしたため、会社が遺族に対して支払った賠償金から保険金を控除した額をその被用者に求償しました。判決は、事故は業務執行中に不運な諸要因が重なって偶発的に生じた軽過失に基づくものであることを考慮して、被用者には賠償責任はないと判断しています。

これに対して、例えば、経理やレジ係といった金銭を取り扱う被用者による横領や窃盗等、故意に損害を与えた場合には、判決は厳しい態度を示しています。さえき事件（福岡地小倉支判1998・9・11労判759号72頁）において、判決はコンビニエンスストアアルバイト店員である労働者らが、相互に黙認しあって、レジの不正操作等によって代金を支払わずに店の商品を取得させた等、窃盗行為を繰り返したとして、損害の全額を賠償するように命じています。労働者の重過失についても、判決が厳しい態度を示す傾向がうかがえます。例えば、丸水秋田水産事件（仙台高秋田支判1990・4・16判時1355号71頁）は、営業社員である被用者が社内規約に反し、取引先から求められるまま売掛商品を引き渡したため、その代金回収が困難になり、使用者が損害を被ったものです。判決は、被用者には注意義務を欠いた過失（重過失）があるとして請求額の全額を認容しています。

2 被用者が働く過程で第三者に損害を与え、被用者が先に損害賠償を行った場合の被用者から使用者に対する逆求償について

本判決においては、上記のような使用者から被用者に対する求償事例ではなく、まず先に、被用者が第三者（被害者）に損害賠償を行った場合で

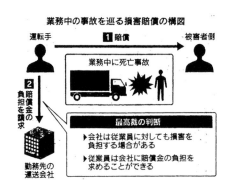

図は日経新聞2020年2月29日から引用。

も、被用者が使用者の相応の負担について、逆求償をできるか否かが問われています。

これまで、逆求償ができるかどうかについては、1件の逆求償を認めた下級審判決があるのみで、定説はありませんでした。この下級審判決である、信州フーズ事件（佐賀地判2015・9・11労判1172号81頁）は、使用者の業務執行中に、交通事故を起こした被用者が、事故の相手方に損害賠償金を支払い、その損害賠償金について、被用者が使用者に対して求償請求したものです。なお、この被用者は駐車のために自動車をバックさせる際に後方を注意すべき義務に違反して停車中の訴外車両に衝突させています。判決は、被用者が第三者に加害行為を行った場合、被用者の損害賠償責任（民法709条）と使用者責任（民法715条）と不真正連帯債務の関係にあり（筆者注：第三者は被用者と使用者のいずれに対しても全額を請求でき、いずれか一方が賠償すれば、他方の損害賠償債務も消滅するという関係にあるということ）、また報償責任原理から、被用者および使用者の損害賠償債務については自ずと負担部分が存在し、一方が自己負担部分を超えて相手方に賠償したときは、その超えた部分について他方に求償できるとしたうえで、被害を受けた第三者に損害全額を賠償した被用者は、その7割を使用者に逆求償できると判断しました。

3　本判決の意義

本判決は、議論のあった逆求償の問題について、最高裁がはじめて正面から取り組み、「被用者が使用者の事業の執行について第三者に損害を加え、その損害を賠償した場合には、被用者は、……損害の公平な分担という見地から相当と認められる額」について、逆求償を認めており、今後

の実務に多大な影響を与えることになるでしょう。

本判決は逆求償を認めた理由としては、つぎの二点をあげています。

第一に、使用者責任について「使用者が被用者の活動によって利益を上げる関係にあることや、自己の事業範囲を拡張して第三者に損害を生じさせる危険を増大させていることに着目し、損害の公平な分担という見地から、その事業の執行について被用者が第三者に加えた損害を使用者に負担させることとしたものである」として、報償責任ないし危険責任の考え方があると述べています。このような考え方は、本判決が引用する茨城石炭商事事件最高裁判決等において、使用者が被害者との関係で損害賠償義務を負う理屈として繰り返し述べられてきた考え方です。本判決は、さらに、歩を進め、被用者との関係でも損害の全部または一部を負担すべき場合があるとして、報償責任ないし危険責任の考え方は、使用者と被用者の内部関係にまで及ぶことを明らかにしています。

第二に、使用者から被用者に対する求償（例えば、上述の茨城石炭商事事件最高裁判決等）の場合においての「使用者が第三者に対して使用者責任に基づき損害賠償義務を履行した場合には、使用者は、その事業の性格、規模、施設の状況、被用者の業務の内容、労働条件、勤務態度、加害行為の態様、加害行為の予防又は損失の分散についての使用者の配慮の程度その他諸般の事情に照らし、損害の公平な分担という見地から信義則上相当と認められる限度において、被用者に対して求償することができると解すべき」として、使用者が第三者に対して使用者責任に基づく損害賠償義務を果たした場合と本件のように被用者が第三者の被った損害を賠償した場合とで、使用者の損害の負担が異なる結果となることは相当ではないとしています。要するに、使用者と被用者のどちらが先に被害者に賠償したかによって、使用者の負担の大きさが異なるのはバランスを欠くというわけです。

本件のX社は全事業に使用する車両全てについて自動車保険契約等を締結しておらず、リスクを分散する等の業務体制の整備を怠っているという事情もありました。現実に、バス会社や運送会社等の運送事業者において、自賠責保険のみに加入し、全ての車両に任意保険をかけずに、自己資金で賠償する制度を採用するという経営判断を行う

使用者も少なくないと思われます。使用者が独自に行いうるリスクヘッジとしても、運送事業者は許可を受ける際、全ての車で保険に加入するなどして十分な損害賠償能力を持つことが求められます。こうした備えは事故被害者の救済だけでなく、被用者の負担軽減のためにも大切なことです。

実務へのポイント

　本判決の登場によって、使用者・被用者（加害者）のどちらが先に第三者（被害者）に賠償をしたとしても、使用者には報償責任ないし危険責任の考え方から、原則的には、一定の責任割合があることが明らかになり、使用者・被用者の内部の関係においても損害分担の仕方は変わらないということが明確になりました、使用者の事業活動においては、使用者の報償責任ないし危険責任が伴うことを、あらためて、自覚する必要があります。

（春田 吉備彦）

人事上の処遇

1. 人事上の処遇をめぐる論点

（1）人事権ってどんな権利？

　企業にとって、組織を円滑に回していくためには、ヒトを育て、ヒトを活用していく処遇が不可欠。誰をどこに配置するか、誰を昇進させるかなど、人事上の処遇に関する使用者の権利は、一般的には「人事権」といわれます。では、人事権があれば、使用者は労働者を自由に配属したり、転勤させたりできるのでしょうか？使用者からすれば、そのくらいできないと困るよ！という思いもあるかもしれませんが、労働者からすれば「人事権」の一言で、簡単に単身赴任になったり、理不尽に降格されたりしてはたまりません。裁判所は、使用者の経営上の裁量を「人事権」の行使として認めつつ、その行使がいきすぎの場合（判決では「社会通念上認められない場合」などとされます）は権利の濫用にあたり違法となる、としています（東京都自動車整備振興会事件・東京高判2009・11・4労判996号13頁等）。ここでは「配転」と「人事考課」に注目して、「権利の濫用」の考え方と最近の裁判例を見ていきましょう。

（2）人事異動における問題と考え方

　日本では、特に正社員の場合、さまざまな職種（営業、経理、総務など）や勤務地変更を経験させる人事異動が広く見られます。このうち、企業内での職種や勤務地変更が「配転（配置転換）」です。最近は、転居を伴う配転（転勤）の廃止を打ち出す企業も出てきていますが、まだまだ多くの企業では、正社員は全国転勤あるというのが一般的でしょう。配転についての法律上の明確なルールはないのですが、多くの企業では、就業規則の中に「従業員は正当な理由なく、配転命令を拒むことはできない」などの規定が置かれており、それを根拠に配転命令がなされます。配転がどこまで許されるかについての著名な判例として、東亜ペイント事件・最2小判1986・7・14労判477号6頁があります。これは、神戸営業所に勤務していた営業担当者（共働き、71歳の母と2歳の娘と同居）が、広島（のち、名古屋）への転

勤命令を拒み、懲戒解雇されたという事案です。裁判所は、就業規則の配転条項と実際の運用状況（営業社員は実際に頻繁な転勤があった等）から、使用者の配転命令権の存在を認めたうえで、①業務上の必要性がない場合、②他の不当な動機・目的による場合、③労働者に対し通常甘受すべき程度を著しく超える不利益を負わせるものである場合などの特段の事情がない限りは権利濫用にはならない、としており、家庭生活上の不利益は、「転勤に伴い通常甘受すべき程度のもの」などとして、この転勤命令は権利濫用にはならないと判断しました。

　単身赴任などで特に問題となるのが③の「通常甘受すべき程度を著しく超える不利益」といえるか、という基準ですが、東亜ペイント判決後の多くの判決は、家族との別居や長時間通勤などの事情だけでは配転命令権の濫用には当たらない、としており（ケンウッド事件・最3小判2000・1・28労判774号7頁等）、権利濫用とされたのは、家族に重度の障害などがあり、看護や介護が不可欠と判断されたようなものに限られていました（明治図書出版事件・東京地決2002・12・27労判861号69頁等）。とはいえ、2001年の育介法改正（26条で勤務地変更について子の養育や家族の介護状況に配慮を求めています）を経て、同条に言及しながら、配転を権利濫用とする裁判例もみられます（ネスレ日本事件・大阪高判2006・4・14労判915号60頁等）。なお、もともと勤務地が限定されていた場合などでは、労働者の同意を得ない配転は認められません（新日本通信事件・大阪地判1997・3・24労判715号42頁等）。

　職種変更についても配転とほぼ同様の考えがとられていますが、賃金低下などを伴わない限り、配転以上に権利濫用とは判断されにくい傾向にあります。特に採用時に職種限定の合意などがない場合、かなり長い期間、同一職種に従事していても、職種限定合意があったとはなかなか認められていません（日産自動車村山工場事件・最1小判1989・12・7労判554号6頁等）。他方で、専門的な資格や技能を要する職種（看護師や大学教員な

ど）は、職種限定合意が認められやすいといえます（国家公務員共済連合会事件・仙台地判1973・5・21判時716号97頁等）。

（3）人事考課をめぐる問題と考え方

人事考課とは、上司等が労働者の能力・成果を評価することで、賃金や処遇決定のもととなるものです。労働者が人事考課の結果に不満を覚えることも少なくなく、しばしば、人事考課が適正になされたかが争いとなります。人事考課が、性差別（均等法6条）や、労働組合員であること等を理由とする差別（労組法7条）などに基づく場合はダメですが、それ以外については裁判所は、使用者の人事考課の裁量権を広く認める傾向にあり、人事考課の濫用（逸脱）と判断される場合に限って損害賠償の対象となる、としています。具体的には、就業規則などの基準とは異なる基準での評価や、低い評価のもととなった事実に誤認があるような評価、やむを得ない事情などを十分考慮していないケースなどです（マナック事件・広島高判2001・5・23労判811号21頁、学校法人追手門学院事件・大阪地判2019・6・12労判1215号46頁等）。

この点、労働者のひげや服装などについて使用者が規制を設けて、その違反などを巡っての低査定が問題となることもあります。使用者からすれば「いや、きちんとしてないとお客さんが嫌がる」ということもあるでしょうが、労働者からすれば、よほど極端でなければ本来は本人の自由のはずです。ひげや長髪を身だしなみ規定に違反するという点を考慮した人事評価等が問題となった郵便事業（身だしなみ基準）事件・神戸地判2010・3・26労判1006号49頁では、裁判所は、そのような規制は「事業遂行上の必要性が認められ、その具体的な制限の内容が、労働者の利益や自由を過度に侵害しない合理的な内容の限度で拘束力を認められる」との考えに立ちながら裁量権の逸脱としました。

2. 人事上の処遇をめぐる近時の裁判例

（1）人事異動に関する近時の裁判例

最近は、勤務地限定や職種限定が関連する事案が増えています。アルバイトに対する他県への転勤命令の有効性が争われたジャパンレンタカーほか事件・津地判2019・4・12労判1202号58頁では、職種限定合意の存在が問題となりましたが、裁判所は、これまでの実態から、勤務地を近隣店舗に限定する合意があった、仮に合意がなかったとしても、勤務先が現在の勤務店または近隣店舗に限定されるよう配慮されなければならない、として、配転命令を無効としました。他方、家族の介護を抱えた女性労働者への配転内示の有効性が問題となった、一般財団法人あんしん財団事件（本書42頁）では、高裁は、配転「内示」であれば労働者が相談すれば配転命令撤回ないし変更の可能性があったこと等から、労働者の慰謝料請求を退けました。他方、ダイヤモンド電機事件・大阪地判2021・5・11ジャーナル114号22頁では、高齢の母の介護を抱えた労働者への配転が権利濫用とされています。

専門的職種の限定合意は比較的認められやすいです（学校法人国際医療福祉大学事件・宇都宮地決2020・12・10労判1240号23頁）が、職種限定合意を否定しつつ、配転を権利濫用とした安藤運輸事件・名古屋高判2021・1・20労判1240号5頁が注目されます。この事案では、運行管理業務・配車業務から倉庫業務への配転につき、業務上の必要性が乏しいのに、従来の能力や経験を生かすことのできない倉庫業務に漫然と配転したことが「通常甘受すべき程度を著しく超える不利益」と判断されました。ただ、中途採用の製品企画開発部のマネージャーがアシスタントマネージャーに降格のうえ総務部メール室に配転されたELCジャパン事件・東京地判2020・12・18労判1249号71頁では、職種限定合意の存在が否定されています。

（2）人事考課に関する近時の裁判例

人事考課が問題となった最近のケースでは、労働者側の主張が退けられているものが目立ちます。上述のELCジャパン事件では、降格には組織変更に伴う必要性があったこと、賃金は維持されていたことなどから、労働者の請求が退けられました。日立製作所事件・横浜地判2020・3・24判時2481号75頁も、裁量を逸脱したとは判断しませんでした。

他方、身だしなみ基準に関するものとしては、本書46頁の大阪市（旧交通局職員）事件・大阪高判2019・9・6労判1214号29頁があります。この事件では、身だしなみ基準自体には合理性を認めつつ、ひげを生やしていることをもって人事上の不利益処分の対象とすることは合理的な範囲を超えるとし、そのような人事考課を違法としています。

（春田 吉備彦）

転居を伴う配転内示と不法行為該当性

一般財団法人あんしん財団事件　東京高判2019・3・14労判1205号28頁　　　LEX/DB25562653

【問題となったポイント】
・家族介護を抱えた女性労働者に対する広域
　転勤命令はどこまで可能か
・配転「内示」の法的性質と違法性

事実の概要

　本件は、認可特定保険業者（厚生労働省から認可を受けて、中小企業における特定保険業を扱う業者）Yに勤務するX1、X2、X3、X4（以下Xら）への、転居を伴う遠隔地配転命令の違法性が問題となった事案です。XらはYの正規職員（いずれも独身女性）で、脳梗塞の後遺症で目が不自由な父や、老人性うつ病で要介護度3の祖母、うつ病の母など、それぞれ介護が必要な家族がいました（X2だけが、2013年度の自己申告書で、介護のため転居を伴う異動には応じられないと申告していました）。Yは、新宿に本部があり、北海道から九州まで、全国に営業拠点を持っている一般財団法人で、正規職員の採用の際には、本部で一括採用し、支局採用は行っていません。

　Yは2012年頃、業績悪化を受けて組織改革等の方針を決定し、2013年4月にはそれを踏まえた新人事制度が導入され、Xらは、新人事制度を定めた就業規則の内容に関する同意書に署名押印しました。また2013年度の自己申告書のひな型には、就業規則上正当な理由なく異動・出向を拒否したときには諭旨解雇又は懲戒解雇対象となること、均等法遵守（逆差別排除）・業務上の必要性に照らし、権利濫用にならない範囲で段階的に転居を伴う異動を実施することが記載されていました。

　Yは、上記の組織改革の一環として、2013年9月に支局総務課ないし総務部門を廃止することとし、同年7月～10月頃にかけ、Xらを業務推進課（営業職）へと異動させました。そして2015年2月にYは、性別に関係なく、営業成績の低迷している職員に能力開発の機会を提供するなどといっ

た人事異動方針を決定し、これに基づき、2015年3月18日、Xらに転居を伴う地域の各支局への配転を内示し（X1：南東京→東北、X2：神奈川→北陸、X3：埼玉→北海道、X4：北海道→埼玉。以下、本件配転内示）、さらに4月1日には配転辞令をメールで送付しました（以下、本件配転命令）。もっとも本件配転内示後、Xらは適応障害発症など体調不良に陥って欠勤や休職したため、本件配転命令の記載されたメールはいずれも開封されませんでした（その後最終的に、本件配転命令は撤回されています）。

　Xらは、本件配転命令等が不法行為に当たるとして、慰謝料等の支払いを請求しました。原審（東京地判2018・2・26労判1177号29頁）は、本件配転命令に関し、概ね下記のように述べて、最終的にそれぞれ100万円の慰謝料を認めました。

1）業務上の必要性は否定できない。
2）しかし、Xらに介護等を要する家族がいることなどの事情を勘案すれば、転居を伴う広域異動が、相当程度に大きな負担を生じさせるものであったことは明らかであり、本件配転命令の業務上の必要性や目的を丁寧に説明し、その理解を得るように努めるべきであったが、Xらの個々の具体的な状況への配慮やその理解を得るための丁寧な説明もなくされたものである。
3）かつ、2014年末にXらから異動に関する自己申告書を提出させず、例年よりも余裕がない日程で告知されたものであることから、Xらに予期せぬ大きな負担を負わせるものであることやこれに応じて執るべき手続を欠いていたという点で、相当性を著しく欠く。
4）通常甘受すべき程度を著しく超える不利益を負わせるものといわざるを得ないから、人事権の濫用に当たる。
　これに対してYが控訴したのが本件です。

判旨

　Yの請求を認容。一審判決を覆して、Xらの請

求を棄却

1 「労働契約法は、労働契約の締結又は変更に当たり仕事と生活の調和にも配慮することを要求しており（労契法3条3項）、転居を伴う配置転換は労働者の社会生活に少なからず影響を及ぼす」。Xらが「Yが異動先としてあえて遠隔地を選択したとの懸念を抱くことには相応の理由があるといわざるを」得ず、また2014年末に異動に関する自己申告書を提出させないまま、本件配転内示を行ったことについては、「Xらに負わせる負担についてやや配慮に欠ける面があったことは否めない」。

2 ただし、2015年4月1日付の配転命令をXらが閲覧する機会はなかったこと等から、「Xらは…本件配転内示によって精神的苦痛を被ったとされているのであって、本件配転命令によって精神的苦痛を受けることはおおよそ想定でき」ず、不法行為の成否を検討する必要があるのは、本件配転内示に限られる。

3 一般に配転内示は「人事権の行使としての配転命令に先立ち、転勤を受諾するかどうかについて検討する機会を与えるための事前の告知であり、これによって人事異動の効力を生ずるものではなく、その後に異動計画が撤回ないし変更される余地を残しているものと解される」。Yにおいても、転居を要する内示を受けた職員が配転を拒否し、転勤を拒むことのできる正当な理由の有無を審査した事例や、転勤に対する配慮が検討された事例があったことから、「Xらが本件配転内示後に転勤を拒むことができる正当な理由を示して人事部、所属長等に相談すれば」同様の対応がされた可能性があるのに、Xらが相談等をした形跡はない。またXらは、Yから、業務推進課の職員は男女を問わず転居を伴う配転可能性があることを示唆されていたこと、男女雇用機会均等法の趣旨に則り、勤務地について専ら女性であることを理由とした優遇はしないとの告知を受けていたこと等からすれば、転居を伴う配転内示を受けることはないとの期待に合理的な根拠があるとはいえない。

4 本件配転内示には、配慮に欠けるところがあったとしても、「労働者にこれを受諾するかどうか検討する機会を与える手続きであり、正当な理由を示して内示どおりの配置転換を拒むことができることに変わりはなく」、しかも配転命令が撤回され、Xらが遠隔地に異動することもなかった本件は、本件配転内示が慰謝料請求権の発生原因になることはない。

ポイント解説

1 はじめに

企業の中における、（ある程度長期間にわたる）勤務部署や勤務地の変更が配置転換（配転）であり、わが国では、配転が幅広く行われています。とはいえ、転居を伴う配転（いわゆる転勤）となると、労働者には大きな影響があります。特に昨今は、夫婦共働きが増えていますが、その中で、小さい子がいたり、年老いた親の介護などがあるのに、夫婦のどちらかが遠隔地配転…となれば家庭生活への影響は甚大です。本事案の原告は独身女性ですが、まさに介護が必要な家族などを抱えた労働者への転勤命令が問題となった点に特徴があります。そして、もう1つの大きな特徴は、配転命令そのものではなく、配転「内示」の違法性が争点になっているという点です。

2 遠隔地配転…命令されたら、従うしかない？

多くの企業では、就業規則の中に「使用者は、業務の都合により配置転換を命ずることができる」などといった形で、配転に関するルールを置いています。そして使用者は、その規定を根拠として配転を命じる、ということが通例でしょう（本件もまさにそのようになっていました）。

労働法には、「配転」そのものについてのルールは直接置かれていませんが、就業規則の規定が合理的なもので、かつ労働者に周知されている場合には、労働契約の内容は、就業規則に定める労働条件になる、とされています（労契法7条）。従って、よほどおかしな規定内容でなければ、配転命令に従うことが労働契約の内容になっている、といえるでしょう（ただしその場合でも、勤務地限定で採用されている場合などは、本人の同意なく配転することはできません（労契法12条）。

では逆に、勤務地限定で採用されているわけでもないような場合には、どんな場合でも、配転命令に従うしかないのでしょうか。この点が問題となった著名な判例が、東亜ペイント事件・最2小判1986・7・14労判477号6頁です。具体的には、夫婦共働きの男性労働者（老親と2歳の子がいました）が、大阪から広島（のちに名古屋）への転

人事上の処遇

勤命令を拒否して、懲戒解雇されたという事件です。最高裁は、１）就業規則の包括的な配転規定、２）営業担当の転勤が実際に頻繁になされていたこと、３）勤務地限定の合意がなかったこと、から使用者の「配転命令権」を認め、そのうえで「特段の事情」がある場合には配転命令権の濫用となるが、本件は配転命令権の濫用には当たらない、としました。この中で「特段の事情」として挙げられたのが、ａ）業務上の必要性がない場合、ｂ）不当な動機・目的をもってなされた場合、ｃ）労働者に「通常甘受すべき程度を著しく超える不利益」を負わせる場合、であり、この基準は、その後の配転命令の有効性をめぐる争いの判断枠組みとして、ほぼ定着しているといえます。

配転によって家庭生活への影響が大きいかどうかについては、このうち特にｃ）の基準との関係が重要ですので、以下ではｃ）について細かく見ておきましょう。

3　家庭生活上の不利益は「通常甘受すべき程度」のもの？

上述の東亜ペイント事件判決では、老親や２歳の子がいる中での単身赴任は、「通常甘受すべき程度のもの」とされました。裁判例で「通常甘受すべき程度」を著しく超える、と判断されたケースは、重度の障害などで介護が必要な家族がいる場合など、多くはありません（長女も次女も病気や障害があり、両親の家業の面倒を見る必要もあった労働者への配転命令が無効とされたものとして、北海道コカ・コーラボトリング事件・札幌地決1997・７・23労判723号62頁）。ケンウッド事件（最３小判2000・１・28労判774号７頁）では、３歳児を預けて働いている共働きの女性労働者への配転命令について、帝国臓器製薬事件（最２小判1999・９・17労判768号16頁）では３人の子のいる共働きの男性労働者への配転命令について、いずれも通常甘受すべき程度を著しく超える不利益とはいえない、とされています。

とはいえ、2001年に育介法26条が創設されてからは、少し変わってきています。この条文は「育児や介護を抱える労働者への、転居を伴う配転については、使用者は配慮しなければならない」といった趣旨のもので、この条文に言及しながら、結論的に配転を権利濫用とする裁判例が登場しています。例えばＮＴＴ西日本（大阪・名古屋配転）

事件（大阪地判2007・３・28労判946号130頁）では、実父の介護、実母の世話などをかかえ、他の家族による介護が困難であった労働者の大阪から名古屋への配転につき、ネスレ日本（配転本訴）事件（大阪高判2006・４・14労判915号60頁）では、要介護状態の母がおり、妻とともに介護を担当しなければならなかった労働者の姫路から霞ケ浦への配転につき、育介法26条に言及してから通常甘受すべき程度を著しく超える不利益と判断されています。「仕事と生活の調和」を規定する労契法３条３項（2007年成立）も、このような流れを後押しするものといえるでしょう。

さて本事案では、育介法26条違反は争われていませんが、原審では、労契法３条３項を参照しつつ、Ｘらの家族状況や、本件配転命令がＸらに及ぼす影響はＹには容易に判明したと考えられるのだから、業務上の必要性や目的を丁寧に説明し、その理解を得るように努めるべきであったのに不十分だった等として、「通常甘受すべき程度を著しく超える不利益を負わせるもの」にあたるとして、「人事権の濫用に当たるものとして、違法」と判断しました。上記のNTT西日本事件やネスレ日本事件に比べると、Ｘらの家庭生活上の事情そのものは、そこまで大変ではなかったとも言えますし、2013年度の人事申告書には、男女を問わない、段階的な転居を伴う異動の実施可能性が示されていたり、遠隔地配転を命じられた女性職員の退職もあったりもしましたが、従来は広域配転がなされていなかったことに加え、Ｘらを含む職員に対し2014年末の人事申告書を提出させていなかったなどを踏まえれば、Ｘらへの配慮が不十分だったという点は否めないでしょう。このことは、育介法26条に照らせば、より一層妥当するように思われます（もっとも高裁判決では、結果的には配転命令はなされなかったことで、本件配転命令の有効性・違法性については判断されず、配転内示の違法性のみが判断されています）。

4　配転「内示」とは？

高裁判決も、配転命令そのものが慰謝料請求権の発生原因となる余地を「直ちに否定することはできない」としながら、最終的には撤回されたこと等から、配転内示についてのみ不法行為の成否が判断されています。

高裁は、配転内示とは「一般に…人事権の行使としての配転命令に先立ち、転勤を受諾するかど

うかについて検討する機会を与えるための事前の告知」だとしたうえで、Yにおけるこれまでの取り扱いから、転勤を拒むことができる正当な理由を示して人事部等にも関わらず、Xらは所属長や人事部等に相談をしていなかったこと、業務推進課の職員は男女を問わず転居の可能性があることを示唆されていたこと等から、転居を伴う配転内示を受けることはないとの期待に合理的な根拠があるとはいえない、としています。そして、正当な理由を拒むことができたのにそのような手順が踏まれず、かつ、本件配転命令が撤回されていることから、慰謝料請求を認めませんでした。

しかし、一般的には配転の「内示」は、「引継ぎ等の準備期間を確保し、円滑な配転を行うための事前告知」（小宮文人「判批」季刊労働法268号（2020年）219頁、岡本舞子「判批」法律時報1156号（2020年）157頁）としてなされることがほとんどでしょう。もちろん、労働者の異動希望を聞いてくれる企業もあるでしょうが、それは通常、内示の前です。内示を出した後に労働者の希望をいちいち聞いていたら、配転計画が大きく狂ってくる可能性もあり、現実的ではないからです。もしかするとYではそのような運用だったのかもしれませんが、仮にそうだとしても、一般的な内示において、家庭的事情を配慮しなかった場合に、「内示だから問題ない」とはならないものと思われます。また、Xらが何ら相談等をしなかったことも強調されていますが、上述の通り、内示後にそういった相談をするということは現実的には考えにくいでしょう。その点で、「相談がなかったら、配慮しなくても問題ない」というのは、実務的にも違和感が残ります。

実務へのポイント

本判決では、上記のように本件配転内示について慰謝料請求は退けられましたが、結果的に配転命令が実施されなかったという点が結論に大きな影響を及ぼしたものと思われます。逆にいえば、配転命令が実施されていた場合には、配転命令が無効とされていたり、配転命令に関する慰謝料請求が認められていた可能性は否定できません。特に近時は従来よりも、育介法26条や、労契法3条3項の観点から、家族生活・私生活への影響が「通常甘受すべき程度を著しく超える不利益」と

認定されやすくなってきています。ちなみに本件では、Xらには支度金や赴任旅費等が支払われていました。本件ではこの点にはほとんど触れられていませんが、こういった経済的補塡があると、「通常甘受すべき程度を著しく超える不利益」性が緩和される1つのポイントとして、割と重要視されていたりしますので、使用者には留意が必要でしょう。

ちなみに、「家庭的事情がある労働者の遠隔地配転には、通常よりも高度な『業務上の必要性』が必要」、との考え方もありえますが、上述したネスレ日本（配転本訴）事件・大阪高判ではそのような考え方は否定されています。ただ、本件では、Xらとは別に、やはり家族介護を抱えた男性管理職（支局長や課長等）も遠隔地配転の内示を受けており、地裁判決では、支局長や課長の職責に照らして、「一般的な業務上の必要性が高いことをも考慮すれば…通常甘受すべき程度を著しく超える不利益を負わせるものとまでいうことはできない」とされています（このうち支局長男性は控訴していますが、高裁も同様の判断を維持しています）。職責で判断することの是非には議論もありえますが、このように、業務上の必要性が高いと、「甘受すべき程度の不利益」の度合いが変わる可能性はあり、この点は労働者側には留意が必要かもしれません。

最後に、本事件とは少し逸れますが、職種の変更についても触れておきます。職種変更については、職種限定の合意があれば、労働者の同意がない限り変更はされませんが（上述）、逆にそういった合意がない場合の職種変更は基本的には有効とされてきました（日産自動車村山工場事件・最1小判1989・12・7労判554号6頁）。しかし最近では、長年配車業務に従事してきた労働者を倉庫業務に配転させた事案で、職種限定合意があったとはいえない中で、大きく異なる仕事への配転を「通常甘受すべき程度を著しく超える不利益」と判断したものもあり（安藤運輸事件・名古屋高判2021・1・20労判1240号5頁、長谷川聡「判批」労働法学研究会報2754号（2021）9頁）、注目されます。さらに配転についても、中途採用者を未経験部署に異動させたことを「著しい不利益」の一要素にあげるものもあります（ダイヤモンド電機事件・大阪地判2021・5・21労働判例ジャーナル114号22頁）ので、この点もやや留意が必要と思われます。

（河合 塁）

身だしなみ規程違反を理由とする人事考課低査定

大阪市（旧交通局職員ら）事件　大阪高判2019・9・6労判1214号29頁　　LEX/DB25563935

【問題となったポイント】
・身だしなみ基準を設けることの合理性
・ひげを生やすことは人格権として保護されるか

事案の概要

　Y市職員基本条例に基づくY市職員倫理規則には、勤務時間中は「常に清潔な身だしなみを心がけること」、「市民に不快感を覚えさせないようにすること」等が規定されていました（以下、「みだしなみ基準」）。また交通局運輸部が作成した「職員の身だしなみ基準」には、男性職員の顔・髭の欄には、「髭は伸ばさず綺麗に剃ること。（整えられた髭も不可。）」と記載されていました。控訴人ら2名（以下、Xら。）は、被控訴人Y市（旧）交通局の職員（地下鉄運転士）ですが、平成15年ないし20年頃から、あごの下に常時ひげを生やすようになり、上司であるA運輸長等から、再三にわたり、人事上の処分や退職を余儀なくされることを示唆されて、本件身だしなみ基準に従ってひげを剃るよう求められました。しかし、Xらは、これに従わなかったとして、その後の人事考課において低査定を受けました。

　これに対し、Xは、上記の業務命令や人事考課が人格権としてのひげを伸ばす自由を侵害するものであり、本件人事考課における低査定は、ひげを剃って業務に従事せよとのYの業務命令・指導に従わなかったことを理由とするもので違法であるとして、YおよびA運輸長を相手として、2回の賞与の差額分約12万円および国家賠償法1条1項に基づく慰謝料等220万円の支払いを求めたのが本件です。

　1審判決（大阪地判2019・1・16労判1214号44頁）は、本件身だしなみ規定自体には合理性があるとしても、本件人事考課が違法であるとして、慰謝料20万円および弁護士費用2万円の支払いをYに命じました。

判旨

1　身だしなみ基準の相当性

　「本件身だしなみ基準は、職務上の命令として一切のひげを禁止し、又は、単にひげを生やしていることをもって人事上の不利益処分の対象としているものとまでは認められず、交通局の乗客サービスの理念を示し、職員の任意の協力を求める趣旨のものであること、一定の必要性及び合理性があることからすれば、本件身だしなみ基準の制定それ自体が違法であるとまではいえないものと判断する」。

　「Xらは、ひげを生やすか否か、ひげを生やすとしてどのような形状のものとするかは個人的に自由に属する事柄であり、憲法13条に由来するから、本件身だしなみの基準の正当性は、憲法上保障されているひげを生やす自由の制約の問題として判断すべきであると主張する。

　ひげを生やすか否か、ひげを生やすとしてどのような形状のものとするかは、原判決も判示するとおり（略）、個人が自己の外観をいかに表現するかという個人的自由に属する事柄である」。

2　ひげを生やすことと人格権

　「しかし、少なくとも現時点において、ひげを生やす自由が、個人の人格的生存に不可欠なものとして、憲法上の権利として保障されていると認めるに足りる事情は見当たらない。そうであるからといって、労働者のひげに関してどのような服務中の規律も設けることができるわけではない。また、仮に、ひげを生やす自由が、憲法13条に基づく自己決定権の一部として保障されているとみ得るとしても、労働の場においては、そのような

自由がいかなる場合にも完全に認められるというわけでもない。

「ひげを生やす自由が個人的自由に属する事柄であることを前提として、原判決の判示するとおり、労働者のひげに関する服務規律は、事業遂行上の必要性が認められ、かつ、その具体的な制限の内容が、労働者の利益や自由を過度に侵害しない合理的な内容の限度で拘束力を認めるべきものである」。

「Ｘらは、当時、地方公務員の地位にあり、職務を行うに当たっては、公務に対する市民の信頼を損なわないように遂行することが要請される立場にあった（略）。また、交通局の営む地下鉄事業は、市民等が代金を払って地下鉄を利用するものであり、同業他社との間で顧客獲得の競争も存在した。これらのことに照らせば、交通局が乗客サービスを理念とし、その一環として、ひげを含めた身だしなみを整えることを内容とする服務規定を設けることには、一定の必要性・合理性が認められるというべきである。したがって、ひげに関し制約の必要性は認められないということはできない。

そして、ひげが社会において広く受け入れられているとまではいえない我が国の現状に照らせば、原判決も判示するとおり（略）、「整えられた髭も不可」として、ひげが剃られた状態を理想的な身だしなみとする服務上の基準を設けることには、一定の必要性・合理性が認められる。ひげに対する許容度は、交通局の事業遂行上の必要性とは無関係ではなく、一方、本件身だしなみ基準は、ひげを一律全面的に禁止するものと解することはできない」。

3 救済

「Ａ運輸長は、当時、森ノ宮乗務所を含む４つの乗務所（中央線を含む４線）を統合する森ノ宮乗務運輸長の地位にあった者である（略）。このような上位の職位にある者が職員に対し、人事上の処分や退職を余儀なくさせることまでを示唆してひげを剃るよう求めた発言を、交通局の見解とは異なる本人の誤解に基づくものであるといった理由で、違法性がないと評価することはできない。また、実際にＸ２がひげを剃らなかったとしても、Ｘ２が、このような発言により、精神的抑圧や不安を感じていたことは優に認められる」。

「当裁判所も、本件各考課は、Ｘらのひげを生やしていることを主たる減点評価の事情として考慮したものであること、したがって、上記評価が人事考課における使用者としての裁量権を逸脱・濫用したものであって、国家賠償法上違法であるものと判断する。本件考課及びＡ運輸長のＸ２に対する発言により、Ｘらが心理的な圧力や精神的苦痛を受けたこと、Ｘらが受けた精神的苦痛に対する慰謝料としてはそれぞれ20万円（弁護士費用２万円）が相当である」。

ポイント解説

1 本件身だしなみ規則の効力

(1) 本件は、市営地下鉄運転手の事案ですが、一般企業でも、顧客等への不快感を生じさせないように、一定の身だしなみ規定が設けられるのが通常です。

たとえば、高級ハイヤー運転手の事案であるイースタン・エアポート・モータース事件（東京地判1980・12・15労判374号４頁）では、ハイヤー乗務員要領において、乗務員は「ヒゲを剃り、頭髪は綺麗に櫛をかける」とされ、後述する郵便事業会社身だしなみ事件（大阪高判2010・10・27労判1025号87頁）では、「長髪は避ける」、「ひげは不可とする」と規定されていました。

そして、これらの規定に違反した場合には、労働者は、人事考課のマイナス査定や懲戒処分等の不利益を受けることがあります。ひげの事案ではありませんが、髪の毛を黄色に染めていたトラック運転手に対する諭旨解雇の効力が争われた東谷山家事件（福岡地裁小倉支決1997・12・25労判732号53頁）では、「一般に企業は、企業内秩序を維持・確保するため、労働者の動静を把握する必要に迫られる場合のあることは当然であり、このような場合、企業としては労働者に必要な規制、指示、命令等を行うことが許されるというべきである」との一般論が述べられています。もっとも、同判決は、同時に、「労働者が企業の一般的支配に服することを意味するものではなく、企業に与えられた企業秩序維持の権限は、自ずとその本質に伴う限界がある」のであり、「特に、労働者の髪の色・型、容姿、服装などといった人の人格や自由に関する事柄について、企業が企業秩序の維持を名目

に労働者の自由を制限しようとする場合、その制限行為は無制限に許されるものではなく、企業の円滑な運営上必要かつ合理的な判に内にとどまるものというべく、具体的な制限行為の内容は、制限の必要性、合理性、手段方法として相当性を欠くことのないよう特段の配慮が要請される」と判断されています。

また、イースタン・エアポート・モータース事件判決は、ハイヤー運転手は、運転技術のみならず、服装、みだしなみ、挙措、言行等についてもハイヤーサービスの提供に相応しい品格を保持すべきであるとして「乗務員勤務要領」は合理的なものでありとしながら、同要領にいう「ヒゲをそること」とは、不快感を伴う「無精ひげ」、「異様、奇異なひげ」を指すものであると、規程を限定的に解釈しています。

そして、長髪とヒゲを伸ばした職員が、上司らからひげを剃るように執拗に要求され、これを拒否したことを理由として、特殊業務である夜間のみの担務指定をされ、かつ人事考課をマイナス評価され賃金がカットされた前掲郵政事業（身だしなみ基準）事件控訴審判決では、男性職員の髪型およびひげについて過度の制限を課すもので、合理的な制限とは認められず、「顧客に不快を与えるようなひげ及び長髪は不可とする」との内容に限定して適用されるべきであり、本件の長髪・ひげはこれに該当しないとしたうえで、担当業務限定および人事考課低査定は人事権濫用として無効であり、上司による指導も違法とされています。

(2) ところで、本判決は、本件身だしなみ基準の「整えられた鬚も不可」との規程も必要性・合理性があるとしながら、ひげの「形状を問わず一切のひげを禁止すること」は許されないとしているのは、理解しにくい個所です。ここでは、他の裁判例のように、不快感を与えないひげのみを禁止の対象とするという規程が相当ではないでしょうか。もっとも、後述するように、何をもって不快とするかは、改めて問題となりますが。

次に、本判決が他の判決と異なるのは、本件身だしなみ規程が職員を義務付けるものではなく、あくまで任意のものであると判断している点でしょう。上述したように、通常は就業規則の一部として規定された身だしなみ規程に違反した場合、懲戒処分や人事考課の対象となるこ

とが多いものと考えられます。本件では、市職員基本条例に基づくものといえ、あくまで職員「倫理」規則にすぎないという理解なのでしょうか。職員基本条例が民間企業における就業規則の一部と考えると、この点には議論の余地があり得るでしょう。

さらに、本判決は、近時は、口ひげは個人の趣味・嗜好の問題として比較的一般に理解されるようになり、口ひげをはやす者も従前に比べて増加していること、上記教務員勤務要領が作成された当時には、ひげに関する観念が未だ一般化していなかった状況を考えると、口ひげに対する規制をも念頭においてこれを作成したと解することは困難であると理解しているようです。すなわち、本件が口ひげという個人の嗜好に関するものであり、かつ同僚や顧客にとっても意見が分かれる事項であったからではないでしょうか。ひげに対する感情は、時代、民族、宗教、文化、地域等により異なるだけでなく、年齢や個々人の感覚により大きな差異が生じるものであり、したがって、身だしなみ規程を有効と解したうえで、「不快なひげ」のみを禁止するという限定解釈は当然と思われますが、この場合でも、そもそも「不快なひげ」とはどのような状態をいうかは、ある程度主観的判断にならざるを得ないものでしょう。

(3) また、身だしなみの規制については、労働者が雇用される業種（サービス業では、一般に規制の必要性は強まるでしょう）、労働者が従事する職種および顧客等との接触度（本件は、地下鉄運転士であり、顧客と接触する可能性は低いものでしょう）等が判断基準となるのではないでしょうか。さらに、同種の職種であっても、公務員というだけで、強い規制が強制されるか否かも問題となるでしょう

ところで、前掲郵政公社事件控訴審判決では、興味深いアンケートが証拠採用されています。すなわち、公社側が提出したインターネット上の「ひげに抵抗を感じるか？」とのアンケートによれば、「とても感じる」25％、「少し感じる」23％と、約半数（48％）がひげに抵抗を感じているとの結果が出ています。ちなみに、「ほとんど抵抗を感じない」14％、「まったく抵抗を感じない」9％で、合計23％となります。したがって、ダブルスコアで不快を感じる意見が強いと、公社側は主張したのです。

これに対して、同判決は、「一般的にアンケートを証拠として利用する場合、中立的な機関によって適切な測定方法で行われることが望ましいとされていることに加え、インターネット上のアンケートは、さらに代表性（匿名性、母集団の偏り）が短所として指摘されており、その結果を直ちに採用することはできない」と判断しています。しかし、同アンケートによれば、「手入れの度合いによる」が32％と最も多く、これが通常の感覚ではないでしょうか。

2　ひげを生やすことと人格権

本件一審判決は、ひげを生やすことが個人の自由を保障する憲法13条に含まれる人格権であると判断しているのに対し、本判決は、「ひげを伸ばす自由は、個人が自己の外観をいかに表現するかという個人的自由に属する事柄である」とし、「少なくとも、現時点において、ひげを生やす自由が、個人の人格的生存に不可欠なものとして、憲法上の権利として保障されていると認めるに足りる事情は見当たらない」と述べて、必ずしも憲法13条の人格権構成はしていません。

かつて在監者の喫煙を禁止する旧監獄法施行規則96条が、喫煙の自由を侵害し、個人の尊重を保障した憲法13条に違反するかが争点となった喫煙権訴訟事件（最大判1970・9・16民集24巻10号1410頁）では、「喫煙の自由は、憲法13条の保障する基本的人権の一に含まれるとしても、あらゆる時、場所において保障されなければならないものではない」と判示しています。もっとも、ひげを生やすことが人格権の一つであるとしても、客観的合理的理由があれば、制限されることには変わりありません。

前掲東谷山事件東京地裁判決では、個人の容姿の自由は個人の尊厳および思想表現の自由に該当するとしています。前掲日本郵政事件でも個人的事由に属する事柄で、これに対する制約が勤務時間を超えて個人の私生活にも影響することが指摘されています。

しかし、ひげや喫煙、散歩、読書と同様に、あくまで個人の嗜好の問題であり、それ自体、人格権とは区別されるものではないでしょうか。

3　身だしなみ問題の射程

以上の裁判例では男性のひげや髪の色や長さが問題となっていますが、身だしなみにはドレスコードとしての衣服等の着用のほか、とりわけ女性従業員にスカートやパンプスの着用を義務付けられるかも問題となりますが、最近では、「個人の外観の自由」は、性自認との関係でも問題となっています。

性自認（トランスジェンダー）とは、性同一性障害と呼ばれることがありますが、生まれながらの性（身体的性）と、自己が認識する性とが一致しないことをいいます（一致している人を、シスジェンダーと呼びます）。性自認をめぐっては、女性トイレの使用事案も著名ですが、女性の衣装や化粧で就労する権利が問題となっています。

まず、LGBT・SOGIの問題が表面化しつつある時代の仮処分事件であるS社事件（東京地決2002・6・20労判830号13頁）では、禁止命令に反して女性の容姿で出勤したこと等を理由とする懲戒解雇の効力が争われています。同決定は、トランスジェンダーである申請人は精神的、肉体的に女性として行動することを強く求めており、他者から男性としての行動を要求されると、多大な精神的苦痛を被る状態にあったとして、懲戒解雇処分が無効とされています。

また、同様に性自認のタクシー運転手が化粧をしたことを理由として降車処分とされた淀川交通事件（大阪地決2020・7・20労判1236号79頁、本書94頁）では、一般論として、サービス業において、客に不快感を与えないとの観点から、男性のみに対し、業務中に化粧を禁止すること自体、直ちに必要性や合理性が否定されるものとはいえない」ところ、性自認が女性という人格にとっては、「外見を可能な限り性自認上の性別である女性に近づけ、女性として社会生活を送ることは、自然かつ当然の欲求であるというべきである」と判断されています。

実務へのポイント

本件のひげの問題ですが、まず個人の嗜好の問題あり、基本的には個人の自由と考えられるものですが、明確な業務上の必要性が存する場合には、それを制限することは可能です。しかし、その必要性を吟味すること、制限の程度は最小限度のものであること、制限する理由やその必要性を従業員に説明すること等の対応が求められるでしょう。

（山田　省三）

賃金・労働時間

1. 賃金・労働時間をめぐる論点

（1）賃金に関する論点

　賃金に関する論点はたくさんありますが、ここでは賃金の「払い方」に関する労基法24条関連と、使用者の都合で休業した場合の保障に関する労基法26条関連の論点を整理しておきましょう。

1）労基法24条関連

　労基法24条は、通貨払い、直接払い、全額払い、毎月1回以上定期払いの4原則がありますが、ここでは直接払いと全額払いを取り上げておきます。

　直接払い原則とは、文字通り「賃金は労働者に直接払わなければならない」というものです。労働者の賃金債権が、なんらかの事情で第三者（譲受人）に譲渡された場合、使用者は譲受人に賃金を払うことになるのでしょうか。この点判例は、それでも「使用者は直接労働者に…支払わなければならな」いとしています（小倉電話局事件・最3小判1968・3・12民集22巻3号562頁）。

　全額払い原則も、文字通り「使用者は賃金の全額を払わなければならない」とするもので、使用者の一方的な控除で労働者の手取りが減少することのないように、という趣旨のルールです。条文上は、法令に別段の定めがある場合（税金の源泉徴収や社会保険料の控除など）と、労働者の過半数代表者との間で労使協定が結ばれている場合には、例外的に控除が認められていますが、細かいところではしばしば争いが生じています。

2）労基法26条関連（休業手当）

　労働者は働く気があるのに、使用者側の都合で働くことができなかった場合（＝休業）、「働いてないんだから賃金ゼロ」となるのでしょうか。労基法26条は、使用者側の都合での休業につき、労働者に対して、平均賃金の6割以上の休業手当を払うことを求めています（なお、民法536条2項も、使用者のせいで働けなかった場合には、使用者は賃金請求を拒めない、という条文になっていますが、判例や行政解釈では、民法536条2項よりも労基法26条のほうが「使用者側の都合」の範囲を広く捉えています。

（2）労働時間をめぐる論点

　労働時間に関する論点も多々ありますが、ここでは労働時間該当性の問題と、定額残業（固定残業）代の問題を見ておきましょう。

1）労働時間該当性

　労働時間該当性とは、労基法上の労働時間に該当するかという問題で、特に割増賃金請求事案では、具体的な金額を計算するために、何が労働時間に該当するかが問題となります。以前から、始業前や終業後の準備作業や後片付けの時間、手待ち時間や勉強会などが問題となってきました。判例は「労働者が使用者の指揮命令下に置かれている時間」を基本的に労働時間としています（三菱重工業長崎造船所事件・最1小判2000・3・9労判778号11頁）が、下級審裁判例では、「指揮命令下」にあったかどうかについて、使用者の明示または黙示の指示によって業務に従事していたといえるか（業務遂行性）を重視するものも散見されます（いわゆる早出残業の労働時間性が問題となった山崎工業事件・静岡地沼津支判2020・2・25労判1244号94頁（否定）、ドリームスタイラー事件・東京地判2020・3・23労判1239号63頁（肯定）等）。

2）定額残業代

　次に定額残業代とは、実際の時間外労働時間に関係なく、1）毎月一定額の手当（業務手当など、名称は様々です）を払う（手当型）、あるいは2）通常の賃金に、あらかじめ割増賃金分（例、20時間分の時間外労働分）を含むというしくみ（定額給型）で、近年は多くの企業が導入しています。「定額働かせ放題で違法じゃないの？」とも思えますが、定額残業代＝全て違法というわけではありません。ただし少なくとも定額残業代として払われている額が、労基法所定の割増賃金額（1日8時間を超えた場合は25％増、など）による金額を下回ってはダメで、労基法所定の割増賃金額を下回っている月には、きちんと差額分を精算していることが必要です（金額適格性要件）。「定額残業代が下回る月もあるけど、上回ってる

月もあるからいいでしょ」とはなりません。なお、裁判例によって多少の違いはありますが、手当型の場合、その手当が割増賃金の「対価」としてはっきり位置づけられていたか（対価性。日本ケミカル事件・最1小判2018・7・19労判1186号5頁）、定額給型の場合は、通常の労働時間分の賃金と、割増賃金分とが判別できるか（判別性。医療法人社団康心会事件・最2小判2017・7・7労判1168号49頁）も重視されています。

2. 賃金・労働時間をめぐる近時の裁判例

(1) 賃金に関する近時の裁判例

　全額払い原則違反が問題となったものとして、社会保険料の違法控除（年金事務所には標準報酬月額30万円で届け出られていたが、50万円相当で計算された健康保険料が天引きされていた）が問題となったしんわコンビ事件・横浜地判2019・6・27労判1216号38頁があります。このケースでは、使用者は労働者が実際に50万円の賃金を得ていたと主張しましたが、判決は、30万円を超えて控除できる法令上の根拠はないとして、本来控除すべき保険料額との差額を未払賃金として支払うよう命じました。また、横浜A皮膚科経営者事件・横浜地判2018・8・23労判1201号68頁（解雇期間中に雇用保険から払われた基本手当受領分の賃金からの控除）、大島産業ほか（第1）事件・福岡高判2019・6・27労経速2393号24頁（風呂代、互助会費の控除）、シルバーハート事件（本書32頁）（賃金の振込手数料の控除））がいずれも違法とされています。また、いわゆる給与ファクタリングが、貸金業法や出資法にいう「貸付け」に当たり、同法の利息制限に服するとされた給与ファクタリング事件（本書52頁）があり、「貸付け」に当たる根拠として、直接払い原則（賃金債権の譲受人は、自ら使用者に対して支払いを求められない）が挙げられた点が興味深いところです。このほか、法定の定期健康診断費用を労働者が負担していたケースで、使用者がその費用相当額を労働者に返還すべきとしたセヴァ福祉会事件・京都地判2022・5・11判例集未搭載もあります。

　労基法26条の休業手当を巡っては、センバ流通（仮処分）事件（本書56頁）で、コロナ禍での有期契約労働者の、契約期間中の整理解雇が無効とされた事案で、民法536条2項に基づく賃金（仮払い）請求が問題となりました。判決は、仮に解雇がなかったとしても休業を命じていたはずとの立場から、仮払いを受けられる金額は休業手当相当額としました。またコロナ関連ではありませんが、アディーレ事件・東京地判2019・1・23判タ1477号168頁では、弁護士法人が業務停止処分を受けたことで、その法人の従業員である労働者（弁護士）に対して自宅待機命令が出され、その間、労基法26条の休業手当相当額しか払われなかったことが問題となりました。同法人の就業規則では、自宅待機中は労基法26条所定の休業手当を払うとの規定がおかれていましたが、使用者の帰責事由による場合まで民法536条2項の適用を排除する旨の合意が一般的とはいえないなどとして、民法536条2項に基づく賃金請求が認められています。

(2) 労働時間等に関する近時の裁判例

　労働時間該当性が問題になったケースでは、セミナー参加が争われたダイレックス事件・長崎地判2021・2・26労判1241号16頁、労働者の業務時間中の清掃や修繕作業などが争われた学校法人南稜学園事件・和歌山地判2020・12・4労経速2453号14頁等で労働時間と認められています。反面、早出残業については、山崎工業事件・前掲判決、学校法人南稜学園事件・前掲判決などで労働時間性が否定されています。

　定額残業代の有効性が否定されたケースとしては、調理師に対する「職務手当」が問題となったサン・サービス事件（本書64頁）のほか木の花ホームほか1社事件・宇都宮地判2020・2・19労判1225号57頁（職務手当）などがあります。またタクシー乗務員の歩合給計算にあたって、売上高の一定割合相当額から、残業手当等と同額を控除する賃金規則の有効性が否定された国際自動車（第2次上告審）事件・最1小判2020・3・30労判1220号5頁も注目されました。

　その他、事業所外みなしを認めたナック事件・東京高判2018・6・21労経速2369号28頁、自己の労働時間について裁量があり年収も1200万円以上あった労働者についても労基法41条2号の管理監督者にあたらないとした日産自動車事件（本書60頁）、労働時間の事例ではありませんが、法定年休部分と法定外年休部分が区別されていなかった中で、全体につき労働者の時季指定を認めたシェーンコーポレーション事件（本書68頁）などが注目されます。

（河合 塁）

給与ファクタリングと労基法24条

給与ファクタリング事件　東京地判2020・3・24判時2470号47頁　　　LEX/DB25584070

【問題となったポイント】
・給料ファクタリング業者の貸金業該当性
・給料ファクタリングと労基法24条との関係

事案の概要

　本件は、労働法規そのものが直接に問題となった事案ではありませんが、近年、実務上問題となっているいわゆる給料ファクタリングを取り上げます。

　本件は、債権の買取り業および各種債権の売買・仲介を業とする株式会社である原告X社が、いわゆる「給料ファクタリング」により、A社の従業員である被告Yの使用者に対する給与債権の一部を債権譲渡により取得したところ、Yが譲渡した給与債権に係る給与の支払いを受けたにもかかわらず、X社に対して支払いをしないなどと主張して、Yに対し、譲渡された給与債権に相当する額面額の支払いを請求した事案です。

　X社Y間の債権譲渡契約においては、X社がYから給与債権買取りの申込みを受け、買取代金をYに送金すると給与債権の売買契約が成立すること、X社が額面額から4割程度割り引いた代金額4万円で買い取って譲り受け、同額から振込手数料を差し引いた金額をYに交付すること等が合意されました。

　X社は、A社に対し、債権譲渡の通知を行いましたが、A社は、X社に対し、給与の全額を支払う旨の回答をしました。YはX社に対し、4万5千円を支払ったので、X社がYに対し、残額2万5千円及び法定利息の支払いを求めたのが本件です。なお、X社は貸金業法所定の登録（3条1項）を受けていませんでした。

判旨

1　本件合意の内容

　「X社Y間においては、①X社がYの有する給与債権の一部を額面額から4割程度割り引いた代金額4万円で買い取って譲り受け、同額から振込手数料を差し引いた金額をYに交付し、②Yは給与支給日（実際の給与振込日が異なる場合は振込日）に、X社に対して譲渡債権の額面額を支払うという取引（以下、このような取引の仕組みを「給与ファクタリング」という。）が行われており、付随して、③YはX社に当該債権譲渡に係る通知を委任するが、その通知を給与の支給日（振込日）の午前中まで保留することが合意されていたものと認められる」。

2　本件債権譲渡の趣旨

　「X社は、X社Y間の債権譲渡契約においては、Yが譲渡に係る給与の支払いを受けた場合、Yが額面額で譲渡債権を買い戻すことを合意していたと主張し、上記合意に基づき、Yに額面額の支払いを求めている。しかしながら、前記基本契約書にも、個別の取引に係る申込書にも、Yが買戻しを検討する旨の記載はあっても、Yの買戻義務を定めた条項は見当たらず、X社代表者も買戻義務を課していないと述べており（略）、他にX主張に係る買戻合意を認めるに足りる証拠はない。

　そもそも、X社は、譲渡債権の「買戻し」と称しているが、Yが譲渡に係る給与の支払いを受けた場合、譲渡債権は弁済によって消滅しているのであるから（給与債権の場合は、使用者に債権譲渡の通知をしたとしても、労働基準法24条1項本文により、労働者に直接に支払わなければならない。）、買戻しの対象となる債権は存在せず、単に、Yが給与の支払いを受けた場合には、額面額をXに支払うことを約していたということにほかならない。一方で、契約書類に買戻義務をうたったり、X代表者が買戻義務を正面から認めたりすれば、返還約束の存在を肯定することになるか

ら、給与ファクタリングの実体が金銭消費貸借契約であることになるから、給与ファクタリングの実体が金銭消費貸借契約であることを自認することになる。そこで、敢えて買戻義務に関する明確な定めをすることなく、債権譲渡に係る使用者への通知を保留する期限を給与の支給日（振込日）の午前中とすることで、Yに支払い義務と支払期限を示したものと考えられる。

そうすると、Xの主張する買戻合意を、Yが譲渡に係る給与の支払を受けた場合にYが譲渡債権の額面額を支払う合意と解すれば、Xは、上記支払合意に基づく請求をしているものと解することができる」。

3　金銭引渡し請求権の根拠

「債権譲渡一般においては、債務者が債権譲渡の通知を受けたにもかかわらず債権の譲渡人に弁済した場合、債権は消滅しないと考えられるから、当然に債権の譲受人が譲渡人に対し何らかの請求ができるというものではない。もっとも、本件のように給与債権が譲渡された場合には、使用者は労働基準法24条1項本文により、労働者に直接給与を支払わなければならず、労働者の給与債権の譲受人は自ら使用者に対してその支払いを求めることは許されないこと（最高裁1968年3月12日第三小法廷判決・民集22巻3号562頁参照）からすれば、給与債権の譲受人が譲渡人に対して、譲渡された給与債権の受領について不当利得として額面額の返還を求め得る可能性はあり、Xの主張はその旨をいうものと解することができなくもない」。

4　本件取引の公序違反性

「Yは、このような給料ファクタリングに係る取引はそれ自体公序良俗に反し無効であると主張するが、給与債権の譲渡については、労働基準法上も譲渡を禁止すべき規定はなく、譲渡自体を一律に無効と解すべき根拠はない。またYは、本件取引は実質的に高利の貸付けであり、貸金業法の規制に抵触し又は暴利行為として民法90条の公序良俗に反し無効であると主張する。

この点、貸金業法や出資法は、金銭の貸付を（業として）行う者が、所定の割合を超える利息の契約をしたり、又はこれ超える利息を受領したりする行為を規制しているところ、各法はいずれも規制対象となる貸付に、「手形の割引、売渡担保その他これらに類する方法」によってする金銭の交付を含む旨を定めている（貸金業法2条1項本文、出資法7条）。これらの規制は、いわゆる高金利を取り締まって健全な金融秩序の保持に資すること等を立法趣旨としていることからすれば、金銭消費貸借契約とは異なる種類の契約方法が用いられている場合であっても、金銭の交付と返還約束を主たる内容とするもの、すなわち、契約の一方当事者の貸金需要に応えるため、一定期間利用後の返済を約して他方当事者が資金を融通することを主目的とし、経済的に貸付けと同様の機能を有する契約に基づく金銭の交付については、前記各条の「これらに類する方法」に該当するというべきである」。

「労働基準法24条1項の趣旨に徴すれば、労働者が賃金の支払いを受ける前に賃金債権を他に譲渡した場合においても、その支払いについてはなお同条が適用され、使用者は直接労働者に対し賃金を支払わなければならず、したがって、労働者の賃金債権の譲受人は自ら使用者に対してその支払いを求めることは許されない（前掲最高裁1968年3月12日判決）。そうすると、Xのように、労働者である顧客から給与債権を買い取って金銭を交付した業者は、常に当該労働者を通じて譲渡に係る債権の回収を図るほかないことになる。このような給与ファクタリングを業として行う場合においては、業者から当該労働者に対する債権譲渡代金の交付だけでなく、当該労働者からの資金の回収が一体となって資金移転の仕組みが構築されているというべきである」。

本件取引では、「債権譲渡人たるYの買戻義務は明確に定められていないものの、Yは、譲渡した給与債権の支給日（振込日）には、受領した給与の中から、譲渡債権の額面額を支払うことが当然の前提とされていたことが認められる。このことは、Yが同日に額面額を支払わなかったとすると、XからYに厳しい取立てがされるのみならず、使用者に債権譲渡が通知され、使用者の信頼を損なったり、迷惑をかけたりするおそれがあることに加え、額面額の全額を支払うまで、Xから本件のような請求を受け続けることからも裏付けられる」。

「したがって、本件取引のような給与ファクタリングの仕組みは、経済的には貸付による金銭の交付と返還の約束と同様の機能を有するものと認められ」、本件取引における債権譲渡代金の交付

は、貸金業法や出資法にいう「貸付け」に該当する。

「そうすると、Xは、業として『貸付け』に該当する給与ファクタリング取引を行う者であるから、貸金業法にいう貸金業を営む者に当たる」。

本件各取引における年利率は、年各700％、850％ないし1800％を超えるものであり、「これは、貸金業法42条1項の定める年109.5％を大幅に超過するから、本件取引は同項により無効であると共に、出資法5条3項に違反し、刑事罰の対象となるものである。

「したがって、XY間の本件取引が有効であることを前提として、譲渡債権に係る給与を受領したYに対して、債権譲渡の額面額を支払う合意の履行を求めたり、譲渡債権の額面額を不当に利得したとして不当利得の返還を求めるXの請求は、その前提を欠くものであって、理由がない」。

（なお、前述のとおり、Xの請求の法的根拠は必ずしも明らかでないところ、仮に、Xの請求に、XY間の本件債権譲渡契約によりXがYに交付した金銭を不当利得として、Yに返還を求める請求が含まれていたとしても、年850％を超える利息の契約は、出資法5条3項に違反し、刑事罰の対象となる契約であるから、不法原因給付に該当し、いずれにしてもYは交付を受けた金銭の返還義務を負わない）。

ポイント解説

1　給与ファクタリングとは何か

　最近マスコミ報道などで、「給与ファクタリング」という言葉を耳にすることがあります。これは、労働者が、生活資金調達を目的として自己の有する給与債権を貸金業者等に譲渡することを言います。すなわち、額面額より低額で給与債権の譲渡を受けて、その譲渡人（労働者）が債務者（使用者）から給与の支払いを受けた後に、額面が買い戻される仕組みを用いて、譲渡価格と額面額との差額を利得する取引を意味しています。中小企業においても、自己の売掛債権を譲渡して、事業資金を調達することも少なくありませんが、給与債権については、破産手続きや労基法24条1項の賃金支払い原則により保護されていますから、債権回収のリスクが小さいなかで、業者が確実に支払いを受けられる可能性が高いことになり

ます。しかも、本件のように、額面額から4割程度が控除されるなど、実質的な高利の取引が行われることも少なくありません。

2　給与ファクタリングの問題点

　貸金業法や出資法は、「金銭の貸付け又は金銭の貸借の媒介」を規制対象としていますが、これには、「手形の割引、売渡担保その他これらに類する方法によってする金銭の交付又は当該方法によってする金銭の授受の媒介を含む」を規定しています（貸金業法2条1項本文、出資法7条）。以上の規制目的が、高金利を取締ることにより、健全な金融秩序の維持を図ることにあることは明らかでしょう。

　ところで給与債権については、給与の債権譲渡は禁止されていませんし、労働基準法等の労働法規も直接に給料ファクタリングを禁止しているわけでもありません。しかし、Xが貸金業法において「金銭の貸付け又は金銭の貸借の媒介（略）で業として行うもの」と定義される「貸金業」（同法2条）に該当すれば、利息制限法の定める利息を上回る金額の計約締結が禁止されます（貸金業法12条の8第1項）。

　本判決は、本件のような給与ファクタリングの仕組みが、経済的には貸付による金銭の交付と、返還する旨の合意と同様な機能を有しているとして、本件取引における債権譲渡代金の交付が、貸金業法2条の「貸付」に該当することから、Xが貸金業法にいう「貸金業者」に該当すると判断しています。本件取引は1回限りのものであったことも特徴ですが、「業として」の解釈を含め、妥当な見解と考えられます。

　次に、給料ファクタリングの取引においても、高利息の問題も無視できません。いわゆるサラ金による高利息が社会問題となり、裁判や法改正が行われたことはありました。

　貸金業の取引においては、貸付額に応じて利息が15〜20％に制限される制限法1条、利息制限法の制限を援用するほか、消費貸借契約で年109.5％、日0.3％を超える消費貸借契約を無効とする貸金業法（1条、42条）、同様に、年109.5％日0.3％を超える利息を付する金銭買い付けを禁止、そして刑罰（最も重いものとして、10年以上の懲役もしくは3千万）が科される出資法5条1〜3項の規定があります。

　この点で、本件においては、2019年7月22日に

締結された契約において、XはYに対し３万9676円を交付し、Yは、同年８月15日までに、これに利息２万3108円を付した６万3000円を弁済するという約定でしたから、本判決の認定によれば、年850％を超える割合による利息の契約をしたことになり、貸金業を営む者が業として金銭を目的とする消費貸借の契約において、年109.5％（日0.3％）を超える利息の契約を締結することを禁止する貸金業法５条３項に違反することになります。これを受けて、本判決は、本件取引きが、貸金法42条１項に違反して無効であり、むしろ出資法違反の５条３項所定の刑罰を受けるものと判断しました。

もう一つの論点は、給与ファクタリングと、労働者の賃金債権を保護することを目的とする労基法24条１項との関係です。前者は貸金業者（本件では原告であるX）と利用者（被告である労働者Y）との間の法律関係ですが、後者は使用者と労働者との間の法律関係ですから、両者は全く別のものです。にもかかわらず、Xが貸金業法上の「貸金業者」は、直接払いの原則から、労働者の賃金債権の譲受人は、自ら使用者に対してその支払いを求めることは許されないことからすると、労働者である顧客から給与債権を買い取って金銭を交付した業者は、常に当該労働者を通じて債権回収を図るほかなく、業として給与ファクタリングを行う場合、業者から当該労働者に対する債権譲渡代金の交付だけでなく、当該労働者からの資金の回収が一体となって賃金移転の仕組みが構築されていることを指摘しています。

3　労基法による給料債権の保護

ここで、労基法による給料債権の保護について言及しておきましょう。なお、労基法や最低賃金法等の労働法規では、給料ではなく、「賃金」という用語が用いられます。

労基法24条１項によれば、「賃金は、通貨で、直接労働者に、全額を支払わなければならない」と規定されています。

労基法24条は、労働者が賃金を確実に受領できるように、様々な規制を設けています。

第１が、通貨払いの原則といい、使用者は、労働者に対し、賃金を「通貨」で支払うことを義務付けられています。これは、古くから工場の製品や商店の商品で賃金を支払う慣行が多かったことから、これを防止するために制定されたもので

す。賃金は、日本銀行券か造幣局作成の貨幣で支払わなければなりません。ただし、金融機関等への振込み（銀行振込等）や退職金については、一定の条件を充足すれば、通貨以外のもので支払うことができます（労基法施行規則７条の２）。

第２が直接払いの原則であり、労働者以外の者に賃金を支払うことを禁止するものです。これには例外がありません。たとえば、使用者が金融業者に労働者の給料を支払うことはできません。最高裁は、小倉電報電話局事件（最３小判1968・３・12判時511号23頁）において、労働者が賃金の支払いを受ける前に、賃金債権を第三者に譲渡した場合でも、労基法24条１項の定める賃金の直接払いの原則から、使用者は直接労働者に対し賃金を支払わなければならず、右賃金の譲受人は自ら使用者に対してその支払いを求めることは許されないと判断しました。これが本判決があげている最高裁判決ですが、給料ファクタリングが認められれば、実質的に給料の一部が金融業者に支払われることになるわけです。

第３が全額払いの原則であり、税金や社会保険料のように、法律で賃金からの控除が認められている場合や、労使協定が締結されている場合を除き、賃金を控除して支払うことは禁止されています（同規則同条）。

実務へのポイント

新型コロナに伴う生活困窮者による給与ファクタリングの利用が増加しているとも思われます。労働者からすれば、給与ファクタリングも「窮余の一策」かもしれませんが、不利益も小さくありません。この場合、給料の前借り制度あるでしょうが、これは使用者の法的義務ではありません。

そこで、労基法は、使用者に対し、一定の給与の前払いを義務付けています。これが非常時払いの原則（同法25条）と呼ばれるもので、労働者および労働者と生計を一にする者が、出産、疾病、災害、結婚、死亡、１週間以上の帰省の必要が生じ、労働者が請求した場合、使用者は「既往の労働」に対応する賃金を支給しなければなりません。

給料ファクタリングを利用する前に、このような制度の利用を考えたほうがよいのではないしょうか。

（山田 省三）

コロナ禍での有期契約労働者への整理解雇が無効とされたケースでの賃金仮払い金額

センバ流通（仮処分）事件　仙台地決2020・8・21労判1236号63頁　　　　LEX/DB25569081

【問題となったポイント】
・コロナ禍と有期契約労働者への整理解雇
・休業させた場合の帰責事由と休業補償

事実の概要

　X1～X4（以下、Xら）は、1～5年の有期契約でタクシー乗務員として、Y社（タクシー会社）にて勤務していました。A氏は、元代表取締役で、経営に関与していました。

　2020年3月以降、新型コロナの影響、自治体からの外出自粛要請（同年4月上旬）、緊急事態宣言（同年4月17日）によって利用客が減少し、Y社の売上高も大幅に減少しました（収支状況は2020年4月で約1415万円の支出超過）。Y社では、Aから借入れをしたり、雇用調整助成金の説明会に出席したり、従業員のうち4人程度を除いて休業させたり、残業や夜勤を禁止したりなどしました。こうした中、2020年4月20日および30日に、Y社は、Xらが加盟する労働組合および組合支部と団体交渉を行いましたが、30日の団体交渉の席上で、Xらを含む組合支部員全員を整理解雇しました（以下、本件解雇）。

　本事案は、Xらが、解雇は無効として、地位保全及び賃金の仮払いを求めたものですが、その中で、解雇が無効とされた場合の賃金の仮払金の対象となるのが「給与の全額」相当か「休業手当」相当かも、1つの論点となっています。

決定要旨

　解雇無効。Xらの労働契約は少なくとも2021年8月まで継続する蓋然性につき疎明あり。

1　本件解雇は有期雇用契約の期間満了前の解雇であるから、「やむを得ない事由」（労働法17条1項）が必要であり、その判断にあたっては、本件解雇が整理解雇でもあることから、①人員削減の必要性、②解雇回避措置の相当性、③人員選択の合理性、④手続きの相当性の各要素を総合的に考慮して判断すべきである。

　本件解雇は、①Y社に人員削減の必要性があり、それが相応に緊急かつ高度のものであったことは疎明があるが、直ちに整理解雇を行わなければ倒産が必至であるほどに緊急かつ高度であったことの疎明はなく、②Y社が一部従業員の休業等の一定の解雇回避措置をとったことは疎明があるが、雇用調整助成金や臨時休車措置等を利用した解雇回避措置が可能であったにもかかわらずこれを利用していない点において解雇回避措置の相当性は相当に低く、③人員選択の合理性及び④手続きの相当性も低い。

　これらの事情、特に雇用調整助成金の利用が可能なのにこれを利用していないという解雇回避措置の相当性が相当に低いことに加え、本件解雇が有期労働契約の途中の整理解雇であることを総合的に考慮すると、本件解雇は労働契約法17条1項のやむを得ない事由を欠いて無効である。

2　Y社では2020年5月に7名の乗務員を稼働させたものの、最低賃金額が7名のうち6名の乗務員の給与になっていること等から、Xらが得られることが疎明されている賃金請求金額は、最低賃金額に、5月に実際に稼働した乗務員の勤務実績平均時間を乗じた129,862円である。

3　Y社は、仮にXらを解雇していなかったとしても休業を命じる旨を主張しているため、Xらが仮払いを受けられる金額は、Y社に民法536条2項の帰責事由がない場合には、平均賃金の6割の休業手当相当額にとどまる。

　Xらの雇用継続は、新型コロナの影響によるタクシー利用客の減少が解消されるまでの間、Xらの休業が前提となっていること、新型コロナの影

響によるタクシー利用客の減少は継続していることから、仮にXらを解雇していなかったとしても、Y社がXらに休業を命じることに民法536条2項の帰責事由がないことの疎明があるといえ、債権者らが仮払いを受けられる金額は休業手当相当額である。休業手当算定の基礎となる平均賃金を算定すべき事由の発生した日とは2020年8月1日、以前3か月間その労働者に支払われた金額とは2020年5月から7月にかけてXらが得られたと疎明された金額である129,862円の3か月分と解すべきであり、1か月当たりの休業手当相当額は、129,862円に6割を乗じた77,917円である。

　Xらは、仙台市内を主な活動範囲とするタクシー会社のうち半数は2020年6月9日時点で休業措置を解除していること等から、Y社が休業を命じる場合には民法536条2項の帰責事由がある旨を主張するが、休業の必要性の有無は各社の経営状況や営業能力によって異なることは明らかであるから、Y社の休業措置に帰責事由があるとはいえない。

4 　資産や収支状況から、X1、X2、X4については仮払いを命じるべき保全の必要性につき疎明がある（それぞれ月額5万円、同3万円、同12,000円の仮払いを命じた）。X3については年金収入で月々の生活費をほぼ賄えること、約122万円の預貯金があることから仮払いは否定。

ポイント解説

1　はじめに

　本事案は、コロナ禍でのタクシー利用客減少や経営悪化の下で、有期契約の期間途中になされた整理解雇の有効性が問題となりました。

　本件では、いわゆる整理解雇の4基準（①人員削減の必要性、②解雇回避措置の相当性、③人員選択の合理性、④手続きの相当性）に沿って判断がなされています。ただし本件は、有期契約の期間途中での解雇であり、この場合法律上は「やむを得ない事由」がなければ解雇できません（労契法17条1項）。つまり、通常の解雇よりもハードルは高く、裁判でも、「やむを得ない事由」の存在は、ほとんど認められていません（否定例として安川電機事件・福岡高決2009・12・21労判840号52頁、ジーエル（保全異議）事件・津地決2016・7・25労判1152号26頁等）。本決定は、結

論的には上記の4基準のいずれも満たしていないとして、整理解雇無効とされていますが、特に雇用調整助成金を活用していなかった点が重視されました。

　ただ本稿では、整理解雇についてはこれ以上触れずに、整理解雇が無効とされた中での賃金の仮払金の対象が「給与の全額」相当か「休業手当」相当かに絞って述べることとします。

2　使用者のせいで「働けなかった」場合の補償

　給料（賃金）は、働かなければ発生しません（ノーワーク・ノーペイの原則）が、使用者のせいで働けなかった、となれば話は別です。

　この点につき、まず労基法26条は、「使用者の責めに帰すべき事由による休業」の場合に、平均賃金（労基法12条）の60%以上の休業手当の支払いを使用者に義務づけています。その一方で、民法536条2項は、債権者（使用者）の責めに帰すべき事由（以下、帰責事由）によって債務者（労働者）が労務を提供できなくなったときは、使用者は反対給付の履行（＝賃金の100%の支払い）を拒むことができない、としています。

　労基法だと労働者は60%しかもらえないのに、民法だと100%もらえるというのは、ちょっと不思議な感じがするかもしれませんが、通説・判例・行政解釈は、労基法26条と民法536条2項の関係については、次頁図のとおり、労基法26条の「使用者の責に帰すべき事由」を、民法536条2項にいう「債権者の責めに帰すべき事由」よりも広く捉えています。つまり「100%もらえる」のは、「使用者の故意・過失によって働けなかった」という場合に限られ、「故意や過失とまではいかないけれど、使用者側の都合で働けなかった」という場合は労基法の休業手当の対象、とされているのです。

　というわけで、労基法の休業手当のほうが、「対象となるケースは広いが、その分額は少ない」ということなのですが、実際にどっちになるかは微妙だったりします。でも当事者からすれば、100%もらえるのか、60%しかもらえないのかは、結構大きな問題ですよね（厳密には、休業手当のほうには賞与等が含まれないため、その差はより大きいものとなります）。

　ちなみに、「どちらのせいともいえない」事情で働けなかった場合はどうでしょうか。具体的には、不可抗力の場合がそれにあたると考えられま

すが、通説・判例・行政解釈とも、不可抗力によって働けなかった場合は、使用者は、賃金支払いを拒むことができる（民法536条1項）ほか、使用者の責めに帰すべき事由といえない以上、休業手当の対象にもならないとしています。

3 コロナ禍による休業命令は使用者の「故意・過失」？

では、「コロナ禍で仕事が減った、売上げが下がった」という状況下での休業命令は、民法536条2項により100％もらえるのか、労基法26条による休業手当が受けられるだけなのか、どちらでしょうか。

この点本決定は、Y社が「Xらを解雇していなかったとしても休業を命じる旨を主張している」ことから、Y社に民法536条2項の帰責事由がない場合には、仮払いを受けられる金額は、休業手当相当額にとどまる、としたうえで、Xらの雇用継続は（新型コロナの影響によるタクシー利用客減少が解消されるまでの間）Xらを休業させることが前提となっていること、Y社が2020年5月に稼働させた従業員は大半が最低賃金を超える歩合給になるような営業収入を上げることができておらず、新型コロナの影響によるタクシー利用客の減少は継続していることから、「仮に…解雇していなかったとしても…休業を命じることに民法526条2項の帰責事由がないことの疎明が」あった、として、休業手当相当額である、としています。一方でXらは、仙台市内を主な活動範囲とする同業者の休業措置の状況から、Y社が休業を命じる場合には民法536条2項の帰責事由がある旨を主張していますが、この点については「他のタクシー会社が休業措置を解除しているからといってY社の休業に帰責事由があることにはならない」と退けられています。

この点はなかなか悩ましいところです。というのは、民法536条2項の帰責事由というのは、一般的には「故意・過失」または信義則上これと同視すべき事由、と考えられています。一般的に「故意」とは、自己の行為から一定の結果が生じることを知りながらあえてその行為を行うこと、「過失」とは、一定の事実を認識できたはずなのに不注意でそれができなかったことを指しますが、これらは損害賠償（民法709条）の対象となるくらい問題のある行為であるため、本件のようにコロナ禍の場合の休業で、「故意」や「過失」（と同視すべき事由）があったといえるケースは、かなり限定的なように思われますし、そもそもどういう場合が「故意」「過失」にあたるのかもはっきりしません。

なお、賃金請求事件・東京地判2021・11・29（判例秘書L07631483）では、コロナ禍での休業等につき、人件費削減対策の合理性はあるとされつつ、休業は不可抗力であったとはいえないとして、労基法26条による休業手当支払いが命じられました。また、新型コロナとは直接関係ありませんが、労働条件通知書には「週5日程度」と記載されていたものの、明確な定めはなく、使用者の作成する計画表で具体的な出勤日が決まっていたという事案で、週5日未満しか働けなかった労働者が、週5日に足りない日数分の未払賃金の支払い等を争ったホームケア事件・横浜地判2020・3・26労判1236号91頁では、過去の勤務実態などから、週の所定労働日数を4日と認定したうえで、労働者の就労日を会社が決定していたことを理由に、労働者の不就労は、特段の事情がない限りは会社の責に帰すべき事由に該当するとして、民法536条2項に基づく請求が認められました。

◆労基法26条・民法536条2項の適用範囲

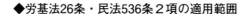

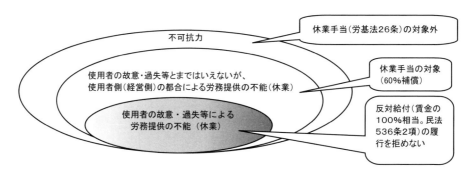

4　その他

　本決定では、平均賃金の算定時期が、算定すべき事由の発生した日以前の３か月間にその労働者に対し支払われた賃金総額をその期間の総日数で除した金額（労基法12条）ということで、乗客が激減した2020年５月から７月にかけて得ることができたと疎明された金額（１か月あたり129,862円）に６割を乗じた額とされました。この点、解雇の場合には、通告日（本件では2020年３月）の前日以前３か月間に支払われた賃金総額をもとに計算すべきだったとの批判も見られるところです。本決定は、（使用者が）「仮に解雇していなかったとしても休業を命じる旨を主張」していたことから、解雇がなかったものとして、2020年５月〜７月に得られたと疎明された金額がベースにされたものと推察されますが、「新型コロナ禍で休業させる可能性が極めて高かった」という事情からそのような判断になったものと思われます。

実務へのポイント

　本決定は仮処分事案であり、必ずしも踏み込んだ検討がなされていないように思われる部分もありますが、冒頭で述べたように、コロナ禍での整理解雇が無効とされたケースで、その際の賃金保障の範囲がどうなるかということを示した一事例として参考になります。

　ちなみに、本事件では争われていませんが、「新型コロナによる休業って、そもそも労働者・使用者どちらのせいでもないんじゃないの？」という疑問もありうると思います。「どちらも悪くない」理由で働けなかった場合、民法536条１項は、債権者（使用者）は反対給付の履行（賃金支払い）を拒むことができるとしていますし、労基法26条も、「使用者の責めに帰すべき」ということを休業手当の要件としていますので、逆にいえば、「使用者の責めに帰さない」以上は、休業手当の対象とはなりません。たしかに、いわゆる「不可抗力」によって働けなかった場合などは、そのようなケースだといえるでしょう。厚生労働省の行政解釈も、不可抗力によって働けなかった場合は、休業手当の対象外としています。

　では、どのような場合が「不可抗力」にあたるのでしょうか。上記の行政解釈では、不可抗力にあたるかの判断は「外務起因性（原因が、事業の外部によって発生した事故であること）」と「防止不可避性（事業主が、通常の経営者として最大の注意を尽くしてもなお避けることができないこと）」の２つの観点から判断する、としており、具体的には、親会社の経営難から下請工場が資材・資金の獲得ができずになした休業は不可抗力にはあたらないが、給電・計画停電、汽缶検査、雨天等を理由とする休業、新型インフルエンザや新型コロナにり患した労働者を休業させた場合などは、基本的には不可抗力であるとされています。

　なお、新型コロナによる顧客減少などを理由とする休業についてはどうかというと、厚労省のホームページでは、「新型インフルエンザ等対策特別措置法による対応が取られる中で、協力依頼や要請などを受けて営業を自粛し、労働者を休業させる場合であっても、一律に労働基準法に基づく休業手当の支払義務がなくなるものではありません」としたうえで、「取引先への依存の程度、他の代替手段の可能性、事業休止からの期間、使用者としての休業回避のための具体的努力等を総合的に勘案し、判断する」「具体的な努力を尽くしたと言えるか否かは、例えば、自宅勤務などの方法により労働者を業務に従事させることが可能な場合において、これを十分に検討しているか、労働者に他に就かせることができる業務があるにもかかわらず休業させていないかといった事情から判断される」としています。つまり、新型コロナの拡大それ自体は「労働者・使用者どちらも悪くない」としても、休業を避けられるやり方がありうる場合には、使用者は休業手当の支払い義務を負う、とされているのです。現実的には、本判決でも言及されているように、新型コロナによる休業については、休業手当相当分の大半は雇用調整助成金によって補填されることから、この点はあまり問題になりませんが、１つの留意点として注意しておくことが必要でしょう。

　なお話がそれますが、本件では、有期雇用労働者の契約期間途中だったからこそ、解雇のハードルが高くなったという面はありますが、そうでなかったとしても、コロナ禍だからということで整理解雇が簡単に認められているわけではないことも留意が必要です（本書104頁でもとりあげている森山事件・福岡地決2021・３・９労判1244号31頁もご参照ください）。

（河合 塁）

賃金・労働時間

年収1000万円を超す管理職の労基法41条2号の管理監督者該当性

日産自動車（管理監督者性）事件　横浜地判2019・3・26労判1208号46頁　　LEX/DB25562767

【問題となったポイント】

・労働基準法41条2号の管理監督者については、深夜割増賃金を除き、時間外割増賃金および法定休日割増賃金の支払い義務から免除される

・管理監督者といえるためには、①経営者と一体的立場にあたること、②労働時間の管理について自由裁量が認められていること、③管理監督者にふさわしい待遇であること、の3要件が満たされる必要があり、高額スタッフ職であっても①の要件を満たさない場合には、管理監督者性は否定される

事案の概要

　Xの夫であった亡Aは、2004年10月1日までに、自動車メーカーであるY社と期間の定めのない労働契約を締結し、役割等級N2職（課長職）の管理職として、2013年4月よりダットサン・コーポレートプラン部でマネージャー、2016年2月より日本LCVマーケティング部でマーケティングマネージャーに従事していました。Y社の会社の従業員は同年3月末時点で2万2471人、N2職は1700人前後でした。2016年○月○日、亡Aは、Y社の本社内で執務中に倒れ、脳幹出血で死亡しました（享年42歳）。

　本件は、XがAはY社の在職中に、労基法41条2号の管理監督者に該当しないにもかかわらず、割増賃金が支給されていなかったこと等を主張して、時間外労働分につき、労基法上の割増賃金および賃確法6条1項に基づく遅延損害金ならびに労基法114条の付加金の支払いを請求したものです。

　Y社ではキャリアコース別役割等級制度を採用

しており、亡Aが進んだ専門型プロ（PE）コースは、担当職（PX）、総括職（PE2）、課長代理職（PE1）と昇進し、これらを統括・管理するために置かれる部長職層は、課長職（N2）、部長職（N1）となっていました。2013年4月1日から2016年2月15日までの割増賃金請求にかかわる期間において、亡Aは、Y社のダットサン事業本部コントロール・コーポレートプラン部（所属は6名でN1のプログラムダイレクター（PD）、N1の次席プログラムダイレクター（DPD）、N2の主任2名（亡Aを含む）、PE1のスタッフ2名の計6名）に配属されていました。ダットサン・コーポレートプラン部は、Y社の経営陣に対し、利益を確約し、全収益責任を負い、このために必要な企画立案と実行を担い、実行に必要な全ての権限（各ファンクションの長への指揮命令権限等）を有する部署でした。亡Aの役職は主担、役割等級N2、2015年の年収は通勤費を除き1,234万3,925円でした。2016年2月16日以降、亡Aは日本LCVマーケティング部（N1のマーケティングダイレクター1名、N2のマーケティングマネージャー2名（亡Aを含む）、N2のリージョナルプロダクトマネージャー1名、一般職スタッフ等11名で、亡Aの下にPE2の部下が1名いました）に配属され、役職はマーケティングマネージャー、役割等はN2、年収は1,060万円と年俸20％の範囲内で支給されるインセンティブとなっていました。マネージャーは、PDが担当車種の投資額と収益率をCEOを含む経営陣に確約する商品決定会議（PDM会議）に出席するほか、各部門の長から、製品原価と販売価格の基礎となる数字について約束を取り付ける（ファンクションリプライ）権限を有していました。また、マネージャーは、コントラクトの進捗確認と過未達を担当執行役員らに報告する会議（PCMPP会議）で、議事運営や報告、ファンクションリプライに未達の責任者に対して釈明を求める職務などを担当しました。

Y社では、従業員が各自のパソコンからアクセスできる勤怠管理システム（以下、「本件勤怠管理システム」）に入力し、承認者の承認を得る方法で勤怠管理を行い、亡Aもこれを利用していました。亡Aの所属部署の所定労働時間は午前8時30分から午後5時30分、休憩時間1時間とされ、従業員が始業、就業時刻を本件勤怠管理システムに入力すると、休憩時間1時間が自動的に差し引かれることとなっていましたが、亡Aは8時30分より遅く出勤し、午後5時30分より早く退勤することも多くありました。

争点は、①亡Aの管理監督者該当性、②付加金の可否についてです。

判旨

本判決は、亡Aは管理監督者に当たらないとして、約350万円の未払残業代の支払を命じた。

争点①について

1 判断基準について

「労基法41条2号の趣旨は、管理監督者は、その職務の性質や経営上の必要から、経営者と一体的な立場において、労働時間、休憩及び休日等に関する規制の枠を超えて活動することが要請されるような重要な職務と責任、権限を付与され、実際の勤務態様も労働時間等の規制になじまない立場にある一方、他の一般の従業員に比して賃金その他の待遇面でその地位にふさわしい優遇措置が講じられていることや、自己の裁量で労働時間を管理することが許容されていることなどから、労基法の労働時間等に関する規制を及ぼさなくてもその保護に欠けるところはないことにある。」

「労基法上の管理監督者に該当するかどうかは、①当該労働者が実質的に経営者と一体的な立場にあるといえるだけの重要な職務と責任、権限が付与されているか、②自己の裁量で労働時間を管理することが許容されているか、③給与等に照らし管理監督者としての地位や職責にふさわしい待遇がなされているかという観点から判断すべきである。」

Y社は、行政解釈（1988・3・14基発150号）を根拠に、④ライン管理職と同格以上の位置付けとされていること、⑤経営上の重要事項に関する企画立案等の業務を担当しているとの要件があれ

ば、管理監督者に該当する旨を主張するが、④は、③とは別個の独立した要件・観点というよりも、そこでの考慮要素として判断すれば足りる。⑤は、①の観点の検討の中で考慮される一つの要素にすぎない。

2 職責及び権限について

「ダットサン・コーポレートプラン部において、マネージャーは、新しい車両の投資額及び収益率を決定するPDM会議に出席するとともに、投資額及び収益率の提案を企画立案する立場にあったものと認められる……。PDM会議で実際に提案するのは、PDであって、マネージャーが企画立案した提案も、PDが了承する必要があること……、PDM会議で、マネージャーが発言することは、基本的に予定されていないことからすれば……、PDM会議における経営意思の形成に直接的な影響力を行使しているのは、PDであって、マネージャーは、PDの補佐にすぎないから、経営意思の形成に対する影響力は間接的である。」

「マネージャーは、ファンクションリプライを取り付ける権限を有していたが……、ファンクションリプライを取り付けるという権限が、管理監督者該当性を基礎付ける権限であるということはできない。」

「マネージャーは、収益に影響がないファンクションリプライを裁量で変更することができたが……、収益に影響がある際には、PDM会議で、コントラクトを再提案して、CEOの決裁を得る必要があったのであるから……、マネージャーの権限は、限定的であった」。

PCMPP会議でのマネージャーの職務は、「経営者側（PDM会議）で決定した経営方針（コントラクト）の実施状況について、経営者側（PCMPP会議の決定権者であるMCチェアマン、BUヘッド及びPD）に現状の報告をし、その経営方針を実施するための支障となる事象（ファンクションリプライの未達）の原因究明（責任者からの釈明）の報告をしているにすぎず、上記職務を担っているという点で、経営者側と一体的な立場にあるとまで評価することはできない。」

「ダットサン・コーポレートプラン部に配属されていた当時のAのその他の職責及び権限を考慮しても、その当時のAが、実質的に経営者と一体的な立場にあるといえるだけの重要な職責及び権限を付与されていたとは認められない。」

「日本LCVマーケティング部において、マーケティングマネージャーは、マーケティングプランを企画し、マーケティングプランを決定するマーケティング本部会議でそれを提案する立場にあったものと認められ……、この点で、地域・部門が限定的であるとはいえ、Y社の経営方針を決定する重要な会議に参画する機会を与えられていたと評価することができる。しかしながら、……マーケティングマネージャーは、マーケティングダイレクターの補佐にすぎず、経営意思の形成に対する影響力は間接的なものにとどまると評価すべきである。」

「マーケティングマネージャーは、営業本部会議において、RCの社長及び役員に対し、ディーラーへの援助を依頼するが……、この点は、経営意思の形成にも、労務管理にも関わらないものであるから、管理監督者性の判断に影響を与えるものではない。」

「日本LCVマーケティング部に配属されていた当時の亡Aのその他の職責及び権限を考慮しても、その当時の亡Aが、実質的に経営者と一体的な立場にあるといえるだけの重要な職責及び権限を付与されていたとは認められない。」

3　労働時間管理について

「ダットサン・コーポレートプラン部（NTC）及び日本LCVマーケティング部（本社）における所定労働時間は、午前8時30分から午後5時30分（休憩時間1時間）であったにもかかわらず……、亡Aは、午前8時30分よりも遅く出勤し、午後5時30分より早く退勤することも多かったが……、遅刻、早退により賃金が控除されたことがない……ことからすれば、亡Aは、自己の労働時間について裁量を有していたと認めることができる。」

4　待遇について

「亡Aの基準賃金は、月額86万6,700円又は88万3,400円で、年収は1,234万3,925円に達し、部下より244万492円高かったのであるから」、待遇としては、管理監督者にふさわしいものと認められる。

5　管理監督者性について

「亡Aは、自己の労働時間について裁量があり、管理監督者にふさわしい待遇がなされているものの、実質的に経営者と一体的な立場にあるといえるだけの重要な職務と責任、権限を付与されてい」ないことから、「これらの諸事情を総合考慮すると、亡Aが、管理監督者に該当するとは認められない。」

争点②について

管理監督者として扱っていたことについて相応の理由があるとして、付加金の支払までは命じられない。

ポイント解説

労基法41条2号に基づけば「事業の種類にかかわらず監督若しくは管理の地位にある者」（管理監督者）については、使用者は労基法所定の法定時間外割増賃金および法定休日割増賃金を支払う必要がありません。管理監督者に該当すれば、深夜割増賃金は支払う必要がありますが、この点は、後述します。

管理監督者について深夜割増賃金を除いた労働時間規制が適用除外される趣旨は、労働時間規制を超えて活動することが要請される重要な職務と責任をもち、現実の勤務態様も労働時間規制になじまない管理監督者の地位の特殊性があるからです。管理監督者について、解釈例規は、部長、工場等、労働条件の設定その他の労務管理について経営者と一体的な立場にある者をいい、名称にとらわれず、実態に即して判断すべきとしています。ところが、管理職は管理監督者であるというイメージが流布しているためか、実際には、管理監督者の判断を個別に判断するのではなく、一定の職位、とりわけ課長職以上を一律に管理監督者として取り扱っている企業も少なくありません。しかし、管理監督者に該当するといえるためには、①経営者と一体的立場にあるといえること、②労働時間の管理について自由裁量が認められていること、③管理監督者にふさわしい待遇であること、の3要件を全て満たす必要があります。

管理監督者制度が濫用的に使われるのが、小規模店舗等の管理職における、「名ばかり管理職」問題です。名ばかり管理職においては、職務権限の狭さもさることながら、待遇の低さや、労働時間管理の厳しさに管理監督者性への否定要素がうかがえます。労基法41条2号の管理監督者には該当しないとされた裁判例としては、レストラン店

長にかかわるレストラン「ビュッフェ」事件（大阪地判1986・7・30労判481号51頁）とマハラジャ事件（東京地判2000・12・22労判809号89頁）、喫茶店営業責任者にかかわる三栄珈琲事件（大阪地判1991・2・26労判586号80頁）、カラオケ店長にかかわる風月荘事件（大阪地判1991・3・26労判810号41頁）、飲食店マネージャーにかかわるアクト事件（東京地判2006・8・7労判924号50頁）、ホテル料理人にかかわるセントラル・パーク事件（岡山地判2007・3・27労判941号23頁）、ファーストフード店の店長にかかわる日本マクドナルド事件（東京地判2008・1・28労判953号10頁）、コンビニ店の店長にかかわるボス事件（東京地判2009・10・21労判1000号65頁）等があります。このほかに、管理監督者性が否定された裁判例としては、課長代理に位置づけられているSEにかかわる東和システム事件（東京高判2009・12・25労判998号5頁）、不動産事業部部長にかかわるデンタルリサーチ社事件（東京地判2010・9・7労判1020号66頁）等があります。

管理監督者該当性が認められても、使用者は深夜割増賃金の支払いは免れないことは前述しました。例えば、ことぶき事件（最2小判2009・12・18労判1000号5頁）において、Y社が経営する理美容店の総店長が管理監督者に該当するとしたうえで、最高裁は「『労働時間、休憩及び休日に関する規定』には、深夜業の規制に関する規定は含まれていないことを前提とする」として、「管理監督者に該当する労働者は同項に基づく深夜割増賃金を請求することができるものと解するのが相当である」と判断しています。同様に、管理監督者性を肯定したうえで、深夜業の割増賃金支払いを肯定した裁判例としては、タクシー会社の営業次長にかかわる姫浜タクシー事件（福岡地判2007・4・26労判948号41頁）、スポーツクラブのマネージャーにかかわるセントラルスポーツ事件（京都地判2012・4・17労判1058号69頁）等があります。

本件は、年収1200万円を超える高待遇で労働時間に裁量がある、日産という大企業のマネージャー（課長）であったとしても、直ちに管理監督者性が肯定されるわけではないとして管理監督者性が否定され、残業代を請求できるとしたものです。これまでの管理監督者性にかかわる裁判例の多くが、ライン管理職についての判断であったのに対して、本件はスタッフ職について判断して

います。スタッフ職は、職場の上位者からの特命事項に関する調査・分析等の専門的業務を単独もしくはチーム編成で行うことが多い働き方のことです。これまでのスタッフ職にかかわる裁判例としては、スタッフ職で部下がいなかった事案であるPE＆HR事件（東京地判2006・11・10労判931号65頁）、専門職・デザイナーにかかわる丸栄西野事件（大阪地判2008・1・11労判957号5頁）、スタッフ職・部下なしの事案であるHSBCサービシーズ・ジャパン・リミテッド（賃金等請求）事件（東京地判2011・12・27労判1044号5頁）があり、いずれも管理監督者性を否定しています。

本判決は、②労働時間管理および③管理監督者にふさわしい待遇はあると判断したものの、①経営者と一体的な立場にいえるだけの職務、責任、権限が付与されているとは認められないとして、マネージャーの管理監督者性を否定しました。行政解釈上、スタッフ職も、（ア）経営上の重要な企画立案等の職務を担当し、（イ）ライン管理職と同格以上に位置づけられる場合には管理監督性が肯定されるとされています。本判決は、（ア）について、①の観点の検討の中で考慮される一要素に過ぎないとして、（イ）については、③の考慮要素として判断すれば足りると明示した点にも特徴があります。亡Aが経営会議に参加することはあっても、上司の補佐をしているに過ぎず、発言をすることも予定されていないことから、経営意思に対する影響力が間接的にすぎないと判断されています。

実務へのポイント

未払残業代請求において管理監督者性が否定された場合、もともと賃金額が高いため賃金単価が高額となってしまうこと、また、管理監督者として扱っていたために労働時間が長時間に及んでしまっていることから、未払残業代の金額が高額になってしまいます。使用者は、このような法的リスクを踏まえたうえで、管理監督者性の判断が適切になされているかどうか、あらためて見直しをする必要があるでしょう。

（春田 吉備彦）

固定残業代制度の有効性と割増賃金等請求

サン・サービス事件　名古屋高判2020・2・27労判1224号42頁　　　　LEX/DB25566722

【問題となったポイント】
- 労働者に支払われていた「職務手当」が固定残業代として有効か
- 本件の「通勤費」が、割増賃金算定の基礎に含まれるか

事実の概要

　本件は、Y社と雇用契約を結んでいた調理師（料理長）のXが、Y社に対し、未払いの残業代等の支払いを求めた事案です。

　Xは、2015年4月頃に、Y社との間で「基本給20万円、職務手当13万円、食事手当1万円、通勤費1日625円（最高額15,000円）、賞与有」の内容で雇用契約を締結し、5月ころから、Y社の経営するホテルの飲食店等（以下、本件店舗）で調理師（料理長）として働いていました（高裁の認定した事実によれば、雇用契約締結時にY社から示された提案書（以下、本件提案書）には、「職務手当13万円（残業・深夜手当とみなします）」と明記されていました）。

　本件店舗は、ホテルに併設されたレストランであり、ホテル宿泊者のための料理を提供するほか、ランチタイムやディナータイムについては、宿泊者以外の者にも食事を提供していました。

　Y社では、勤務時間の把握はタイムカードで行っていましたが、2015年6月分についてXの休憩時間の刻印がなされているのは勤務日26日に対して5日間のみであり、それ以降の7月から翌2016年2月に至るまで、途中休憩が記録されている日はありませんでした。なお、Xが就業時、Y社の調理部門の担当者は、Xの他にAがいましたが、洋食と和食の調理ができたのはXでした（Aは和食がメイン）。X就業後には、和食のコースの中の皿を洋食に変えるなど、和洋折衷の方法で洋食を増やしていきました。

　Xは、Y社を退職後、未払いの残業代（割増賃金）等の支払いを求めて提訴しました。本件の主な争点は、①Xの退職時期、②Xの労働時間（勤務時間中に、タイムカード記載以外の休憩をとっていたかどうか）、③割増賃金の基礎となる賃金の範囲（食事手当や通勤手当等が基礎となる賃金に含まれるか）、④固定残業代の合意の有無・有効性（職務手当が固定残業代として有効か）です。

　原審（津地裁伊勢支判2019・6・20労判1224号51頁）は、①の退職時期については2016年3月8日と判断し、②の労働時間については、Xの勤務状況（実際の食事の提供時間の前後についても準備や片付けに時間を要していたこと、Xがメインで調理を行っていたこと、Xの業務量が徐々に増えていったこと、Y社が管理すべき勤務時間に休憩の記録がないこと等から「タイムカードの記載の休憩時間以外は労働時間であった」としました。また③の割増賃金の基礎となる賃金については、食事手当は割増賃金計算の基礎となる賃金に含まれるとした一方、通勤費は労基法37条5項所定の通勤手当に該当する（＝基礎となる賃金に含まれない）、としました。④の固定残業代については、「基本賃金月給20万円と明確に区別された上で、職務手当13万円との記載が」あること、さらにこれが残業・深夜手当と見なされる旨の明示もされていることから、基礎となる賃金を算出すれば割増賃金との差額が明らかになり、不足分があれば精算させれば足りるので、労基法37条には反しない、としました。さらには、職務手当（13万円）に相当する時間外労働の時間が86.2時間であるところ、恒常的な労働時間上限とされる労基法36条の45時間制限を超えるものではあるが、固定残業代の合意によって直ちに残業すべき義務が生じるものではないこと、実際の労働内容に手待ち時間的なものも含まれていたことから、合意を無効とすべきものとはいえない、としました（そのうえで未払賃金・割増賃金・遅延損害金として約194万円、付加金約111万円等を認定）。これに対して双方が控訴したのが本件です。

判旨

一部認容

①（Xの退職時期）、②（休憩時間の労働時間該当性）についてはほぼ原審判断が踏襲されていますが、③（割増賃金の基礎となる賃金の範囲）および④（固定残業代の合意）に関しては原審判断を変更し、結果的にはほぼXの主張が認められる形となりました。以下では③④の判旨を紹介します。

1　割増賃金の基礎となる賃金の範囲について

食事手当は割増賃金に含まれる（原審判決と同様）。また「労基法37条5項により割増賃金の基礎から除外される通勤費は、労働者の通勤距離又は通勤に要する実際費用に応じて算定される手当と解され」、Xに支給される通勤費は、日額625円として月額15,000円が支給されることとなっているところ、本件提案書作成時、Xは千葉市に居住しており、勤務開始後の実際の通勤距離や通勤に要する実際費用に応じて定められたものとは認められず、労基法37条5項の通勤手当に当たるとは認められない。

2　固定残業代の合意の有無、有効性について

使用者は労働者に対し、時間外労働に対する対価として定額の手当を払うことで労基法37条の割増賃金の全部又は一部を支払うことができるが、「雇用契約においてある手当が時間外労働等に対する対価として支払われるものとされているか否かは、雇用契約に係る契約書等の記載内容のほか、具体的事案に応じ、使用者の労働者に対する当該手当や割増賃金に関する説明の内容、労働者の実際の労働時間等の勤務状況などの事情を考慮して判断すべきである（日本ケミカル事件・最判2018・7・19労判1186号5頁）」。

Yは勤務時間管理を適切に行っていたとは認められないこと、Xはほぼ毎月120時間を超える時間外労働をしていたこと、実際の時間外労働等に見合った割増賃金（残業代）が支払われていないこと、本件職務手当は約80時間分の割増賃金に相当するにすぎず、実際の時間外労働等と大きくかい離しており、到底、時間外労働等に対する対価とは認められないこと、本件店舗を含む事業場で36協定が締結されておらず時間外労働を命ずる根拠を欠いていることから、「本件職務手当は、割増賃金の基礎となる賃金から除外されない」。

ポイント解説

1　はじめに

本事案の争点はいくつかありますが、特に問題となっているのは、職務手当を固定残業代とする合意が有効かどうか、という点です。

固定残業代（定額残業代）とは、一定の手当を割増賃金の代わりに支払ったり、基本給を「何時間分の（時間外労働の）割増賃金込み」で支払うといったしくみです。労基法で定められた割増賃金を正しく払うためには、使用者はきちんと労働時間を把握したうえで、きちんと計算しなければなりませんが、「実際に働いた時間に関わらず一定の手当を払う」というやり方が可能なら、そういった手間からは解放されそうです。このようなやり方は、法的に可能なのでしょうか。

2　固定残業代って、労働法的にはアリ？

結論的には違法ではありません。ただしそのためには、判例・通説は、通常の賃金部分と割増賃金に相当する部分（手当など）とが判別できること（判別性）が必要であり、その上で、「労基法37条により計算した割増賃金額を下回っていないこと（金額適格性）が必要としています（高知県観光事件・最2小判1995・6・13労判653号12頁、医療法人社団康心会事件・最2小判2017・7・7労判1168号49頁等）。要するに「どこからが割増賃金分なのか」がはっきり分からないと、金額が適格かどうかも判定できないでしょ、というわけです。もっとも本件のように、別手当で払われているというタイプの場合には、割増賃金額を上回っているかの計算はしやすいため、判別性を満たすかどうかはそれほど問題となりませんが、他方で「その手当が、時間外労働の『対価』として支払われたものといえるのか」という要件（対価性）が重視される傾向にあります（前掲・日本ケミカル事件）。

3　どんな場合に「対価」といえる？

上記の日本ケミカル事件（本判決も引用しています）では、薬剤師として採用された労働者につき、業務手当（101,000円）の名目で支給されて

いた固定残業代の有効性が問題となったもので、雇用契約に係る確認書等には、業務手当がみなし時間外手当であること、時間外労働30時間分として毎月支給されること等が記載されていました。最高裁は、ある手当が、時間外労働の「対価」といえるかについては「契約書等の記載内容、使用者の説明の内容、実際の勤務状況等の事情を考慮して判断される」としたうえで、①雇用契約上、業務手当が「時間外労働等に対する対価」と位置付けられていたといえること、また②業務手当の額（平均所定労働時間をもとに算定すると、約28時間分の割増賃金に相当）も、実際の時間外労働の状況と大きくかい離していないことから、「対価」と認められる、と判示しました。

その点を踏まえて、本事案を見てみますと、本件提案書の記載から、①については満たしていたといえるでしょうが、②に関しては、職務手当は約80時間分の割増賃金相当額にすぎず、実際の時間外労働（ほぼ毎月120時間超の時間外労働でした）等と大きくかい離しており、到底「対価とは認めることができ」ない、としています。

では、どの程度までの「かい離」であれば許容されるのかですが、この点は裁判例においてもあまりはっきりしていません。飯島企画事件・東京地判2019・4・26労経速2395号3頁では、固定残業代の時間外手当に相当する労働時間（時期により約81〜51時間分）と、実労働時間とのかい離につき、判決は「相当程度異なる」とはしつつ、38時間以上または47時間以上の時間外労働があった月もあったことから、固定残業代としての有効性は否定されない、としています。また、レインズインターナショナル事件・東京地判2019・12・12労経速2421号3頁では、固定割増手当の額（70時間分の時間外勤務手当分と、30時間相当の深夜手当分相当）は、基本給をもとに計算した実際の時間外・深夜労働の割増賃金額と概ね一致していること、割増賃金が固定割り増し手当の額を上回る場合には差額を支払っていたことから、実労働時間との差は「時期によっては…比較的大きな差がある」ものの、対価として有効、とされています。また、結婚式場運営会社A事件・東京高判2019・3・28労判1204号51頁も、職務手当（月約87時間分の割増賃金に相当）につき、実際の時間外労働は月により21時間30分〜108時間超でしたが、対価性が肯定されています。

なお、あまりにも長時間の時間外労働を予定し

た固定残業代は、労働者の健康を損なう危険があるといった観点から、公序良俗違反で無効、としたものもあります（月80時間分相当の時間外労働に対する割増賃金を固定残業代としていたイクヌーザ事件・東京高判2018・10・4労判1190号5頁、同じく月131時間超分相当の時間外労働に対する職務手当の割増賃金相当性が争われた木の花ホーム他1社事件・宇都宮地判2020・2・19労判1225号57頁）。ただし上述の結婚式場運営会社A事件高裁判決のように、固定残業代の定めだけでその時間分の時間外労働を義務づけるものではない、として、実際の労働時間も踏まえて、対価性を有効とするものもあります（本判決の原審も、労働内容には手待ち時間的なものも含まれること等から、合意を有効としていました）。

この点で本判決は、公序良俗違反とはされていないものの、実態とのかい離から、対価性が否定された（割増賃金該当性が否定された）一事例として参考になります。ただし本判決は、実態とのかい離だけからそのような結論になったわけではなく、きちんと労働時間管理がなされていなかったことに加え、そもそも36協定が締結されていなかったという事情もありました。36協定さえあれば時間外労働が自由に命じられるわけではありません（就業規則の規定など、雇用契約上の根拠が別途必要です。日立製作所武蔵工場事件・最1小判1991・11・28労判594号7頁）が、36協定が有効に締結されていることは、時間外労働が適法となるための最低条件です（逆に言えば、36協定がなければ、時間外労働が適法となることは、労基法33条などの一部例外を除きありえません）ので、その点でも、固定残業代としての有効性が認められるような事案ではなかったといえます。

4　割増賃金の計算の基礎

本判決のもう1つの特徴としては、通勤手当についても割増賃金の計算の基礎に含まれる、とされた点があります（この点の判断も、原審と本判決とでは異なっています）。

割増賃金の算定基礎については、労基法37条5項において、「家族手当、通勤手当その他厚生労働省令で定める賃金は算入しない」とされています。これらの手当が除外されているのは、実際の労働に対応した賃金というよりも個人的事情に基づいて支給されるものだから、ということがその根底にあると思われますが、行政通達では、通勤

手当を「労働者の通勤距離または通勤に要する実際費用に応じて算定される手当」としたうえで、「一定額までは距離にかかわらず一律に支給する場合には、実際距離によらない一定額の部分は本条の通勤手当ではないから、割増賃金の基礎に算入しなければならない」（1948・2・20基発第297号）とされています。この考えに基づくと、本事案のように、実際の通勤距離に関わらず一定額を支給するという形で通勤費が決められていたケースでは、名称にかかわらず割増賃金の算定基礎に含められることになるものと思われます。なお、大島産業ほか（第2）事件・福岡高判2019・6・27労判1212号5頁は、賃金の一部（11,000円）を基本給から控除したうえで、同額を「非課税通勤費」として支給していたという事案ですが、判決は、この非課税通勤費は割増賃金の計算の基礎に含まれるとした原審（福岡地判2018・11・16労判1212号12頁）の判断を維持しています。

実務へのポイント

1 実労働時間とのかい離は、あまり関係ない？

上述のとおり、日本ケミカル事件最高裁判決では、契約書、確認書等における記載や、実際の労働時間とのかい離状況から、対価性の有無が判断されましたが、これらは対価性の検討にあたっての判断要素ではあるものの、必須の要件や要素となるとは考えにくい、との指摘もあります（池原桃子「判批」ジュリスト1532号（2019年）79頁）。

実際に、労働条件通知書上は「職務手当のうち一部を残業代として支給する」とされていたものの、通常の賃金との区分が明確でない（＝判別性に乏しい）として、割増賃金の算定基礎から除外されないとされたケースもあります（狩野ジャパン事件・長崎地大村支判2019・9・26労判1217号56頁）ので、「契約書等に書いてありさえすればよい」とは言い切れません（本判決も、職務手当が残業手当とみなされる旨は明示されていました）。適法な固定残業代といえるためには、どこからが割増賃金の対価分なのか、それは何時間分なのかをはっきりさせておく必要があります（逆にその計算ができない設計となっているような場合には、「判別性」の要件を満たさないとされやすいでしょう）。

また後者についても、上述したレインズイン

ターナショナル事件判決のように、実際の労働時間とはかい離していても、法定の割増賃金との差額が発生した場合にはきちんと精算していたようなケースでは、対価性が肯定されているものもあります。特に、「不足分が生じた際には、実際に精算していたかどうか」という点は、固定残業代の有効性判断にあっては、割と重視されているように思われます（そのような点に言及して有効性を認めたものとして、シンワ運輸東京〔運行時間外手当・第1〕事件・東京高判2018・5・9労判1191号52頁、社会福祉法人恩賜財団母子愛育会事件・東京地判2019・2・8労経速2387号17頁等）。固定残業代の有効性判断については、このようにはっきりしない部分も少なくありませんが、少なくともこういった点は、固定残業代制度を導入するうえでは十分に留意しておく必要があるでしょう。

2 固定残業代って、あんまりメリットがない？

使用者からすれば、「オーバーして働かせてる月もあるけど、逆に少ない月だってあるんだから別にいいんじゃない？」と言いたくなるかもしれませんが、残念ながらそれは労基法37条を満たしているとは判断されません。労基法24条は、毎月1回以上支払いの原則を置いているため、不足する月が生じることは許されないのです。

また、仮に固定残業代自体は有効だったとしても、使用者にはすべての労働者につき、労働時間の状況の把握義務があります（労働安全衛生法66条の8の3、労働安全衛生規則52条の7の3）。この把握義務は、いわゆる働き方改革によって導入されたもので、労働者の健康管理の観点から実施が求められているものですが、そこでは、客観的な方法による労働時間の状況把握（タイムカードによる記録や、パソコンのログインからログアウトまでの時間記録等）が求められています。

こういった点からすれば、結局、多く働かせた場合はその分の精算が必要ですし、労働時間の状況把握もしなければなりません。例えるならば「飲み放題3000円」だけれど、「5杯以上飲んだら別途料金が必要」というような感じでしょう。それでもなお固定残業代には本当にメリットがあるかどうか、導入の際には、使用者はよく検討してみる必要がありそうです。

（河合 塁）

計画年休協定の効力

シェーンコーポレーション事件　東京高判2019・10・9労判1213号5頁　　　LEX/DB25564276

【問題となったポイント】
・計画年休の成立要件
・計画年休の私法的効力

事案の概要

控訴人（X）は、2015年3月、被控訴人Y社が経営する英会話スクールの講師として、1年契約の月給制常勤講師として雇用されていましたが、1回更新ののち、2017年1月に雇止めを通告されました（以下、本件雇止め）。Y社の主張によれば、Xは、2015年9月から2017年2月までの間に合計14日間の無断欠勤があったほか、遅刻やフランチャイズ校から授業に準備不足があった等の苦情が寄せられた等の勤務態度に問題があったというのが更新拒否の理由とされていました。これに対しXは、14日間の欠務は適法な年休取得であり、無断欠勤には該当しないこと、雇止めされる特段の勤務不良状況もなかったことから、本件雇止めは客観的合理的理由を欠き、社会通念上相当性を欠いたものであり、同一労働条件で更新されたものである（労契法19条）として提訴しました。

Y社の就業規則によれば、勤続6か月に達した講師には年間20日の有給休暇が付与されるところ、「学校運営という社業の特性から、5日を超える有給休暇については、取得する時季を指定して一斉に取得する計画年休とし、その時季は講師用カレンダーに示される」と規定されていました。しかし、Y社では計画年休協定は実際には締結されておらず、Xが後に加盟したA労組との団体交渉において指摘を受け、2016年10月1日、複数校をまとめたエリアごとの代表として選出された講師3名（講師以外の従業員を代表していません）との間で、有給休暇のうち5日を計画年休とすることに合意しました（以下、10月労使協定）。また、労基法所定の年休日数（以下、法定年次有

給休暇）と、これを上回る年休日数（以下、会社有給休暇）とが区別されることなく、年間20日の休暇のうち15日分についてはY社が時季指定ができるものとされていました。そして、2015年9月からの1年間については、Xが時季指定したのが6日（計画年休10日）、2016年9月からの1年間については、時季指定が9日（計画年休4日）でした。

これに対し、一審判決（東京地判2018・3・1労判1213号12頁）は、Xが講師として再任されると期待することについて、一定程度の合理性は認められるものの、その合理的期待の程度が高いということはできないから、これを踏まえて本件雇止めの効力を判断するとしたうえで、会社有給休暇についてはY社が承認した日に付与できるとして、Xは14無断日の欠勤したものであり、またY社のカリキュラムに従わず、フランチャイズ校から交代を求められていることから、勤務成績が不良と評価できるとして、本件雇止めを有効と判断しました。これに対し、Xが控訴したのが本件です。

判旨

1　労契法19条2号該当性

Y社は、従業員講師とは一律に1年間の有期労働契約を締結しているが、契約の更新を希望する講師との間では、遅刻が多かったり、授業の質が低いなどの事情がある場合を除き、通常は契約の更新をしている。Xとの間でも、2015年3月1日に1年間の有期労働契約を締結し、その後、Xから授業観察の申出を拒否されたり、前日の午後11時29分になってから翌日のストライキを通知されたり、Xの授業を観察した上司が7項目について改善必要との講評をしたとの事情があったものの、その後の2016年3月1日、Xと契約を更新した。

「このような経緯からすると、Xにおいて本件雇用契約の契約期間の満了時に同契約が更新され

るものと期待されることについて合理的な理由が
あったと認めるべきである」。

2 本件計画年休協定の効力

「労働基準法39条1項及び2項によりY社がX
に与えなければならない法定年次有給休暇は、
2015年9月1日からの1年間については10日、
2016年9月1日からの1年間については11日であ
る（略）。そして、有給休暇は、原則として、労
働者の請求する時季に与えなければならないこと
とされている（同条5項本文）。

もっとも、同条6項の要件を満たす労使協定が
あれば、年間5日を超える部分については、与え
る時季を使用者が定めることができる」。

「2016年10月までにそのような労使協定〔計画
年休協定─著者註〕が結ばれたことはないと認め
られる。また、同月に結ばれた10月労使協定（略）
についても、労働者側の講師代表3名は講師以外
の従業員の代表ではなかった上、事業場である学
校ごとに選ばれたものではなく、複数校をまとめ
たエリアごとの代表であったから（略）、事業場
の労働者の過半数を代表する者（労働基準法39条
6項）に当たるとはいえず、したがって、労働基
準法39条6項の要件を満たす労使協定とはいえな
い。そうすると、Xに与えられた法定年次有給休
暇について、その時季をY社が指定することはで
きず、Xを含む従業員が自由にその時季を指定す
ることができたというべきである」。

3 法定外（会社）年休の時季指定

「次に、Y社は、就業規則において、Xを含む講
師に対し、法定年次有給休暇を超える年間20日の
有給休暇を与えると定めている（略）ところ、そ
のうち法定年次有給休暇の日数を超える部分であ
る会社年次有給休暇（2015年9月1日からの1年
間については10日、2016年9月1日からの1年に
ついては9日である）については、労働基準法の
規律を受けるものではないから、Y社がその時季
を指定するものとすることが許されると考えられ
る」。

「ところで、Y社がその就業規則において定め
る計画的有給休暇制度においては、法定年次有給
休暇制度と会社有給休暇とを区別することなく、
年間の有給休暇20日のうち、15日分について、Y
社がその時季を指定することとされている」とこ
ろ、「Y社が時季を指定できることができるのは、

会社有給休暇に限られ、法定年次有給休暇につい
ては、時季を指定することはできない。そして、
Y社は、法定年次有給休暇と会社年次有給休暇を
区別することなく15日を指定しており、そのうち
のどの日が会社有給休暇に関する指定であるかを
特定することができない。したがって、上記の指
定は、全体として無効というほかなく、年間20日
の有給休暇のすべてについて、Xがその時季を自
由に指定することができるというべきである」。

「なお、Y社は、計画的年休制度は全ての従業
員講師から同意を得ていると主張するが、仮にそ
うであったとしても、そのことは以上の判断を左
右するものではない。また、Y社は、計画的有給
休暇付与制度が無効とされるのであれば、有給休
暇として20日を与える旨の規定も無効であると主
張するが、有給休暇の日数とその時季の指定とは
別の問題であるから、Y社の主張は採用できな
い」。

「さらに、Y社は、2015年9月1日からの1年
間と2016年9月1日からの1年間でそれぞれ20
日、合計40日の有給休暇の取得が認められるとし
ても、Xは、Xが指定した35日（略）のほか、Y
が指定した日のうちの14日と合わせて、合計49日
の休暇を取得したから、理由のない欠勤が9日も
あると主張する。しかし、Y社が指定した日のう
ちの14日については、Y社が就労を免除したもの
であるから、理由のない欠勤とみることができな
い」から、「Xが有給休暇として取得した休暇に
ついては、正当な理由のない欠勤であったと認め
ることはできない」。

4 雇止めの効力

「Y社は、Xの勤務内容が不良であるとして、
種々の主張をするが、いずれも雇止めをするかど
うかの判断に際して重視することを相当とするよ
うなものとは認められないと言わざるを得ない」。

以上の結果によれば、本件雇止めは、客観的に
合理的な理由を欠き、社会通念上相当であると
認められないと言わざるを得ない。

ポイント解説

1 年休権とはどのような権利であるのか

年次有給休暇とは、有給で労働義務が消滅し休
暇を取得できるもので、有給で休日となるのが利

点となります。労基法上、年休権が発生するためには、6か月以上継続勤務して、当該期間の80%以上勤務すると10日の年休が発生し（同法39条1項）、その後1年ごとに1日ずつ、3年半目から2日ずつ増加していき、最高20日まで付与すればよいことになっています（同条2項）。また、週5日以上勤務のパートタイム（短時間労働者）については、年休日数は正社員と同じですが、週4日以下の短時間労働者には按分比例の付与になります（同条3項）。

2 計画年休協定の効力について

いわゆる働き方改革法の制定・施行に伴い、使用者は、5日間の年次有給休暇（年休）を労働者に付与する義務を新たに課されることになりました（労基法39条7項）。このように、わが国では、年休取得率の低さから、その消化促進が大きな課題となっていますが、もうひとつの促進制度として、本件のような計画年休協定（同条6項）があります。本来、年休は労働者の権利ですが、恒常的な要員不足等のために、実際には取得が困難であるため、これを計画的に取得させようというものです。「皆でとれば怖くない」というわけです。具体的には、労働者が有する年休日数のうち5日間は個人的事情のためにとっておき、残りの年休日数を計画的に取得させるものです。

年次有給休暇（年休）の権利とは、自己の保有する年休日数（労基法39条1項、2項）の範囲内で、労働者自身が年休の始期と終期と指定する権利（時季指定権）であり、使用者の適法な時季変更権（同条5項）が行使されない限り、時季指定された日については、有給で労働義務が消滅するというものであり、使用者や労働組合であっても年休の時季指定をすることは許されません（国鉄郡山工場事件・最2小判1973・3・2労判171号16頁）。これに対する例外が、本件で問題となっている計画年休協定が締結されている場合です。

Xに対する本件雇止めの有効性については、1審と本判決とでは反対の結論となっていますが、Xの14日間の欠務が無断欠勤に該当するか否かの判断における差異がその主たる理由となっています。すなわち、計画年休が無効とされた場合、労基法上、使用者が労働者に付与することを義務付けられた年休（法内年休）については、すべて労働者が時季指定権を有することは当然です。問題は、労基法が定める付与日数を上回る法外年休

（本判決では会社年休）についてはどちらが時季指定できるかです。

この点については、労基法の規制外の年休であるから、契約の自由により使用者が時季指定できると考えるのが本件一審判決です。これに対し、法内・法外年休を区別することなく、あくまで労働者が時季指定すると理解するのが本件二審判決です。たしかに労基法が規律の対象とするのは、あくまで法定年休ですから、誰が会社年休の時季指定をするかは私的自治の問題であるとの一審判決の指摘は正当なものです。

しかし、それはあくまで法内年休と会社年休とが明確に区別されている場合に限られます。通常では、就業規則の年休規定において、両者が区別されて規定されることはほとんどないでしょう。本件も同様ですが、両者が峻別されていない以上、法内年休として取り扱われることになるのではないでしょうか。たとえば、労働義務を負わない祝日、土曜日、年末・年始の各休日を「全労働日」に含ませて80%の出勤率を算定するよう変更された新就業規則の規定が違法無効とされたエス・ウント・エー事件（最3小判1992・2・18労判609号12頁）でも、年次有給休暇の成立要件を定めた新就業規則の部分は無効であるから、法定年次有給休暇と法定外年次休暇のいずれに関しても、旧就業規則が適用されると判断されています。つまり、法内年休と会社年休とが峻別されていない限り、会社年休も法内年休と同様の取扱いがされることになります。ちなみに、上記エス・ウント・エー事件最高裁判決は、賞与の算定に当たり、年休を欠勤扱いしたことが公序違反で無効とされていますが、現在では、使用者は、有給休暇を取得した労働者に対して、「賃金の減額その他不利益な取扱いをしないようにしなければならない」と定める労基法136条に違反し、公序違反により無効となります。

計画年休協定は労使協定の一種です。労使協定とは、事業場単位で締結されるもので、労基法が使用者に課した義務を解除するものですが、いわゆる免罰的効力を有するのみで、私法上の効力を有しません。たとえば、やはり労使協定である36協定、すなわち時間外休日労働協定（労基法36条）について見てみましょう。労基法は、使用者に対し、1日8時間、1週時間を超えて労働者を労働させることを原則的に禁止しており（同法2条1項、2項）、これに違反すれば、使用者は所

定の刑罰を受けることになります（同法119条）。

しかし、適法な36協定が締結されている場合には、協定の範囲内で時間外労働させても、刑罰を受けることはありません。また、1日9時間労働するという労働契約は無効となり、労基法の8時間に修正されます（同法13条）。

3 労使協定の適法性

次に、労働者側の労使協定締結当事者は、事業場の過半数労働組合、それがなければ労働者の過半数従業員代表です。現在では、労働組合の組織率も低いので、多くの事業場では、過半数従業員代表のケースが圧倒的ですが、誰が代表者に該当するかに関する規定は労基法には存在せず、同法施行規則（6条の2）に規定されています。すなわち、「管理監督者」（労基法41条2号）は対象外とされるほか、労使協定等の目的を示したうえで、選挙あるいは挙手で選出されなければなりません。使用者が指名した労働者を過半数代表者とすることは許されないだけでなく、たとえば全員加入の親睦会代表者をいわば横滑り的に過半数従業員代表として締結された36協定が無効とされ、労働者の残業義務が否定された事案（トーコロ事件、最2小判2001・6・22労判808号11頁）があります。

このようにみてくると、本判決も指摘するとおり、本件年休協定が、事業場単位で締結されていないこと、および労働者協定当事者が不適格であることから、本件計画年休協定は無効となるため、Yが年休の時季指定をすることは許されないことになります。

4 適法な計画年休協定の私法的効力

上述したように、適法な労使協定が締結されていれば、使用者は刑罰を免れるに過ぎず、契約上の効力には影響しないと述べました。しかし、前述の時間外義務や賃金控除については労働者に不利益に機能するものであるのに対し、年休取得については労働者にとって有利であるとの面も否定できません。

そこで、裁判例も、計画年休協定の私法的効力を肯定し、同協定により労働者の時季指定権および使用者の時季変更権がともに排除されるとして、労働者は協定に定められた日に年休取得する義務が生じるとされていますが、いかなる場合でも労働者に年休取得義務が発生するわけではな

く、労働者にとって「著しく不都合な場合」には、この限りではないと判断されています（三菱重工業長崎造船所事件、福岡高判1994・3・24労民集45巻1・2号123頁）。具体的には、同事件では、産前産後の不就労期間の者や結婚・出産・忌引き休暇を届けた者等の事情にある労働者が適用除外されていること、計画年休の実施に高度の必要性が要求されていること、制度に反対する少数組合とも団体交渉を行っていること等の事情から、本件は労働者に「著しく不都合な場合」には該当しないとされています（同事件一審判決、長崎地判1992・3・26労判619号78頁）。

このほか、計画年休をめぐる裁判例を概観してみると、計画決定時には予測が不可能な自体が発生する可能性が生じた場合であり、かつ事態発生の予測可能後の合理的期間内にされなければならないとされています（高知郵便局事件・最2小判1983・9・30労判416号31頁）。また、計画年休協定においては、年休を付与する時季および具体的日数を特定することが必要であると判断されています（全日空大阪空港事件・大阪地判1998・9・30労判748号80頁）。さらに、退職予定者が年休の時季指定した場合には、使用者により時季変更権の行使もあり得ませんから、使用者は、計画年休付与以前の年休請求を拒否することはできません（1988・3・14基発150号）。

実務へのポイント

くり返しになりますが、労基法の労使協定とは、労基法が使用者に命じた義務を解除する効力があります。もっとも、労使協定が締結されていれば、労基法違反として刑罰を受けることがないという効果です（免罰的効力）が、裁判例では、計画年休の私法的効力は肯定されています。

労使協定における労働者側の当事者は、まず過半数労働組合ですが、それがない場合には、過半数労働者代表者となります。過半数労働者代表から「使用者の利益代表者」は外されますが、協定の締結目的を示して、投票または挙手で選出します。また、労基法は事業場単位（本社、支社、工場のような場所的単位）で適用されますので、労使協定も事業場単位で締結される必要があります。

（山田　省三）

人格権・ハラスメント

　ここでは、差別、人格権、ハラスメントと幅広いテーマが取り扱われています。

1. 人格権

（1）人格権とは何か

　人格権とは幅広い概念であり、生命・身体・健康といった安全配慮義務と共通するようなものから、ハラスメントを含む精神的人格権、そして健康情報等の情報化社会における個人情報コントロール権、容貌に関する人格権、いわゆるLGBTQのような広い意味での性的な人格権と多彩な内容を有しています。

　人格権の憲法上の根拠は、「すべて国民は、個人として尊重される。生命、自由及び幸福追求に対する国民の権利については、公共の福祉に反しない限り、立法その他の国政の上で、最大の尊重を必要とする」と定める憲法13条に求められています。ここでは、「個人の尊重」と「幸福追求権」の二つが保障されていると考えられています。

　ところで、法律上は法人（企業）も「人」（人格、特に法人格と呼ばれています）ですから、憲法上の人格権が保障されます。しかし、企業は、人間個人とは異なり、生身の身体や精神を有していませんので、財産的自由権等が中心となるでしょう。したがって、労働法では、主に労働者の人格権が問題となります。

（2）近年の人格権をめぐる裁判例

　まず、いわゆる企業内ヘイトスピーチの違法性が争点となったフジ住宅事件（大阪高判2021・11・18労経速2481号3頁）が注目されます。同事件では、会社代表者が東アジア3国の国籍や民族的出自を有する者に対する侮辱・人格攻撃等を記載した公刊物、記事、感想文等を反復継続して、就業時間中に配布したほか、教育委員会が開催する教科書展示会に従業員が参加して、その支持する教科書の採択を求めるアンケートを提出するよう求めていました。一審原告は、同社アルバイトの韓国人女性ですが、会社代表者の上記行為が一審原告に対する職場環境配慮義務に違反するとして、損害賠償等を請求しましたが、本判決は、代表が自ら職場において一審原告の民族的出自に関わる差的思想を醸成する行為をした場合はもちろん、現に職場において差別的思想が醸成されているにもかかわらず、これを是正せずに放置した場合には、職場環境配慮義務に違反し、一審原告の上記利益を侵害したものとして、不法行為責任または債務不履行責任を負うとして、慰謝料120万円（弁護士費用12万円）の支払いを一審被告に命じました。

　なお、同事件では違法とされた一審判決以降も文書等の配布が継続されたので、差止め請求についても認容されています。

2. 人格権

　人格権は幅広い概念ですが、ここでは職場において労働者の人格が尊重されるべき労働者人格権を取り上げます。近年では、労働者のプライバシー保護（個人情報コントロール権）、容貌の自由等が問題となっていますが、LGBTの問題も避けて通れません。

　また、裁判例では、トランスジェンダー（性自認、性同一性障害）の人が、職場の女性トイレを自由に使用する権利（国・人事院（経産省職員）事件・東京高判2021・5・27労判1254号5頁）、化粧で業務に従事する権利（淀川交通事件・本書94頁）が争われています。

　前者では、「性同一性障害特例法の立法趣旨およびそもそも性別が個人の人格的生存と密接不可分なものであることに鑑みれば、自らの性自認に基づいた性別で社会生活を送ることは、法律上保護された利益である」としながら、女性トイレの使用を制限したことは、国家賠償法上違法とした、一審判決を破棄しています。後者では、「医師から性同一性障害であるとの診断を受け、生物学的な性別は男性で、性自認が女性という人格であるところ、そうした人格にとっては、外見を可能な限り性自認の上の性別である女性に近づけ、女性として社会生活を送ることは、自然かつ当然の欲求である」として、タクシー運転手が化粧をして乗務させなかったことが違法とされてい

す。

3. ハラスメント

（1）ハラスメントの種類

　ハラスメントには様々な類型がありますが、法律で定められているのは、①セクシュアルハラスメント（セクハラ）、マタニティハラスメント（マタハラ）およびパワーハラスメント、（パワハラ）の３種類です。

（2）ハラスメントの定義

　セクシュアルハラスメント（セクハラ）は、「職場において行われる性的言動」（均等法11条）を意味し、マタニティハラスメントは、職場において、その雇用される女性労働者に対する妊娠、産前産後休業等の請求または取得に関する言動と定義されます（均等法11条の３）から、マスコミ等で報道される妊娠・出産等を理由とする不利益取り扱いとは別のもので、これは均等法９条３項の問題です。また、パワーハラスメントは、「職場において行われる優越的な関係を背景とした言動であって、業務上必要かつ相当な範囲を超えたもの」と定義されています（労働施策総合推進法30条の２第１項）。

　わが国の法制度の特徴として、ハラスメントを禁止するのではなく、事業主による雇用管理上の措置義務であることを挙げることができます。

（3）ハラスメントの成立要件

1）セクハラ

　ハラスメントが法律問題となるのは、それが何らかの違法性を有する場合です。セクハラについては、行われた行為の内容・程度、加害者と被害者との関係、行われた時間・場所等により違法性が決定されるでしょう。パワハラでは、職務上の指導との関係が最大の問題となりますが、東武バス日光ほか事件（東京高判2021・6・16労判1260号５頁）においては、その表現または侮辱的表現が、労働者の職責、上司と労働者との関係、労働者の指導の必要性、指導の行われた際の具体的状況、発言の内容・態様、頻度等に照らし、社会通念上許容される業務上の指導の範囲を超え、労働者に過重な心理的負担を与えたといえる場合には、当該指導は違法なものとして不法行為に該当すると判断されています。

2）マタハラ

　上述したように、マタハラとは、妊娠・出産を理由とする言動ですが、代表的な裁判例として、ツクイ事件（福岡地裁小倉支判2016・4・19労判1140号39頁）があります。同事件は、原告から妊娠の報告を受けた被告介護サービス所長が、妊娠に伴う業務軽減（労基法65条３項）の申し出に対し、「妊婦として扱うつもりないんですよ」、「万が一何かあっても自分は働きますちゅう覚悟があるのか、最悪ね。だって働くちゅう以上、そのリスクが伴うやんけえ」等の発言をしたことは、配慮不足の点を否定することができず、全体として社会通念上許容される範囲を超えているとしてマタハラを認定しました。さらに、被告会社自身も、原告の妊娠を知りながら、被告所長に、具体的な指導や業務軽減措置を採らせなかったことが職場環境整備義務違反とされています。

3）パワハラ

　パワハラについては、業務上の指導と違法なパワハラとの線引きが重要な意味を持っています。古い裁判例ですが、２つの事件を見ておきます。

　まず、東芝府中工場事件（東京地裁八王子支判1990・2・1労判558号68頁）では、被告製造長が、原告労働者の安全や、機械の操作、作業方法等に関し、注意、叱責あるいは反省書の提出を求めることは監督上必要な範囲であるが、原告が休暇を取得する際の電話のかけ方について執拗に反省文を要求したり、後片付けの行為を再現するように求めた被告上司の行為は、いささか感情に走りすぎたきらいがあることを否定できず、従業員に対する指導勧告の範囲を逸脱する違法な行為とされています（当時は、まだパワハラという用語は登場していませんでした）。

　次が、三井生命保険事件では、被告（被控訴人）上司が原告（控訴人）である従業員を含む課員全員に対し、「やる気がないなら、会社を辞めるべきだと思います。会社にとっても損失そのものです。あなたの給料で業務職が何人雇えると思いますか」等の内容の16ポイントの赤字のメールを送付したという事案です。控訴審判決（東京高判2005・4・20労判914号82頁）は、それ自体正鵠を射ている面はあるが、人の気持ちを逆撫でする侮辱的言辞と受け取られても仕方がないものであり、その表現において許容範囲を超え、著しく相当性を欠くものであって、不法行為を構成するとして、慰謝料５万円の支払いが命じられました。

（山田 省三）

企業グループ内での従業員のセクハラトラブルと親会社の法的責任

イビデン事件　最1小判2018・2・15労判1181号5頁　　　　　　　　LEX/DB25449248

【問題となったポイント】
・子会社における従業員トラブルと、親会社の法的責任

事実の概要

　本件は、企業グループの子会社間の従業員同士のトラブル（恋愛関係のもつれからストーカー行為に発展）で被害を受けた従業員が、親会社のコンプライアンス相談窓口に対応を申し出たにも関わらず、十分な対応をしてもらえなかったとして、親会社等に対し、損害賠償を求めた事案です。

　X（女性）は、2008年11月頃に、Y1社（親会社）の連結子会社であるY2社に契約社員として採用され、Y1社の事業場敷地内で、Y2社がY3社（同じくY1社の子会社）から請け負う業務に従事していました。Xは、工場内休憩室での離婚経験者グループの一員として、A（男性。Y3社の課長職）と次第に懇意となり、2009年11月頃には肉体関係を伴う交際に発展し、12月のクリスマスや2010年2月のAの誕生日には、下着等をプレゼントするなどしていました。しかしその後徐々に疎遠となり、同年7月末頃に、XはAに対し、交際解消を告げる手紙を一方的に渡しました。

　しかしAは諦めきれず、同年8月以降、勤務中のXに話しかけて交際を求めたり、自宅近くに押し掛けたりするようになりました（以下、本件行為1）。その後Xは体調を崩して遅刻や年休取得が増え、9月には上司であるG係長に対し、本件行為1をやめるよう注意してほしい旨を依頼しました。G係長は朝礼で「ストーカーやつきまといをしているやつがいるようだが、やめるように」と発言をしたものの、それ以上の対応はありませんでした。Xはさらに、同じY2社の契約社員で

あるBに、G係長に問い合わせてもらうよう相談しましたが、BとG係長との間で口論となりました（その後Bは別の部署に異動となりました）。10月にもXは、G係長およびF課長と相談したものの対応してもらえなかったためY2社を退職して他の会社に派遣登録し、ほどなく、Y1社の別事業場内の部署で働くこととなりました。

　しかしその後もAは、Xの自宅付近に自動車を停車させるなどの行為（以下、本件行為2）をしていました（Xは警察にも相談）。それをうけてBは、同年10月にY1社のコンプライアンス相談窓口に電話し、「会社として対応してほしい」旨を申し入れました（Y1社は、企業グループの構内で働く全ての者に対して、コンプライアンス相談窓口を設けて対応していました）。Y1社は、Y2社・Y3社にも依頼して聞き取り調査を行わせるなどしたものの、11月にBに対し、申出に係る事実は確認できなかったと伝えました。

　これに対してXが、一連のセクハラ行為等および会社の対応等によって精神的苦痛を被ったとして、A、Y1社、Y2社、Y3社に対し損害賠償を求める訴訟を起こしました。一審（岐阜地大垣支判2015・8・18労判1157号74頁）は、XとAの間は真摯な交際であったとしてAの不法行為責任を否定し、Y1社・Y2社・Y3社の責任も否定しましたが、原審（名古屋高判2016・7・20労判1157号74頁）は、本件行為1・2の違法性を認め、A、Y1社～Y3社に連帯して慰謝料200万円・弁護士費用20万円の支払いを認めました。このうちY1社に関しては、社員行動基準を定め、コンプライアンス相談窓口を含むコンプライアンス体制を整備して、グループ構内で就労する全ての者に対応していた点から、「Y1社が…グループ企業に属する全従業員に対して、直接又はその各所属するグループ会社を通じてそのような対応をする義務を負担することを自ら宣明して約束した」として、BがXのためにY1社のコンプライアンス相談窓口に調査・善処を求めたのに、Y1

社の担当者らがこれを怠り、Xの恐怖と不安を解
消させなかったのだから、Y1社は、Aの不法行
為につき自ら宣明したコンプライアンスに則った
解決をしなかったことの債務不履行責任を負う、
とされました。これに対しY1社が上告したのが
本件です。

判旨

最高裁は、名古屋高裁が、Y1社が損害賠償責
任を負うとした部分につき、次のように述べて是
認できないとし、損害賠償責任を否定しました。
1）Xは、…Y2社の指揮監督の下で労務を提供
していたというのであり、「Y1社は…社員行
動基準を定め、本件法令遵守体制を整備してい
たものの、Xに対しその指揮監督権を行使する
立場にあったとか、Xから実質的に労務の提供
を受ける関係にあった」とはいえない。
2）Y1社が整備した本件法令遵守体制の具体的
内容が、Y2社が使用者として負うべき雇用契
約上の付随義務をY1社自らが履行し又はY1
社の直接間接の指揮監督の下でY2社に履行さ
せるものであったとみるべき事情はうかがわれ
ない。
3）Y1社は、自ら又はY2社を通じて本件付随
義務を履行する義務を負うものということはで
きず、Y2社が本件付随義務に基づく対応を
怠ったことのみをもって、Y1社の信義則上の
義務違反があったとはいえない。
4）もっとも、Y1社がグループ会社の事業場内
で相談窓口を設け、利用を促し、相談対応を
行っていたことの趣旨が、グループ会社の業務
に関して生じる可能性がある法令等違反行為の
予防・対処にあると解されることに照らすと、
「本件グループ会社の事業場内で就労した際に、
法令等違反行為によって被害を受けた従業員等
が、本件相談窓口に対しその旨の相談の申出を
すれば、Y1社は、相応の対応をするよう努め
ることが想定されていたものといえ、上記申出
の具体的状況いかんによっては、当該申出をし
た者に対し、適切に対応すべき信義則上の義務
を負う場合があると解される」。
5）（ただし）本件については、「Xが本件行為1
について…相談窓口に対する相談の申し出を
した等の事情がうかがわれないことに照らすと、

Y1社は、本件行為1につき、本件相談窓口に
対する相談の申し出をしていないXとの関係に
おいて、上記…の義務を負わない」。
6）本件行為2に関するBからY1社への申し出
（Xに関する事実確認等を求めたもの）につい
ては、「本件法令遵守体制の仕組みの具体的内
容が、Y1社において本件相談窓口に対する相
談の申出をした者の求める対応をすべきとする
ものであったとはうかがわれない」し、相談内
容もX退職後の、グループ会社事業外で行われ
た行為であること、Aの職務執行に直接関係す
るものとはうかがわれないこと、本件行為2か
らは8か月以上経過していたこと等から、Y1
社が、Xに対する事実確認等の対応をしなかっ
たことをもって、「損害賠償責任を生じさせる
こととなる…義務違反があった」とはいえない。

ポイント解説

1 はじめに

本判決は、グループ会社にまたがる従業員間の
トラブルが発端となった事案ですが、子会社の、
子会社従業員に対する雇用契約上の付随義務の不
履行について、「親会社」は何らかの法的責任を負
うのか、負うとすればそれはどこまでかが問題と
なったものです。本判決は、かなり厳格な条件下
ではありますが、「親会社が、直接雇用契約関係に
ない者（具体的には、子会社の従業員）の相談に
も適切に対応すべき信義則上の義務を負う場合が
ある」旨を示した点が、1つの特徴といえます。

2 「子会社の雇用契約上の付随義務不履行」に
ついての親会社の信義則上の義務について

本判決は、原審が「(Y1社が)社員行動基準
を定め、本件法令遵守体制を整備したことから」
「人的、物的、資本的に一体といえる本件グルー
プ会社の全従業員に対して、直接又はその所属す
る各グループ会社を通じて相応の措置を講ずべき
信義則上の義務を負うものというべき」と判断し
たことを「是認できない」と述べています。
そして最高裁は本件につき、いくつかの要素か
ら、親会社の信義則違反はなかった、としていま
すが、判決文の挙げる要素に着目すると、①親会
社が子会社労働者に対し指揮監督権限を行使して

いる場合、②親会社が子会社労働者の実質的な労務提供の受領者である場合、③グループ経営における法令遵守を、（子会社でなく）親会社が担当する設計となっている場合、または法令遵守において親会社が子会社に直接間接の指揮監督権限を行使している場合、のいずれかに該当すれば、親会社が法的責任を負う可能性がある、と見ているようです（得津晶「判批」（2018年）法学62巻2号64頁以下も参照）。

このうち①②については、たとえば子会社の法人格が形骸化しているような場合や、派遣先のように実際に労務提供を受領している場合を想定しているのではないでしょうか。ただし裁判例では、法人格が形骸化している場合などに、子会社従業員に関する法的責任を親会社が負うべきと認められるハードルはかなり高く、この要件を満たすことで親会社の責任が認められるケースはかなり限られるでしょう。

東レリサーチセンター他事件（大津地判2010・2・25労判1008号78頁）は、原告（女性従業員）が、派遣先（東レリサーチセンター）での勤務中に、派遣先の出向社員（東レから東レリサーチセンターに出向していました）からセクハラを受けたことにつき、派遣元（東レ）が責任を負うのかが問題となったものですが、東レリサーチセンターが東レの事業場内にあったとはいえ、独立して企業活動を行っているものであり、また東レが滋賀事業場に人権推進委員会を（グループ企業レベルで）設けていたとしても、東レ自体が当該原告に対して職場環境配慮義務を負っているとはいえない、とされました。他方で、子会社従業員が子会社から解雇された事案で、筆頭株主であるグループ会社も含めて検討すべきであったのに行わなかったことが解雇回避努力義務を尽くしたとはいえない、とされた裁判例として京都エステート事件（京都地判2013・6・30労判857号26頁）がありますが、かなり例外的です。

次に③の「グループ経営において法令遵守を子会社でなく親会社が担当する設計を採用している場合、または法令遵守において親会社が子会社に直接間接の指揮監督権限がある場合」です。これはたとえば、「グループ会社全体で法令遵守体制を整備しており、子会社自身は独自の制度を用意していないが、その体制を活用すること」となっており、かつその具体的内容が、勤務先会社が使用者として負うべき雇用契約上の付随義務を親会

社自身が履行する仕組みであったり、親会社の直接間接の指揮監督の下で子会社に履行させるといった仕組みのような場合などでしょう。

ところで、セクハラに関しては、男女雇用機会均等法11条が、事業主にセクハラ防止の措置義務を課していますが、本事案では、Y2社は独自のセクハラ相談窓口を設けていなかったようです。このことに関しては、自社窓口を設置しないこと自体が均等法違反であるとする見解と、事業者が、より公正に当該措置義務を履行するため、第三者機関に措置義務の履行を委ね、当該第三者機関に従うという決定があるなら、措置義務を履行したものと理解できるとする見解とがあり、この点はいわゆるセクハラ指針においても必ずしも明確ではありませんが、きちんと機能していれば、グループ企業全体での窓口によって対応するという仕組み自体は均等法違反とまではいえないように思われます。

ただ、そのような仕組みが均等法上許容されるか否かという点よりも、より重要なのは、そのような仕組みが「勤務先会社が使用者として負うべき雇用契約上の付随義務を親会社自身が履行する仕組み」あるいは「親会社の直接間接の指揮監督の下で子会社に履行させるというような仕組み」までのものを意味するのか、という点です。グループ企業全体での窓口があったとしても、そこまで親会社が強力に対応するという仕組みを設けているところは、それほど多くはないのではないでしょうか。ちなみに会社法では、取締役会の決議事項として、子会社を含む企業集団における業務の適正を確保するための体制（いわゆる内部統制構築システム）の整備を求めています（会社法362条、同法施行規則100条）が、親会社がどこまでの体制整備を求められるのかは必ずしもはっきりしません。しかし一般的には、そこまでの仕組みが要請されているとは考えられておらず、本最高裁判決もそこまで求めているとは考えにくいでしょう。

3 法令遵守体制の趣旨に応じた適切に対応すべき信義則上の義務

もっとも本判決は、本件法令遵守体制の趣旨から、Y1には申出の具体的状況いかんによっては、体制として整備された仕組みの内容、申出に係る相談内容等に応じて適切に対応すべき信義則上の義務を負う場合がある、とも述べています。

その上で、本件行為１についてはX自身が相談窓口に申出をしていないこと、本件行為２については、申出者の求める対応をすべきとするものであったとは伺われないこと、相談内容がX退職後に事業場外で行われた行為でありAの職務遂行に直接関係するものとは伺われないこと、本件申出当時XとAは同じ職場では就労しておらず、本件行為２から８か月以上経過してことから、申出のあった事実確認等の対応をしなかったことが「損害賠償責任を生じさせることとなる」義務違反とはならない、としています。

確かに、X自身が申出をしていないことはプライバシーの観点から会社の不対応の違法性を弱めるでしょうし、また申出者の求める対応が（報復等を意図した）不適切なものである場合もありうることから、一般論としては、企業は申出者の求める対応をしなければならないとはいえないでしょう。ただし前者については、本人が直接相談に来るか、プライバシーに考慮した上で信頼できる上司等に相談するよう促す等の対応はありえたのではないか、といった疑問もあります。また後者に関しても、事実関係さえしないという対応でよかったのかといった疑問も残りますし、「職務遂行に直接関係するものとは伺われない」という点も、若干疑問は残るところです。

実務へのポイント

もっとも本件は、単純なセクハラ事案というよりは、「恋愛感情のもつれに端を発した従業員同士のトラブル」という側面の強い事案でした。従業員同士の私的なトラブルに関しては、使用者の法的責任は認められにくいです。グループ会社の事案ではありませんが、例えば、運行管理係とタンクローリー運転手との間で、配車に関して暴行トラブルが生じた佃運輸事件（神戸地姫路支判2011・3・11労判1024号5頁）や、訪問介護サービス事業者における看護師と訪問介護員（いずれも従業員）間の暴行が問題となったA研究所ほか事件（横浜地川崎支判2018・11・22労判1208号60頁）については、私的な喧嘩であり、事業の執行と密接な関連を有するとは認められないとして、民法715条に基づく使用者の損害賠償責任が否定されています。ストーカー行為そのものは当然許されるものではありませんが、本件は、それに

至った経緯が判断に影響した可能性もあります。

では仮に本件が一般的なセクハラ事案であったならば、どうでしょうか。セクハラ事案ではありませんが、マツヤデンキほか事件（大阪高判2020・11・13労判1242号33頁）は、業務の習得意欲が低く、ミスを他人の責任にする傾向があるなどで、人事評価が極めて悪い労働者に対して、上司や同僚労働者が有形力を行使した（腕や頭等を殴打したり、ペットボトルを振り下ろして殴打した）ことの違法性が問題となりましたが、この中で、使用者の不作為（上司による行き過ぎた指導を認識していたにもかかわらず、パワハラ防止のための社内規定の整備やパワハラ防止委員会の設置をしていなかったこと）が、安全配慮義務違反にあたるかが争点の１つとなっています。原審（大阪地判2018・12・14労判1242号55頁）は使用者の安全配慮義務違反の成立を認めましたが、高裁判決は、労働者からの苦情・相談がなかったこと、（上記の殴打等の）各不法行為が偶発的にすぎないこと、人事評価が低く指導困難な社員に対し暴力を伴う指導・叱責がなされることに予見可能性がなかったことなどから、使用者の安全配慮義務違反が否定されています。ただ、この事件の当時は、いわゆるパワハラ防止法（改正労働施策総合推進法）施行前であったことからすれば、同法によってパワハラ防止措置が義務づけられるようになった現在では、より高度の安全配慮義務が使用者には求められる可能性があります。上述のとおり、セクハラに対する防止措置（均等法11条）についてはそれ以前から立法化されていたため、一般的なセクハラ事案であれば、Ｙ１に求められる対応も、より高度なものであった可能性があります。

Ｙ１社は、CSR（企業の社会的責任）の一環として、このようなコンプライアンスルールを設置・運営していました。「社会的責任」という言葉はかなり市民権を得てきていますが、企業実務においては、「投資家へのアピール」という点では重要だが、守らなくても「法的責任」はないという認識もあるかもしれません。しかし本件で問題となったように、「社会的責任」の文脈で捉えられる対応も、「法的責任」が問われる可能性はあります。社会的責任を語る以上、法的責任を帯びる可能性も、今後の実務担当者は認識しておくべきでしょう。

（河合 塁）

人格権・ハラスメント

セクハラの行為者とされる労働者に対する退職措置と会社に課される職場環境配慮義務

甲社事件　東京地判2020・3・27労経速2443号24頁　　　　　　　　　LEX/DB25566119

【問題となったポイント】
・業務上負傷し、疾病にかかった労働者について休業中の解雇を制限する、労基法19条にいう業務起因性の有無
・セクハラの行為者とされる労働者に対する会社の対応と会社に課される職場環境配慮義務

事実の概要

1984年4月、Xは海上運送業等を業とするYと雇用契約を締結し、2010年頃からYにおいて顧客管理業務を主に行っていました。2014年4月頃、Yの従業員であるAもXが在籍する部署に所属し、同年5月頃、XとAは隣席になりました。

2014年6月頃、東京都議会において女性議員が、妊娠や出産に悩む女性に対する支援策に関する質疑応答の最中に、「自分が早く結婚したらいいじゃないか。」などという趣旨の野次を受ける事件が発生しました。Xは世間話の一環でAに対し、「都議会であのような問題が起きたけれど、ああいう事を言うのはまずいよね」(以下「本件発言」)と告げました。

Aは女性議員と同じく未婚で子供もいなかったのですが、Xの発言が、敢えて未婚で子供もいない自分を名指しして発言したものと受け止め、Xに対する不快の情を抱きました。AはXと顔を合わせて仕事をすることが苦痛だと感じ、2014年7月14日に人事部のBらに宛てて、このことを相談するメールを送信しました。

Aからのメールを確認した人事部のBは関係者からのヒアリングを行い、AはXの謝罪と反省を希望していたことから、Xが真摯な対応を取ることができれば円満に解決できると考えました。人事部長らとのヒアリングの場においてXは、Aに

対する発言を認め、始末書についても提出する意向であるとし、後日、Xは人事部に始末書を提出しました。

以上の経緯の下、同月31日に、XからAに対する謝罪の場が設けられました。この席上、XはAに対して謝罪の意を述べましたが、AはXに対して怒りを露わにしました。その席上、人事部の部長であるCはAを落ち着かせるため、「今回の件については始末書をもらっているし、何かあれば懲戒もあるから」と発言しました。

2014年10月31日限りでAが他部署に異動するまでの間、XとAとの間でトラブルは生じませんでした。しかしXはC宛てに、本件は腹いせセクハラであり、今後、法的手段を採るつもりであること等が記載された通知書を送付しました。

2015年5月7日、Xは上司に対して、本件トラブルの加害者とされて悩んでおり、体調不良であるなど相談したところ、医師に受診するよう助言を受け、医師からは心因反応との診断を受けました。こうした診断を受けたことから、Xは2015年7月13日から8月31日まで年次有給休暇を取得し、同年9月1日より休職しました。しかし、休職期間満了日である2018年8月末日になってもXの病状が回復しなかったことから、YはXを退職したものと扱いました。

判旨

1　本件退職措置の効力

Xは、2015年5月15日には本件傷病を発症したものと認められるところ、Xは本件傷病について業務起因性が認められる旨主張するので、以下、「心理的負荷による精神障害の認定基準」(以下、「認定基準」)を参照しつつ、この点について検討する。

項目36「セクシュアルハラスメントを受けた」は、自身がセクハラを受けた場合を念頭に置くも

のと解されるから、この項目を参照して心理的負荷の強度を検討するのは相当とはいえない。また、項目5「会社で起きた事故、責任について責任を問われた」も、本人が直接引き起こしたものではない事故、事件を念頭に置くものであるから、同項目を参酌して心理的負荷の強度を検討することも相当といえない。

Xは項目29「（ひどい）嫌がらせ、いじめ、又は暴行を受けた」に該当すると主張するが、Yの措置ないし経過に特段不合理な点があるとはいえず、特段不当な意図や動機があったとも認めがたいことから、同項目を参照して心理的負荷の強度を検討することも相当とはいえない。

もっとも、本件トラブルに係るYの措置について、項目30「上司とのトラブルがあった」に該当するものとして心理的負荷の程度を検討する余地はある。しかし、Yの措置や経緯には相応の合理性が認められ、X自身の帰責性が認められることからすると、上記項目を参酌して検討しても、その心理的負荷の程度はせいぜい「弱」にとどまる。また、項目31の「同僚とのトラブルがあった」についても、前判示の諸点に照らせば、その心理的負荷の強度はせいぜい「弱」にとどまる。

Xは月60時間前後の時間外労働があったなどと主張するが、X主張の点を踏まえても、心理的負荷の程度は全体評価においても「弱」にとどまるというべきである。したがって、本件傷病につき業務起因性は肯定し難い。

以上のとおりであるから、Xの心理的負荷の程度は、全体評価においても「弱」にとどまり、本件傷病につき業務起因性は肯定し難い。したがって、本件退職措置は有効と認められる。

2　責任原因の有無について

Yは、Xからもヒアリングにおいて、本件発言の経緯を含めて言い分を聴取しており、必要範囲の確認は施しているものと認められるから、その所為に不足があるとは認められず、職場環境配慮義務違反があるとは認められない。

また、Yは、本件発言の経緯を含めて原告の言い分を聴取しており、Xの主張を顧みなかったとは認め難く、また、Yは、謝罪や始末書の提出をする意向があるかをXに尋ね、Xも、自己の不用意な発言を詫び、謝罪や始末書の提出にも任意応じる旨の意向を示したものであって、かかる経過に強制の事実は見出し難い。

謝罪の場でのCの発言は一般論にとどまるものと認められ、これを超えて懲戒としての具体的措置が検討された形跡もなく、この点から具体的な義務違反があるということもできない。

Xは、XとAとをしばらく同じ部署で就労させ続けたことについても問題視するが、本件トラブルについては、謝罪の場が設けられたことにより一応の収束を見せていたものであり、またXからAと同じ部署で稼働したくないとの申出までは書かれておらず、実際にもAの異動まで特段トラブルを生じているとも認められていなかったのであるから、異動を命じるべき義務がYに生じていたということもできない。

さらにXは、Yが再調査をしなかったことが職場環境配慮義務違反を構成するとも主張するが、Yが本件トラブルについて再度調査を行うこととした場合における従業員間での紛議の再発も懸念し、特段の再調査までは行わなかったとしても、その対応は不合理なものということはできず、Xが主張するような義務違反を構成するものとは認め難い。

ポイント解説

1　はじめに

本件は、労働者がセクハラの加害者であると会社に判断され、これによって精神的なストレスを抱えつつ職務に従事した結果、精神的不調に陥り、私傷病休職期間の満了後、退職扱いになった事案です。本件では、業務上の負傷等を理由とする休業期間中の解雇を制限する労基法19条の適用に関し業務起因性の有無が問題となり、また、Yの職場環境配慮義務違反が問題となりました。

近年、セクハラという言葉が社会一般に認知されたこともあり、セクハラ被害に関して多くの訴訟が提起され、加害者に懲戒処分が課され、その有効性が問題となる事件が増えてきています（例えば、海遊館事件・最1小判2015・2・26労判1109号5頁）。セクハラとは一般的に、相手の意に反する言動と理解されています。そして、裁判上、セクハラ行為は企業秩序や職場規律を害するものとして、懲戒処分の対象になります。

セクハラの加害者に対して処分が下されるケースが増加する中、自らの行為がセクハラであると

の認識がないまま、加害者になる場合もあると考えられます。例えば、東芝ファイナンス事件（東京地判2011・1・18労判1023号91頁）においても、労働者本人に性的な嫌がらせをする意図ないし故意がない場合であっても、女性従業員が性的な不快感を覚え、相手方の意に反する言動に当たれば、セクハラに該当すると判断されています。

このように、セクハラの意図や故意がなかったとしても本人の不用意な発言によって、労働者が予期しない形で加害者となることも考えられます。意図せずセクハラの加害者になった労働者について、会社はどのような対応を取るべきかという問題が本件では提起されていたように思います。

労働者が意図せず加害者になるようなセクハラ被害を無くすためにも、セクハラ行為に対して会社が厳しい対応を取ることが求められますが、その一方で、加害者に何らかの不利益を課す以上は、セクハラ行為の有無や行為に対する処分について公正に対応することが必要です。

本判決では、Yの職場環境配慮義務違反はないと判断されましたが、使用者側の対応を見ますと、使用者には一刻も早くトラブルを穏便に解決したいという、事なかれ主義的な対応を取ったようにも思われるため、セクハラ被害の事実について使用者が十分な調査をし、労働者に対して公正な対応を取ったのか疑問が残る点で、本判決には問題があります。

2　労基法19条にいう業務起因性の有無

労基法19条は、労働者が業務上、負傷又は疾病にかかり、療養のために休業する期間中の解雇を制限しています。同法の適用があるためには、労働者の負傷等が業務上のものでなければなりませんが、労災保険による業務上の認定を受ける必要はないと考えられています。労働者の負傷等が客観的にみて業務に起因して発生したといえる場合には、療養のための休業期間中、労働者を解雇又は退職扱いとすることは許されないことになります（水町勇一郎『詳解労働法』（東京大学出版会、2019年）926、927頁）。

同条の適用に関して、東芝（うつ病）事件の地裁判決（東京地判2008・4・22労判965号5頁）では、「労働基準法19条1項において業務上の傷病によって療養している者の解雇を制限している趣旨は、労働者が労働災害補償としての療養（労働基準法75条、76条）のための休業を安心して行えるよう配慮したところにある。そうすると、解雇制限の対象となる業務上の疾病かどうかは、労働災害補償制度における「業務上」の疾病かどうかと判断を同じくすると解される。」とし、業務起因性を問題にしています。

そして、同事件によると、「労働災害補償制度における「業務上」の疾病とは、業務と相当因果関係のある疾病であるとされているところ、同制度が使用者の危険責任に基づくものであると理解されていることから、当該疾病の発症が当該業務に内在する危険が現実化したと認められる場合」をいうと考えられています。

本判決においても、労働者が労基法19条1項による解雇制限を主張するに当たって、業務起因性を問題になっていますが、裁判所はその具体的判断に当たり、「心理的負荷による精神障害の認定基準」を参照しています。セクハラの被害を受けた労働者が、精神疾患に罹患した場合に、業務起因性の有無をこの認定基準に基づき判断した事例は過去にもあります（NTT北海道テレマート事件・札幌地判2015・3・6労判1126号46頁）。しかし、セクハラの加害者とされた労働者が精神疾患を罹患した場合について、上記認定基準に基づいて業務起因性を判断したという点に、本判決の大きな特徴があると思われます。

セクハラ行為の加害者として扱われたことは、おそらく認定基準自体が想定していない、本件の特殊な事情であったと思われます。認定基準が想定していないと思われることから、セクハラ行為の加害者として扱われたことが上記認定基準のどの項目に該当するか、必ずしも明らかではありませんが、裁判所がいうように、項目30「上司とのトラブルがあった」と項目31「同僚とのトラブルがあった」に該当しうると考えられます。

各項目における心理的負荷の強度に関して、裁判所はいずれも「弱」だと判断していますが、労働者に不用意な発言が認められたとしても、本人が予期しない形でセクハラ行為の加害者として扱われ、謝罪や始末書の提出を求められ、さらに、懲戒処分の可能性を人事部長からほのめかされたことを考慮すると、裁判所がいうような、心理的負荷の強度を「弱」とすることは妥当ではなかったようにも思われます。労働者が主張するように、心理的負荷の強度を「中」ないし「強」と判断する余地もあったのではないでしょうか。

3　使用者の職場環境配慮義務

　一般に、職場環境配慮義務とは、「雇用契約上、従業員に対し、労務の提供に関して良好な職場環境の維持確保に配慮すべき義務」のことをいい、使用者は、「職場においてセクシャルハラスメントなど従業員の職場環境を侵害する事件が発生した場合、誠実かつ適切な事後措置をとり、その事案にかかる事実関係を迅速かつ正確に調査すること及び事案に誠実かつ適正に対処する義務を負っている」と考えられています（仙台セクハラ（自動車販売）事件・仙台地判2001・3・26労判808号13頁）。

　セクハラに該当すると従業員からの訴えがあった場合、使用者はまず、事実関係を迅速かつ正確に調査することが求められます。しかし本件において人事部のAは、被害者が加害者であるXの謝罪と反省があれば円満に問題を解決することができると考え、事実関係を正確に調査するというよりは、謝罪を求める形でXに対してヒアリングを実施しているように思われます。事実関係の正確な調査というより、XからAへの謝罪を求め円満な解決を優先したという点で、職場環境配慮義務を尽くしたといえるか疑問です。

　また、セクハラという加害行為が認められた場合、会社が定める懲戒処分の可能性もあり、加害者に対しても適正な手続きに従って対応することが求められます。懲戒処分とは、企業秩序や職場規律違反に対する制裁罰を意味することから、労働者の行為が企業秩序や職場規律に違反するかを、使用者は公正に判断しなければなりません。

　しかし、人事部長らは、Xに対して懲戒処分を検討して対応すべき事案とは考えていないと伝える一方、Aに対する謝罪の場では懲戒処分の可能性をほのめかすなど、労働者の行為が懲戒処分に該当するかを公正に判断したとは思えず、使用者の対応として妥当、適切なものといえるのか疑問です。

　さらに、平成26年7月17日の時点で、被害者であるAからXと顔を合わせて仕事をすることが苦痛であると人事部に相談をするメールが送信されていたにもかかわらず、同年10月末日までXとAを同じ部署に置いています。

　過去の裁判例において、セクハラ行為が行われた場合には、慎重に調査をし、人間関係がぎくしゃくすることを防止するなどの職場環境を調整する義務が使用者にあるとした事例もあります

（沼津セクハラ（F鉄道工業）事件・静岡地沼津支判1999・2・26労判760号38頁）。Yはセクハラの被害者と加害者を3ヶ月にもわたり同じ部署に配置し続けた点でも、職場環境調整義務に違反していると考えられます。

実務へのポイント

　裁判所が述べるように、セクハラ等の事件が発生した場合にはまず、使用者は事実関係を迅速かつ正確に調査することが求められますし、また、人間関係がぎくしゃくしないよう職場環境を調整することが求められます。多くの場合、セクハラの加害者である労働者に対して懲戒処分が行われる可能性があることを鑑みますと、会社は問題となる行為がセクハラに該当するのか、そして、企業秩序や職場規律に違反する懲戒処分をもって臨むことが妥当なのかを公正に判断しなければなりません。さらに、会社には懲戒処分に際して求められる適正手続を尽くすことが求められます。

　最初に、セクハラの事実の有無を精査する必要がありますが、その際、懲戒処分という不利益な処分が課される可能性を加害者とされる労働者に認識させた上で、事実関係を正確に調査することが求められます。本件においてもおそらく、懲戒処分の可能性があることをX自身が認識していれば、安易に始末書を提出することはせず、より慎重に対応し、自らの意図を明らかにして事実関係を正確に把握してもらうよう努力をしていたと思います。

　使用者としては事実関係を正確に把握した後、会社の規定に則って、当該行為が懲戒事由に該当するのか、懲戒事由に該当する場合には妥当な処分を検討しなければなりません。その際、懲戒委員会の開催等の適正手続が保障されていなければなりません。こうした手続については、会社の就業規則等で予め明確にしておくことが必要です。

（松井　良和）

人格権・ハラスメント

不当な降格、残業禁止等と安全配慮義務違反

広島精研工業事件　広島地判2021・8・30労判1256号5頁　　　　　　LEX/DB25590750

【問題となったポイント】

- 課長から平社員への、賃金減額を伴う降格が許されるか
- 不当な降格や、残業を許可しなかったことが、パワーハラスメント（パワハラ）として、安全配慮義務違反となるか

事実の概要

　X（原告。高校卒業後、16年間他社で勤務）は、2000年に、自動車部品メーカーのY社に採用され、2004年頃から課長の地位にありました。Y社の職位は、上位から部長、課長、次長、主幹、主任、職長、班長及び平社員となっており、Y社就業規則では、役付手当として課長は6万円以上、主任は3万円以上、職長は2万円以上、班長は1万円以上とすること、また能率手当が作業能率の評価に応じて支給されることなどが規定されていました。なおY社就業規則には、人事上の措置としての役職や職位の引下げ（いわゆる降格）に関する規定はありませんでした。

　Xは、基本給、役付手当、能率手当、住宅手当、家族手当を受け取っていましたが、2009年10月、工場で働いている際に心筋梗塞で倒れ、2010年2月末まで休職し、3月1日から職場復帰しました。Xは、休職中の2010年1月1日付けで、課長職から平社員に降格となり（以下、本件降格）、また職場復帰後（同年3月以降）は、役付手当が支給されなくなりました。またXは、2009年7月以降、能率手当として月額66,000円を受け取っていましたが、2015年1月以降3回にわたって減額され、2018年6月以降は支給されなくなりました。

　本件は、Xが、課長としての地位確認、未払いの役付手当や能率手当の支払いを求めたものですが、これと併せて、当時の社長や上司から、主に以下のパワハラ（下表参照）を受けたとして、Yの安全配慮義務違反があったと主張し、慰謝料330万円を請求した事案です。

1）勤務外の出来事（休日に、悪天候の中、有志で海水浴に行こうとしたが、参加予定者が交通事故を起こしたこと）に関し、反省文を出させられたこと
2）傷病休職中の降格
3）2011年12月以降、Xのみ残業を許可されなかったこと
4）元社長であるAの度重なる叱責
5）4か月半、工場内に立たせて仕事を与えられない状態が続いたこと
6）能率手当の一方的減額

判旨

　一部認容。Xが課長としての地位を有すること、2017年3月以降（時効消滅していない期間）の役付手当6万円の支払い、慰謝料110万円の支払い等が認められました（能率手当減額は不当な目的はなかったとして、請求は棄却）。

1　本件降格の効力について

　Yは、Xの承認や労働契約上の根拠がなくても、人事権の行使としてXの役職や職位を引き下げることができるが、人事権の行使としての降格も無制限に認められるものではなく、社会通念上著しく妥当性を欠き、権利の濫用に当たると認められるような場合には、当該降格は違法、無効というべきであり、当該降格が権利濫用に当たるか否かを判断するかに当たっては、(1)使用者側における業務上、組織上の必要性の有無及び程度、(2)労働者の能力又は適性の欠如の有無及び程度、(3)労働者の受ける不利益の性質及び程度等の諸事情を総合的に考慮することが相当である。

　Yが、本件降格の理由として主張する事情（労働災害の発生や多くの不良品の社外流出、教育能力の不足、管理指標に関する基礎知識の不足、対

人関係のトラブル等）については、一部を除き、そもそもその存在を認めることができないか、または、そのような事情があったとしても、これをもって原告に課長としての能力や適性が欠如していると評価することは相当ではない。また、本件降格がされた2010年の時点において、安全、品質に関する成績の不良という点に関し、Xに課長としての能力や適性の欠如が見られたとか、労働災害や不良品の社外流出の発生を防止するためにXを課長から降格させる業務上、組織上の必要性が高かったということはできないこと、仮に安全、品質に関する成績の不良という観点から原告を課長の地位にとどめておくことが相当でなかったといい得るとしても、平社員まで大幅に降格させる必要性があったとは認めがたいこと、本件降格によってXの賃金は約15％もの減額となることからするとその不利益の程度は重大であることから、本件降格は、社会通念上著しく妥当性を欠き、権利濫用に当たり、違法、無効である。

2　Yの安全配慮義務違反について

1）（海水浴をめぐるトラブル）については、Bらは、経営陣又は上司としての見解から注意・指導したというにとどまり、私的なことに過度に立ち入ったと評価することは困難である。

2）（傷病休職中の）降格等については、「本件降格は違法であるところ」、「役付手当の支給が受けられないという経済的な不利益を受けるとともに、その能力や適性に見合った業務を与えられないこと等による精神的な苦痛を受けているというべき」であり、降格には、少なくとも過失がある。

3）（Xのみ残業を許可しなかったこと）については、「YがXの残業を許可しなかったこと自体が直ちに違法であるということはできないが、Yは、他の従業員に対しては必要に応じ残業を許可しながら、Xに対しては同様の状況にあっても合理的な理由なく許可をしなかったものといわざるを得ず、このことは、不合理な差別的取扱いによりXに精神的苦痛を与えるものであったというべきである」。

4）（Aの、度重なる叱責）については、「社長としてXの人事権も有する優位な立場であることを背景に、Xの言い分を十分に聞くことなく厳しい口調でXの非を責め、これによりXを精神的に追い詰めて、うつ状態に至らしめたもの

で、このようなAの言動は、業務の適正な範囲を超えたものといわざるを得ない」。

5）（仕事を与えなかったこと）については、下手にXに仕事を与えるとYに損害を与える等の事情があったとは認めがたく、また、「約4か月半もの間仕事を与えず待機させることには合理性が認められない」。

以上のとおりYは、違法に本件降格をして経済的な不利益を与えるなどしている上、合理的な理由なく残業を許可しなかったり、約4か月半にわたり仕事を与えなかったりする不当な取り扱いをし、さらにAからの厳しい叱責によりXをうつ状態に陥らせて自宅療養を余儀なくさせたもので、「Xには継続的に精神的苦痛が生じているというべきであるから、このことについて、Yには、Xに対する安全配慮義務違反がある」。

ポイント解説

1　はじめに

本事案で問題となっているのは、課長職から平社員への6段階の降格（それに伴う役付手当や能率手当の不支給）と、1人だけ残業を認めない、4か月半にわたって工場内に立たせて仕事を与えないといったこと等の違法性です。当時の社長からの（うつ状態に陥らせるほどの）厳しい叱責などは典型的なパワハラですが、本件では、「降格」のような人事権の行使や、「残業の不許可」といった業務命令についてのパワハラ該当性も問題となっているのが1つの特徴です。

結論的には、降格や残業不許可も、安全配慮義務違反にあたるとして損害賠償が認められていますが、では、降格や残業不許可なども、労働施策総合推進法上のパワハラに該当する（＝事業主の措置義務の対象になる）、ということなのでしょうか。以下では、労働施策総合推進法の「パワハラ」とは何かを改めて簡単に見たうえで、降格や残業不許可も、同法に規定するパワハラとなるのかを考えていきましょう。

2　労働施策総合推進法の「パワハラ」とは？

労働施策総合推進法によって、事業主は2020年6月（中小企業は2022年4月）以降、パワハラ防止のために必要な措置（相談窓口の設置や社内規定の整備など）を講じなければならないとされて

おり、取り組みが不十分だと、行政指導で改善を求められたり、それでも改善されない場合は企業名公表といったペナルティも予定されています。

さて、同法において事業主の措置義務の対象となっている行為は、①「職場において行われる優越的な関係を背景にした言動」であって②「業務上必要かつ相当な範囲を超えたもの」によって、③「労働者の就業環境が害される」もので（同法30条の２）、これが同法上のパワハラの「定義」となっています。ただ条文上は、ここで定義されているパワハラとは、「言動」のだということがわかります。つまり、優越的関係を背景とした＆業務上必要かつ相当な範囲を超えた「言動」で、就業環境が害されるようなものがパワハラであり、それが措置義務の対象となっているのです。

言動とは、文字どおり「言葉」や「行動・行為」です。ですから例えば、「デブが見つけてきたところはデブと同じですべてダメだ」などといった人格否定の暴言（木の花ホームほか１社事件・宇都宮地判2020・２・19労判1225号57頁）や、労働者の髪を落ち武者風に刈ったりといった行為（大島産業ほか（第１）事件・福岡高判2019・３・26労経速2393号24頁）などは、おそらく同法上のパワハラに当たる可能性が高いでしょう。では、それを踏まえたときに、「降格」や「残業不許可」はパワハラにあたるのでしょうか。

3 「降格」＝パワハラ？

不当な降格や解雇なども、一般的にはパワハラだと認識されがちですが、労働施策総合推進法上のパワハラといえるかは、上述のとおり「言動とはいえない」という意味で、実は微妙です。

ちなみに本判決は、降格が権利濫用にあたるかの判断基準（①使用者側における業務上、組織上の必要性の有無及び程度、②労働者の能力又は適性の欠如の有無及び程度、③労働者の受ける不利益の性質及び程度等の諸事情、の総合考慮）を示したうえで、業務上・組織上の必要性に乏しいことや、降格によって重大な経済的不利益（15％の賃金減少）を与えるものであること等から、権利濫用に該当し、無効としています。この判断基準そのものは、役職の低下が問題となった従来の裁判例（東京都自動車整備振興会事件・東京高判2010・11・４労判996号13頁、大阪府板金工業組合事件・大阪地判2010・５・21労判1015号48頁等）におおむね沿ったものであり、さほど目新しくないものではありませんが、従来の裁判例の多くが、人事権濫用を根拠に慰謝料等を認定しているのに対し、本判決は「降格による経済的不利益」や残業不許可、約４か月半にわたって仕事を与えなかったり、厳しい叱責でうつ状態に陥らせて自宅療養を余儀なくさせたこと等により「精神的苦痛が生じている」ことを安全配慮義務違反である、として、そこから慰謝料を導いているのです。

本判決は、降格が「パワハラ」に該当すると明確に述べているわけではありませんが、パワハラによって損害賠償責任が肯定されたケースでは、その根拠として、使用者の安全配慮義務違反を挙げるものは多いです（ゆうちょ銀行（パワハラ自殺）事件・徳島地判2018・７・９労判1194号49頁、福生病院企業団（旧福生病院組合）事件・2020・７・１労判1230号５頁等）。その点で本判決は、不当な降格によって「継続的に精神的苦痛」が生じていることを安全配慮義務違反としていることから、こういった人事上の処遇も、度を越えて精神的苦痛を与えるような場合には、パワハラと同視しているとみることも可能そうです。いずれにせよ、人事上の処遇（人事権の行使）は、それ自体は労働施策総合推進法上の「パワハラ」には該当しなくとも、それが違法なものであって、それによって精神的苦痛が生じていれば、結果的に慰謝料などの損害賠償責任を負う可能性が生じることは確かです。つまり、労働施策総合推進法上の「事業主の措置」の対象には直接該当しないとしても、損害賠償責任の対象にはなりうる、ということには留意が必要でしょう。

4 「残業不許可」もパワハラなの？

本判決でもう１つ興味深いのは、Ｘだけに合理的な理由なく残業を許可しなかったことを、「不合理な差別的取扱いによりＸに精神的苦痛を与えるものであった」として、やはり安全配慮義務違反を認めている点です。Ｙ社側は、残業を許可しなかった理由として、Ｘの作業効率や勤務成績が不良だったことや、Ｘの体力的な不安を挙げていますが、判決はＹ社の主張を退けています。

本判決も言及しているように、一般的には、労働者の側に残業をさせるよう求める権利があるとはいえません。しかしこのようにちゃんとした理由もないのに「特定の労働者にだけ残業を許可しない」ことは、違法と認定される可能性があります。本事案は「Ｘにだけ一切残業を許可しなかっ

た」という点で、かなり露骨だったといえますが、明らかに他の労働者と比べて明確に作業効率が劣っているなどといった事情がない限り、1人だけ残業を許可しないといったことは避けた方がよさそうです。

ところで、「働き方改革」を契機に、労働時間短縮や、残業の削減・禁止に取り組む企業は増えています。それ自体は決して悪いことではないのですが、最近では「業務量が以前と変わらないのに、残業申請が認められなかったり、労働時間短縮ばかりが求められる」といった不満の声もあるようです（これは「時短ハラスメント（ジタハラ）」として、2018年流行語大賞にもノミネートされました）。時短ハラスメントという概念自体が、裁判例の中で認定されているわけではありませんが、業務負担が以前よりも増加する中で逆により短時間で結果を出すよう求め続けたことがいじめ行為と認定されたものがあります（プラネットシーアールほか事件・長崎地判2018・12・7労判1195号5頁）。また、精神疾患の業務起因性が問題となった事件では、厳しい残業規制（トヨタ自動車遺族補償年金等不支給処分取消請求事件・名古屋高判2021・9・16判例集未搭載）や、職員の時間外労働を月80時間以内に修正するよう求められたこと（地方公務員災害補償基金愛知県支部長事件・名古屋地判2021・4・19労経速2458号25頁）などが、大きな心理的負荷と評価されたものが登場してきています。本事案の残業不許可は、これらとは少し性質が違うかもしれませんが、残業の不許可や労働時間の短縮を求めることも、場合によっては違法なものとなりうることは留意が必要でしょう。

実務へのポイント

本判決では、不当な降格によって精神的苦痛を生じさせたことが、結果的に安全配慮義務違反として、損害賠償が認定されています。こういった、人事上の処遇に属するようなものは、それ自体は「言動」とはいえないため、労働施策総合推進法上の「措置」が必要な「パワハラ」にはあたらなそうです。とはいえ、法的に問題にならないということではなく、それが継続的に精神的苦痛を生じさせるようなものだったと評価されれば、安全配慮義務違反として、損害賠償の対象になっ

てしまうこともある点は、特に使用者側には留意が必要でしょう。逆に労働側としては、労働組合などを通じて「不当な降格によって精神的な苦痛を与えれば、損害賠償責任が生じうる」ことを使用者にアピールできるのではないでしょうか。

もちろん、降格そのものが一切許されない（安全配慮義務違反となりうる）、ということではありません（本事件では、降格がかなり大幅で不利益性が大きいものだったことも、結論に影響を与えていると思われます）が、本判決では「Xが課長の地位にふさわしい能力や適性を欠いていた」というY社側の主張は、かなりの程度退けられています。使用者側としては、降格が不当と評価されないためには、労働者には具体的にどういった問題があったのか、それをきちんと指摘・指導したり改善の機会をどう与えていたかなどが、実務的には重要となるでしょう。

また、本事件のもう1つの特徴は、「残業を許可しない」という、いわば業務命令に属するようなものも、精神的苦痛を生じさせて安全配慮義務に反する、と判断されている点です。繰り返しになりますが、「残業を許可しない」ことが一律に安全配慮義務違反であり違法、というわけではなく、Xだけに残業を許可しなかったということが違法と評価されたものです。したがって、労働者側も、「残業が必要であればそれは全て認められる」というわけではありませんし、使用者側としては、常識的な範囲内での残業許可制の運用であれば、そこまで心配することはないでしょう（ただし本判決とは直接関連はないものの、業務量やノルマが膨大な中で、残業規制だけを厳しくすることは、場合によっては違法と評価されたり、トラブルにつながる可能性もあります）。

本件のように、特定の労働者だけに残業を許可しないという扱いについては、理由がよほどちゃんとしたものであり、かつ、労働者にも説明が丁寧になされていることが最低限必要ではないでしょうか。

その他、本稿ではあまり触れませんでしたが、元社長や上司による、Xの休日の行為（従業員有志で海水浴に行ったこと）への注意（反省文の提出）が「個の侵害」にあたらないとされている点や、適切な査定に基づく能率手当の減額については違法とはいえないとされている点なども、事案としての参考になるものと思われます。

（河合 塁）

育児休業を取得した者に対する昇給の抑制と不利益取扱いの禁止

学校法人近畿大学（講師・昇給等）事件　大阪地判2019・4・24労判1202号39頁 LEX/DB25563703

【問題となったポイント】
・「前年度12か月の連続勤務」という（育休取得時以外にも適用される）基準を当てはめて定期昇給させなかったことが、育休取得を理由とした不利益取扱いを禁止する育介法10条違反となりうるか

事実の概要

　本件は、2012年4月1日、A大学等の学校を設置、運営する学校法人であるY法人との間で期間の定めのない労働契約を締結し、A大学の講師となったXが、Y法人に対し、Y法人が、①Xが育児休業をした2016年度にXを昇給させなかったこと、②Xを採用する際に採用前のXの経歴の一部を減年するなどして換算した基準年齢から初任給を決定したところ、勤続5年経過時に上記減年部分等の再調整措置（以下「減年調整」）を実施すべきだったのに、これを実施しなかったこと等が、いずれも違法でありXに対する不法行為となる旨主張して、不法行為に基づく損害賠償請求として、差額賃金等の支払を求めた事案です。

　A大学職員給与規程（以下「給与規程」）12条は、「昇給は、通常毎年4月1日に行う。」（同1項）、「昇給の資格のある者は、当年4月1日現在在籍者で、原則として前年度12か月勤務した者とする。」と定めていました（同2項）。そして、2017年1月1日に改正される前のA大学教職員の育児休業に関する規程（以下「旧育休規程」）8条は、「休業の期間は、昇給のための必要な期間に算入しない。昇給は原則として、復職後12カ月勤務した直近の4月に実施する。」と定めていました。

　また、給与規程13条は、「次に該当する職員については、詮議の上、昇給期間を短縮して昇給さ

せることができる。」と定め、その6号において「その他特別な事情がある者」を挙げていました。Y法人の減年調整による昇給は、この給与規程13条6号に基づき実施され、1987年以後は「経歴減年調整実施要領」と題する文書（以下「本件実施要領」）に基づいて一律に実施されていました。本件実施要領2項は、「この実施要領に定める減年調整をおこなうに当たっては、本人の本学への就任前の状況、就任時の事情、職種変更の事情等を勘案したうえ実施する。」、同3項は、「本学就任前の経歴（以下「前歴」）の調整は、最終学歴修了後から本学就任までの経歴を対象とし、最終学歴以前の経歴は、調整の対象外とする。ただし、法人が特に認めた前歴については、調整することができる。」と定めていたほか、同6項は、「減年調整は、毎年4月1日におこなう。」と定めていました。

　Xは、2015年11月1日から2016年7月31日まで、育児休業をした（以下「本件育児休業」）ところ、給与規程12条に基づく昇給（以下「定期昇給」）が2016年度（同年4月1日）は実施されず、同年8月1日の復職後における本俸についても従前のとおりとされていました。また、本件実施要領には、勤続5年、10年、15年に達したときに減年調整を実施する旨規定されていたところ、Xについては、本件育児休業をした期間のうち2分の1を算入して勤続年数が5年を超えた2018年4月1日に、減年調整を実施しました。

　主な争点は、Y法人が平成28年度にXを昇給させなかったことが、Xに対する不法行為となるか（争点1）、Y法人が2017年4月1日にXに対し減年調整を実施しなかったことが、Xに対する不法行為となるか否か（争点2）でした。

判旨

1 争点1について

(1) 本件認定事実によれば、「Xは、本件育児休業をせずに2015年度に勤務を継続していれば与えられたであろう定期昇給の機会を、本件育児休業をしたために与えられなかったということができる」。

(2) ① 労基法39条8項及び同法12条3項4号は、「育児休業期間は本来欠勤ではあるものの、年次有給休暇の付与に際しては出勤したものとみなすことによりこれを有利に取り扱うこととし、また、育児休業期間及びその期間中の賃金を控除しない場合には平均賃金が不当に低くなることがあり得ることを考慮して定められたもの」であって、「育児休業期間を一般に出勤として取り扱うべきことを使用者に義務付けるもの」ではない。また、「育児介護休業法6条は、……（中略）……事業主に対し、育児休業期間を出勤として取り扱うべきことまでも義務付けているわけではない」。したがって、「育児休業をした労働者について、当該不就労期間を出勤として取り扱うかどうかは、原則として労使間の合意に委ねられているというべきである」（東朋学園事件・最1小判2007・12・4労判862号14頁）。

② 以上によれば、「旧育休規程8条が、育児休業期間を勤務期間に含めないものとしているからといって、直ちに育児介護休業法10条が禁止する『不利益な取扱い』に該当するということはできない」。しかしながら、本件認定事実によれば、「給与規定12条に基づく定期昇給は、……（中略）……いわゆる年功賃金的な考え方を原則としたものと認めるのが相当である」にもかかわらず、「旧育休規程8条は、昇給基準日（通常毎年4月1日）前の1年間のうち一部でも育児休業をした職員に対し、残りの期間の就労状況如何にかかわらず当該年度に係る昇給の機会を一切与えないというものであり、これは定期昇給の上記趣旨とは整合しないといわざるを得ない」。この点に加えて、「かかる昇給不実施による不利益は、上記した年功賃金的なY法人の昇給制度においては将来的にも昇給の遅れとして継続し、その程度が増大する性質を有する」ことをも併せ鑑みると、「少なくとも、定期昇給日の前年度のうち一部の期間のみ育児休業をした職員に対し、旧育休規程8条

及び給与規程12条をそのまま適用して定期昇給させないこととする取扱いは、当該職員に対し、育児休業をしたことを理由に、当該休業期間に不就労であったことによる効果以上の不利益を与えるものであって、育児介護休業法10条の『不利益な取扱い』に該当する」と解するのが相当である。

(3) そうすると、「Y法人が2016年度にXに対して昇給を実施しなかったことは、育児介護休業法10条に違反し、不法行為法上違法な対応があったというべきであって、Y法人は、同行為について、Xに対する不法行為責任を免れることはできない」。

2 争点2について

(1) 本件認定事実に鑑みると、「減年調整を実施するか否かやその内容については、Y法人に一定の裁量があると認めるのが相当であり、かかる性質を有する減年調整については、Y法人と職員との間の労働契約の内容となっていて、職員がY法人に対してその実施を求める労働契約上の権利を有するとは認められない」。

(2) 「Y法人は、基本的に本件実施要領に基づいて一律に減年調整を実施している」ところ、「育児休業をした職員については当該期間の2分の1のみを勤続年数に算入することとしている」から、「Xについては、本件育児休業をしたことにより、2017年4月1日には減年調整が実施されなかった」ということができる。

この点、「労基法及び育児介護休業法は、事業主に対し、育児休業により不就労であった期間について、これを出勤したものとして取り扱うことまでを義務付けていないこと」に鑑みると、「上記のとおり育児休業期間のうち2分の1を勤続期間に参入して、特別昇給としての減年調整を実施することは、育児休業をした者との間で調整を図るものとして一定の合理性を有している」というべきであって、「Y法人の上記取扱いに裁量権の逸脱又は濫用があったとは認められない」。

(3) 以上のとおり「Y法人がXに対し、2017年4月1日に減年調整を実施しなかったことは、不法行為法上違法であるとはいえない」。

ポイント解説

1 概説

いわゆる「マタハラ（マタニティ・ハラスメント）」「パタハラ（パタニティ・ハラスメント）」の一分類に属する労働者への不利益取扱いをめぐっては、すでに最高裁が、労基法65条3項に基づく軽易業務への転換を求めた労働者に対する不利益取扱いが問題となった広島中央保健生協（C生協病院）事件・最1小判2014・10・23労判1100号5頁において、その判断枠組みを提示しています。本判決は、その判断枠組みを、育児介護休業法上の権利行使等に対する不利益取扱いの事案において、採用した下級審裁判例です（その点で本判決に類似の先行裁判例として、例えば、育児短時間制度（育児介護休業法23条）の利用した労働者に対する昇給抑制は不利益取扱い禁止（同法23条の2）に違反すると判断した社会福祉法人全国重症心身障害児（者）を守る会事件・東京地判2015・10・2労判1138号57頁など）。通達も、この最高裁の判断枠組みに沿った行政解釈（2015・1・23雇児発0123第1号）を提示しています。

本件は、育児休業を取得したXに対し、Y法人が①その翌年度の定期昇給を実施せず、②これとは別の「減年調整」を労働契約締結から5年経過時に実施しなかったことが、育児休業の取得等を理由とした不利益取扱いを禁止する育児介護休業法10条に違反して、不法行為に基づく損害賠償請求が認められるか否かが争われた事案でした。

このような事案に対し、本判決は、①の定期昇給については、育児介護休業法10条違反を認め、不法行為に基づく損害賠償として差額賃金の支払いをY法人に命じました（争点1参照）が、②の「減年調整」については、これを認めず、Xの損害賠償請求を棄却しました（争点2参照）。

2 争点1について

⑴ 定期昇給の不実施と育児介護休業法10条の「理由として」

まず、本判決は、Y法人は給与規程12条に基づき、毎年4月1日に、前年度の12か月勤務した職員に対し、給与規程14条の昇給停止事由（経営状況の悪化、勤務成績において昇給不適当と認められる場合など）がない限り、一律に1号俸の昇給を実施していたところ、Xは、2016年4月1日時

点で、前年度のうち2017年11月1日から2016年3月31日までの期間において本件育児休業をしていたことから、旧育休規程8条を適用され、昇給が実施されなかった点について、この昇給不実施は「本件育児休業をしたため」に行われたものであると判示しました。これは、Y法人によるXに対する2016年度における定期昇給の不実施が本件育児休業を「理由として」なされたと評価したものであると理解できます。

⑵ 育児休業期間の不算入と育児介護休業法10条の「不利益な取り扱い」

つぎに、判旨1⑵①のとおり、年次有給休暇請求権の発生要件である8割出勤の算定に関する労基法39条8項及び平均賃金の算定に関する同法12条3項4号の法的性格について、「育児休業期間を一般に出勤として取り扱うべきことを使用者に義務付けるもの」ではないと判示するとともに、「事業主は、労働者からの育児休業申出があったときは、当該育児休業申出を拒むことができない」などと定める育児介護休業法6条の法的性格について、「事業主に対し、育児休業期間を出勤として取り扱うべきことまでも義務付けているわけではない」と判示しました。そして、「育児休業をした労働者について、当該不就労期間を出勤として取り扱うかどうかは、原則として労使間の合意に委ねられているというべきである」と判示しました。これらはいずれも、本判決自身が明示的に引用する通り、前掲・東朋学園事件最1小判に倣った考え方です。その上で、判旨1⑵②のとおり、本件の旧育休規程8条について、「育児休業期間を勤務期間に含めないものとしているからといって、直ちに育児介護休業法10条が禁止する『不利益な取り扱い』に該当するということはできない」と判示しました。

しかしながら、「少なくとも、定期昇給日の前年度のうち一部の期間のみ育児休業をした職員に対し、旧育休規程8条及び給与規程12条をそのまま適用して定期昇給させないこととする取り扱い」については、「当該職員に対し、育児休業をしたことを理由に、当該休業期間に不就労であったことによる効果以上の不利益を与えるものであって、育児介護休業法10条の『不利益な取扱い』に該当する」と結論づけました。

その主な理由として、a）本件の給与規程12条に基づく定期昇給制度は、昇給停止事由がない限り在籍年数の経過に基づき一律に実施されるもの

であることから、いわゆる「年功賃金」的な考え方を原則としたものであると評価できるにもかかわらず、b）旧育休規程8条は、昇給基準日前の1年間のうち「一部」でも育児休業をした職員に対し、残りの期間の就労状況如何にかかわらず当該年度に係る昇給の機会を「一切」与えないというものでした。そのため、そのような旧育休規程8条に基づく取扱いは、給与規程12条に基づく「定期昇給の上記趣旨とは整合しないといわざるを得ない」という点を挙げています。本判決は、加えて、従たる理由として、本件の「昇給不実施による不利益は、上記した年功賃金的なY法人の昇給制度においては将来的にも昇給の遅れとして継続し、その程度が増大する性質を有する」という点を挙げています。

(3) 不法行為の成否とその損害額

以上から、本判決は、判旨1(3)のとおり不法行為の成立を認め、2016年4月1日をもって定期昇給がなされたことを前提とした号俸による賃金及び賞与の額と現実の支給額との差額を、本件における損害であると認定しました。

3 争点2について

(1) 「減年調整」実施に関するY法人の裁量権の有無

まず、本件の「減年調整」について、定期昇給の場合と異なり、「Y法人と職員との間の労働契約の内容となっていて、職員がY法人に対してその実施を求める労働契約上の権利を有するとは認められない」（判旨2(1)）と判示しました。

その主な理由として、a）定期昇給の場合、給与規程12条に基づき、原則一律に昇給が実施されていたのに対し、b）「減年調整」の場合は、本件実施要領は職員に公開されておらず、昇給は賃金規定上、個別の事情を考慮することが想定されており（給与規程13条）、その具体的な実施時期にはばらつきがあり、本件実施要領2条及び3条但書はY法人の裁量判断の余地を認める文言となっていることから、「減年調整を実施するか否かやその内容については、Y法人に一定の裁量がある」と、裁判所が評価した点が挙げられます。

(2) Xに対する「減年調整」に関する取扱いとY法人の裁量権濫用の有無

つぎに、育児休業をした職員については当該期間の2分の1のみを勤続年数に算入し、その結果、本件育児休業を取得したXについて、労働契約締結から5年を経過した時点で減年調整が実施されなかった点について、上記判旨1(2)①と同様の理由から、判旨2(2)のとおり、「育児休業をした者との間で調整を図るものとして一定の合理性を有している」と評価し、そのようなXに対するY法人の取扱いに「裁量権の逸脱又は濫用」の存在を否定しました。

実務へのポイント

本件は、育児休業の取得者等を他の欠勤、休暇、休業に比べて不利益に取り扱ったような事案（医療法人稲門会（いわくら病院）事件・大阪高判2014・7・18労判1104号71頁）ではありませんでした。しかし、本判決は、「前年度12ヵ月勤務した者」（給与規程12条2項）に該当しないという、少なくとも形式的には（育休取得等とは関係なく）全従業員一律に適用される基準による不利益であっても、育児介護休業法10条違反を肯定しました。その点に、実務上の意義があります。

そして、本判決は、そのような判断を本件事案について行うにあたって、問題とされていた不利益が「定期昇給」の不実施であったという点も加味しつつ、当該取扱いが「当該休業期間に不就労であったことによる不利益を与えるもの」であった点を特に強調して、上記結論を導きました。使用者側としては、直接育休取得等を理由とするものではなくても、育休取得等をきっかけとして、結果的に労働者に何らかの不利益が生じれば、育介法違反と判断されてしまう可能性もありますので、この点、あらかじめ十分に検討して、制度の設計及び運用をすることが重要です。

なお、本判決は、「減年調整」について、これに定めた本件実施要領の就業規則としての効力を一切否定し、あくまで使用者の「裁量権」の問題として処理しました。しかし、この実施要領の作成経緯などからすると、就業規則の一部として解釈できる余地はあったと思われます（同旨：川口美貴「本件判批」労判1206号11頁）。そのように考えると、この部分に関する本判決の判示は、必ずしも判例としての確立の程度は高いとはいえません。労働者側としては、本件実施要領と同様のものが存在する場合、粘り強く、かかる要領等に最低限したがった制度運用をするよう使用者側に要求することが肝要でしょう。

（榊原嘉明）

89

均等法9条4項違反の解雇

社会福祉法人緑友会事件　東京地判2020・3・4労判1225号5頁　　　　LEX/DB25566053

【問題となったポイント】
・妊娠・出産等を理由とする解雇の効力
・均等法9条4項の効力

事案の概要

　認可保育所等を経営する被告福祉法人Yの保育士として雇用されていた原告Xは、平成29年4月1日から産休を取得し、同年5月10日に第1子を出産しました。平成30年5月1日からの時短勤務による復職をXが申し入れたところ、Yは、Xの園長等に対する反抗的・批判的な言動・態度がYの職場環境を悪化させ、保育園の業務に支障をもたらしたとして、同月9日付けでXを普通解雇しました。

判旨

1　解雇権濫用該当性

　「Xが本件保育園の施設長であるA園長の保育方針や決定に対して質問や意見を述べたり、前年度の行事のやり方とは異なるやり方を提案することがあったことは認められるものの、A園長の指示、提案に従わず、ことあるごとに批判的言動を繰り返し、最終的に決まった保育方針、保育過程（ママ）に従う姿勢を示さなかったとは認められない。Xの言動が、意見の内容、時期、態様によっては施設長であり、上司であるA園長に対するものとして、適切ではないと評価し得る部分がないとはいえないとしても、現場からの質問や意見に対しては、上司であるA園長やB主任らが、必要に応じて回答や対応をし、不適切な言動については注意、指導をして行くことが考えられるのであって、質問や意見を出したことや、保育観が違うということをもって、解雇に相当するような問題行動であると評価することは困難である」。

　「XのA園長らに対する言動に、仮に不適切な部分があったとしても、Yが主張するようにA園長がXに対して度重なる注意、改善要求をしていたとは認められないのであって、Xには、十分な改善の機会も与えられていなかったというべきである。

　そして、Yは、X以外のXグループとされる保育士らのA園長らに対する言動についても、Xの解雇理由に該当する言動についても、Xの解雇理由に該当する言動として主張するが、本件証拠上、Xが他の保育士と示し合わせてA園長に対する批判的言動をしていたことや、Xが第1子の産休・育休中に、YがXグループと称する保育士らと共謀して、X以外の保育士に園長に対するY主張の言動をさせていたことをうかがわせる事情もないことからすれば、X以外の保育士の言動について、Xの問題のある言動として評価することはできないというべきである。

　そうすると、本件で認定できるXの言動等を前提とした場合、これらが就業規則（略）の「その他前各号に準ずるやむを得ない事由があり、理事長が解雇を相当と認めたとき」に該当するとはいえないから、本件解雇は、客観的合理的理由を欠き、社会通念上相当であると認めることもできず、権利の濫用として、無効であると解される」。

2　均等法9条4項違反の成否

　「均等法9条4項は、妊娠中の女性労働者及び出産後1年を経過しない女性労働者に対する解雇を原則として禁止しているところ、これは、妊娠中及び出産後1年を経過しない女性労働者については、妊娠、出産による様々な身体的・精神的負荷が想定されることから、妊娠中及び出産後1年を経過しない期間については、原則として解雇を禁止することで、安心して女性が妊娠、出産及び育児ができることを保障した趣旨の規定であると解される。同項但書きは、「前項（9条3項）に規定する事由を理由とする解雇ではないことを証明したときは、この限りではない。」と規定するが、前記の趣旨を踏まえると、使用者は、単に妊

娠・出産等を理由とする解雇ではないことを主張立証するだけでは足りず、妊娠・出産等以外の客観的に合理的な解雇理由があることを主張立証する必要があるものと解される。

そうすると、本件解雇には、客観的合理的理由があると認められないことは前記（略）のとおりであるから、Yが、均等法9条4項但書きの「前項に規定する事由を理由とする解雇でないことを証明した」とはいえず、均等法9条4項に違反するといえ、この点においても、本件解雇は無効というべきである」。

ポイント解説

1　解雇の類型

使用者の解雇権については、労働法令において多くの制限規定がおかれていますが、これは、いくつかに類型化することが可能です。

第1が、「解雇禁止型」と「解雇無効型」の分類です。前者は「解雇してはならない」と規定されるのに対し、後者は「解雇は無効とする」と規定されるものです。労働法上、解雇禁止型が一般的であり、この場合、たとえば妊娠解雇の無効を主張するためには、自分が解雇されたこと、およびその理由が自分が妊娠したことであることの両方を証明しなければなりませんが、とりわけ後者の立証は困難です。そのために登場したのが解雇無効型であり、本件で問題となっている均等法9条4項のほか、「解雇は、客観的に合理的な理由を欠き、社会通念上相当であると認められない場合は、その権利を濫用したものとして、無効とする」と定める労契法16条も同様かもしれません。

第2が、「解雇期間制限型」と「解雇期間無制限型」の分類です。

解雇期間制限型とは、文字通り、特定の事由の解雇を一定期間のみ禁止対象とするもので、当該期間を経過すれば解雇制限が解除される類型です。このタイプには、労働基準法19条と本件で問題となっている均等法9条4項のみです。

たとえば労基法19条によれば、産前産後休業期間（原則として産前休業が6週間以上（双子以上の場合は14週間以上）、産後休業が8週間以上）プラス30日間（これは同法20条の解雇予告期間です）の解雇が禁止されるほか、業務上災害（通勤災害による休業期間は該当しません）で休業期間

中プラス30日間は解雇が禁止されています。これは、絶対的な解雇禁止であり、他に解雇理由があったとしても、この期間中の解雇は認められません。このような規定が設けられたのは、本判決でも指摘されているように、女性労働者が安心して妊娠・出産できること、あるいは業務上傷病の労働者が安心して治療に専念できることであることは明らかです。

同条の例外としては、両方の事由に共通するのが、たとえば大地震で工場が倒壊して業務の継続が困難となった場合のように、天災事変その他やむを得ない事由のために事業の継続が不可能となった場合ですが、これには行政官庁（所轄の労働基準監督署長）の認定が必要となります。これに対し、業務上災害による休業については、使用者が打切補償を支払う場合も解雇禁止が解除されます。打切補償とは、療養後3年を経過しても負傷または疾病が治癒しない場合、使用者が平均賃金の1200日分を支払うことです（労基法81条）。打切補償を支払った場合、使用者は解雇禁止が解除されるだけでなく、療養補償（同75条）や休業補償（同76条）の支払いも不要となります。

もうひとつの解雇期間禁止型が、本件で問題となっている均等法9条4項の規定であり、妊娠婦（妊娠中および産後1年以内の女性）を解雇すれば、直ちに無効とされるものです。ただし、後述するように、事業主が妊娠等を理由とする解雇でないことを証明した場合には、この限りではありません（同条但書）。

2　均等法9条4項本文の意義

本判決の事実認定を前提にすれば、結論にはあまり異論はないと考えられますが、ここでは、均等法9条4項がなぜ導入されたかを考えることが重要です。妊娠・出産を理由とする解雇を含む不利益取扱いを禁止する均等法9条3項がすでに存在しているのですから、本件のような妊娠・出産を理由とする解雇であれば、均等法9条3項あるいは労契法16条で処理できるはずです。そうであれば、均等法9条の規定は、いわゆる「屋上屋を重ねる」ものではないかとの疑問が生じるところです。

したがって、均等法9条4項の独自性、すなわちなぜこの規定が導入されなければならなかったのかが検討されなければなりません。

第1が、立証責任の転換です。先ほど述べまし

たように、均等法９条３項の不利益取扱い禁止規定や、労契法16条においては、自分が解雇されたこと、その理由が妊娠・出産等を理由とするものであることを、労働者が証明しなければなりません。しかし、労働者が妊娠・出産と解雇との因果関係を証明することは、多くの場合難しいでしょう。また、このような責任を妊娠中・出産後の女性に負わせるのは酷ではないか、またこのような状態の女性が裁判を起こすことも困難です。本判決の言葉を借りれば、安心して女性労働者が妊娠・出産に備えることを保障するものと指摘できるでしょう。このような立証責任の転換にこそ、均等法９条４項本文が、解雇禁止型ではなく、解雇無効型とされた第１の理由があるでしょう。

3　均等法９条４項但書の意味

しかし、より重要であるのが、使用者が妊娠等を理由とする解雇ではないと証明した場合には、この限りではないと定める均等法９条４項但書の規定をどのような解釈するかです。

まずここでは、均等法９条４項が、労基法19条と同様に、解雇期間禁止型の規定であることに注目される必要があります。上述したように同様の解雇期間禁止型である労基法19条では、他に解雇事由があっても解雇できないとされていました。これは、特定の期間のみの解雇を禁止する解雇期間限定型が論理必然的に含んでいる趣旨です。

また、同項但書の成立を容易に認めてしまえば、妊娠・出産等を理由とする不利益取り扱い（これには、当然解雇も含まれます）を禁止する均等法９条３項に加え、新たに同様の理由に基づく解雇を無効とする同条４項を設けた意味がないことになります。さらに、同法９条４項但書は、同項本文がいったん無効とした解雇の効力を有効に変更するものですから、より強い事由を要求しているものと解することができるでしょう。これが、労働法規上唯一である解雇期間限定型プラス解雇無効型の均等法９条４項の特徴です。

したがって、均等法４項但書の成立が認められるのは、きわめて限定的な事由にならざるを得ないものでしょう。たとえば労基法19条が規定するような天災事変その他の事由によって、事業の継続が不可能となった場合、整理解雇により全従業員を解雇するような場合、あるいはきわめて重大な企業秩序違反行為を理由とする懲戒解雇等の場合等に限定されるのではないでしょうか。

この点について、本判決は、（A）使用者が単に労働者の妊娠・出産等によるものではないことを証明するのでは足りず、（B）使用者は、妊娠・出産以外の客観的合理的理由が存在することを証明しなければならないとしています。しかし、（B）を証明すれば、必然的に（A）が否定されることになりますし、両者は、同一のことをそれぞれ裏表から表現したに過ぎないのではないか、両者は具体的にどのように違うのかとの疑問も生じるところです。

さらに、本判決は、本件解雇の当否に関して、まず解雇権濫用（労契法16条）の成否を検討したうえで、続いて均等法９条４項に違反するかという二重の審査をしています。しかし、当然のことですが、解雇が認められる基準は、均等法９条４項のほうが労契法16条よりも厳格であることからすれば、均等法９条４項本文に該当すれば、当然労契法16条にも該当することになるでしょうから、あらためて解雇権濫用法理の成否を検討する必要はないのではないでしょうか。本件においても、均等法９条４項だけを判断すればよかったものと考えられます。

ところで、本件のように、均等法９条４項が争われた数少ない事件として、ネギシ事件では、使用者から、他の従業員への言葉遣いや態度につき注意されていた女性が妊娠報告後に協調性欠如等を理由として解雇された事案です。一審判決（東京地判2016・３・22労判1145号130頁）は、本件普通解雇を労契法16条により無効と判断しましたが、控訴審（東京高判2016・11・24労判1158号140頁）は、本件解雇が就業規則に定める解雇事由に該当し、客観的に合理的な理由がないとか、社会通念上も相当として是認できないとかいうことはできないとしました。また、同判決は、本件解雇は妊娠中になされたものではあるが、均等法９条４項但書により無効とはならないと判断しており、ここでは労契法９条４項と労契法16条とが区別されていない感は否めません。

4　妊娠・出産を理由とする解雇その他の不利益の禁止

労働法令において、妊娠・出産を理由とする解雇その他の不利益を禁止する規定を見ておきましょう。産前産後休業期間プラス30日間は解雇禁止となる（労基法19条）ことは、上述した通りです。このほか、均等法９条３項は、女性労働者

が、①妊娠したこと、②出産したこと、③妊娠に伴う軽易業務への転換を請求したこと、④産前産後休業を請求もしくは休業したこと、⑤その他の妊娠または出産に関する事由であって、厚生労働省令で定めるもの——を理由として、解雇その他の不利益な取扱いを禁止しています。

ここでいう「妊娠・出産を理由とする」とは、①妊娠したこと、②出産したこと、③妊娠中および出産後の母性保護措置（均等法12条、13条）を求め、もしくは措置を受けたこと、④妊産婦（妊娠中及び産後１年を経過しない女性）が禁止された坑内業務等（労基法64条の２第１号）に従事しなかったこと等、⑤妊娠に伴う軽易業務への転換を請求、休業もしくは他の軽易業務に転換したこと、⑥妊産婦が禁止された時間外・休日・深夜労働をしなかったこと、⑦妊娠または出産に起因する症状により労務の提供ができないこと、または労働能率が低下したことです（均等則２条の２）。

以上が禁止されるべき事由ですが、次に、禁止される不利益取扱いとはどのようなものでしょうか。具体的内容は、「労働者に対するに対する性別を理由とする差別の禁止等に関する規定に定める事項に関し、事業主が適切に対処するための指針」に定められています（「労働者に対する性別を理由とする差別の禁止等に関する規定に定める事項に関し、事業主が適切に対処するための指針」第四　３(2)）。

すなわち、①解雇、②雇止め、③契約更新回数の引下げ、③退職、正社員の非正規労働者化、④降格、⑤就業環境を害すること、⑥不利益な自宅待機、⑦減給、賞与等の不利益算定、⑧人事考課における不利益評価、⑨不利益な配置変更、⑩派遣先による労働者派遣役務の提供拒否です。

次に、妊娠・出産を理由とする均等法９条３項の違反の裁判例をみてみると、産前産後休業および育児休業の取得の８か月後に、協調性の欠如や指揮命令違反等を理由として解雇されたシュプリンガー事件（東京地判2017・７・３労判1178号70頁）では、均等法９条３項や、育児休業の請求もしくは取得を理由とする解雇その他の不利益取扱いを禁止する育介法10条が問題となっています。

長い引用になりますが、同判決は、妊娠・出産の取得を「直接の理由とする解雇は法律上明示的に禁じられているから、労働者の妊娠等と近接して解雇が行われた場合でも、事業主は、少なくと

も外形的には、妊娠等とは異なる解雇の存在を主張するのが通常であると考えられる。そして、解雇が有効であるか否かは、当該労働契約に関係する様々な事情を勘案した上で行われる規範的な判断であって、一義的な判定が容易でない場合も少なくないから、結論において、事業主の主張する解雇理由が不十分であって、当該解雇が客観的に合理的な理由を欠き、社会通念上相当であると認められなかった場合であっても、妊娠等と近接して行われたという一事をもって、当該解雇が妊娠等を理由として行われたものとみなしたり、そのように推認したりして、均等法及び育休法違反に当たるものとするのは相当とは言えない。

他方、事業主が解雇をするに際し、形式上、妊娠等以外の理由を示しさえすれば、均等法及び育休法も保護が及ばないとしたのでは、当該規定の実質的な意義は大きく削がれることになる。もちろん、均等法及び育休法違反とされずとも、労働契約法16条違反と判断されれば解雇の効力が否定され、結果として労働者の救済は図られ得るにせよ、均等法及び育休法の各規定をもってしても、妊娠等を実質的な、あるいは、隠れた理由とする解雇に対して何らの歯止めにもならないとすれば、労働者はそうした解雇を争わざるを得ないことなどにより大きな負担を強いられることは避けられないからである」

「このようにみてくると、事業主において、外形上、妊娠等以外の解雇事由を主張しているが、それが客観的に合理的な理由を欠き、社会通念上相当であることを認識しており、あるいは、これを当然に認識すべき場合において、妊娠等と近接して解雇が行われたときは、均等法９条３項及び育休法10条と実質的に同一の規範に違反したものとみることができるから、このような解雇は、これらの規定に違反しており、少なくともその趣旨に反した違法なものと解するのが相当である」として、本件解雇が無効とされています。

実務へのポイント

妊娠や出産を契機とする解雇や雇止めが多いのですが、このような解雇は、本件判決でも示されているように、厳しく制限されていますので、より明確な解雇理由を示せることが必要です。

（山田　省三）

人格権・ハラスメント

性同一性障害のタクシー乗務員に対する化粧を理由とした就労拒否の必要性と合理性

淀川交通事件　大阪地決2020・7・20労判1236号79頁　　　　　　　　　LEX/DB25566492

【問題となったポイント】
・性同一性障害のある労働者が化粧をして勤務したことを理由とする就労拒否の違法性
・職場における身だしなみ規定の必要性と合理性

事案の概要

2018年11月12日、Xは、大阪市内を主要営業区域としたタクシー会社であるYとの間で期間の定めのない労働契約を締結し、同日以降、タクシー乗務員として勤務してきました。Xは、生物学的には男性であるものの、医師から性同一性障害との診断を受けており、性別に対する自己意識（以下「性自認」）は女性でした。そのため、Xはホルモン療法の施行を受けつつ、化粧を施し女性的な衣類を着用するなどして、社会生活全般を女性として過ごしており、タクシー乗務員としての勤務中も顔に化粧を施していました。

2020年2月7日、男性の乗客からの苦情を受け、Yを含むグループ会社の渉外担当者であるAと、顧問であるB及びYの営業所長であるCらとXとの間で面談が行われました（以下、「本件面談」）。

本件面談において、AらがXに対して本件苦情の内容について問いただし、苦情の内容が性的な内容のものであること、そうした趣旨の苦情が二度目となることから、Xをタクシーに「乗せるわけには行かない」と考えている旨を伝えました。

本件苦情について問いただした他、AらはXの化粧に関して、Xが男性である以上、身だしなみを整える意味での化粧はできないこと、乗客がXの化粧に不快感を覚える結果、Xに対して苦情が寄せられることになるため、Xを乗務させられないのは当たり前であること、そして、面談当日に施していたXの化粧についてAは、不愉快以外の何物ではないこと等を伝えました。

また、Aらは、Xが「性同一性障害の病気」であり、治らない以上はXを乗務させることはできず、他社でタクシーに乗務することも方法の一つである等の発言をしました。

なお、Yの就業規則第22条2号には身だしなみ規定（本件身だしなみ規定）があり、「身だしなみについては、常に清潔に保つことを基本とし、接客業の従業員として旅客その他の人に不快感や違和感を与えるものとしないこと。また、会社が就業に際して指定した制服名札等は必ず着用し、服装に関する規則を遵守しなければならない。」と定められていました。こうした身だしなみ規定が存在していたのですが、Yでは女性乗務員が顔に化粧を施して乗務することにつき、本件身だしなみ規定に反すると捉えられていませんでした。

Xは、Yの責めに帰すべき事由による就労拒否があったと主張して、民法536条2項に基づき、賃金の仮払いを求めました。

判旨

1　Xに対する就労拒否の事実の有無及び就労拒否についてのYの帰責性の有無

（Xに対する就労拒否の事実の有無につき）Aらが「タクシー乗務員であるXの唯一の労務提供方法であるタクシー乗務について、本件面談以後のXの行動いかんにかかわらず、行わせることはできないと告げ、退職すら示唆していることからすると、YがXの就労を拒否したことは明らかである。」

Aらは苦情の内容が真実であるかどうかを問題にしていないこと、また、Xは本件苦情内容が真実であると認めていないにもかかわらず、Yは本件苦情内容の真実性について調査を行った形跡も認められないこと等からすると「本件苦情の内容

が真実であることを理由として、Xに対しその就労を拒否することは、正当な理由に基づくものとはいえない。」また、「非違行為の存在が明らかでない以上は、上記苦情の存在をもって、Xに対する就労拒否を正当化することはできない。」「以上を総合すると、Yが、本件苦情の真実性又は存在自体を理由として、Xの就労を拒否することは、正当な理由に基づくとはいえない。」

本件身だしなみ規定は、その規定目的自体は正当性を是認することができるが、「本件みだしなみ規定に基づく、業務中の乗務員の身だしなみに対する制約は、無制限に許容されるものではなく、業務上の必要性に基づく、合理的な内容の限度に止めなければならない。」

男性従業員が化粧をして乗務したことをもって、本件身だしなみ規定に違反したものと取り扱うことは、Yが女性乗務員に対して化粧を施した上で乗務することを許容している以上、乗務員の性別に基づいて異なる取扱いをするものであるから、その必要性や合理性は慎重に検討する必要がある。また、「Xに対する化粧を施した上での乗務の禁止及び禁止に対する違反を理由とする就労拒否については、それらの必要性や合理性が慎重に検討されなければならない。」

「一般論として、サービス業において、客に不快感を与えないとの観点から、男性のみに対し、業務中に化粧を禁止すること自体、直ちに必要性や合理性が否定されるものとはいえない。」

しかしながら、Xの生物学的な性別は男性であるが、性自認が女性という人格であるところ、「そうした人格にとっては……外見を可能な限り性自認上の性別である女性に近づけ、女性として社会生活を送ることは、自然かつ当然の欲求であるというべきである。このことは、生物学的性別も性自認も女性である人格が、化粧を施すことが認められていること、あるいは、生物学的性別が男性である人格が、性自認も男性であるにもかかわらず、業務上、その意に反して女性的な外見を強いられるものではないこととの対比からも、明らかである。」

「一部の者をして、当該外見に対する違和感や嫌悪感を覚えさせる可能性を否定することはできないものの、……自然かつ当然の欲求であることが否定されるものではなく、個性や価値観を過度に押し通そうとするものであると評価すべきものではない。そうすると、性同一性障害者であるX

に対しても、女性乗務員と同等に化粧を施すことを認める必要性があるといえる。」

加えて、Yが、Xに対し性同一性障害を理由に化粧することを認めた場合、Yが性の多様性を尊重しようとする姿勢を取った結果として、乗客から苦情が多く寄せられ、乗客が減少し、経済的損失などの不利益を被るとも限らない。

「以上によれば、Yが、Xに対し、化粧の程度が女性乗務員と同等程度であるか否かといった点を問題とすることなく、化粧を施した上での乗務を禁止したこと及び禁止に対する違反を理由として就労を拒否したことについては、必要性も合理性も認めることはできない。」

2　被保全債権の額及び保全の必要性

Xの賃金は、基本給、固定残業代、割増賃金及び歩合給で構成されているところ、基本給及び固定残業代以外の部分については、新型コロナウィルスがまん延し、緊急事態宣言が行われるに至った時点以前と同程度の金額が支払われるとの疎明はないこと、XはYから就労を拒否されて以降、収入がなく、預金を取り崩して生活しており、同預金は相当程度目減りしていること等に照らせば、Xの申立ては、支払金額につき月額18万円の範囲で保全の必要性がある。

人格権・ハラスメント

ポイント解説

1　本判決の意義

本件は、性同一性障害との診断を医師から受けていたタクシー運転手が、業務中に化粧を施して就労していたところ、乗客から苦情を受けたこと等を契機に、会社から就労を拒否された事例です。Xの就労を拒否する理由として、生物学的には男性の労働者が女性の容姿で就労することは、会社の身だしなみ規定に違反することが挙げられていました。

近年、性的マイノリティを表す言葉として、「LGBTQ」という言葉が使われるようになり、性の多様化が社会的にも受け入れられる時代になりつつあります。その一方で本件のように、性的マイノリティが就労拒否等の不利益を受ける問題が職場において発生している状況にあります。本件のような事例は、これまで社会的に排除されてきた性的マイノリティが社会、そして職場において

受け入れられつつある過程で発生した問題だといえるかもしれません。

本件において裁判所は、性同一性障害と診断を受けた生物学的には男性で、性自認が女性という人（Male to Female、以下、「MtF」）にとって、女性として社会生活を送ることは自然かつ当然の要求であることを認めた上で、Xについても女性乗務員と同等に化粧を施すことを認める必要があると述べました。そして、化粧の濃さ等を問題にすることなく、化粧を施した上での乗務を禁止したこと及び禁止に対する違反を理由として就労を拒否したことについては、必要性も合理性も認めることはできないと判断しました。

Xが化粧を施した上でタクシーに乗務することをYが禁止したこと、かかる禁止に対する違反を理由としてXの就労を拒否したことについては、必要性も合理性も認めることはできないとした点で本判決は、職場における性の多様性を肯定する重要な意義を有すると考えられます。

このように、性の多様性が社会的に受容されつつある今日において、それを肯定する内容の本判決は、社会的に重要な意義を有すると考えられます。ただ、本判決において裁判所は、Xについて女性乗務員と同等の化粧を施すことを認め、YがXの化粧の濃さ等を考慮しなかったことを問題にしました。

しかし本来、会社の身だしなみ規定については、会社の業務上の必要性と労働者の自己表現、人格的利益を考慮することが求められてきました。本判決においても裁判所は、女性と同等の化粧をすることがXに認められるかという点ではなく、以下に見るように、MtFの労働者の人格的利益と業務上の必要性を考慮して、身だしなみ規定違反を理由とする就労拒否の必要性と合理性を検討すべきではなかったかと思われます。

2　労働者の身だしなみに対する制約

本判決において裁判所は、本件身だしなみ規定は、乗客に不快感を与えないよう求めるものであり、規定目的自体の正当性を肯定し、同規定に基づく業務命令違反の場合には懲戒事由に該当するとしています。ただし、「本件身だしなみ規定に基づく、業務中の従業員の身だしなみに対する制約は、無制限に許容されるものではなく、業務上の必要性に基づく、合理的な内容の限度に止めなければならない」とし、会社の規定に基づく身だ

しなみに対する制約を限定しようとしています。

この点について従来の裁判例においても、労働者の身だしなみを制約する業務上の必要性と労働者の自己表現、人格的利益を考慮して、当該規定を限定的に解釈してきました。

労働者の身だしなみに対する制約に関して裁判所は、「労働者の髪の色・型、容姿、服装などといった人の人格や自由に関する事柄について、企業が企業秩序の維持を名目に労働者の自由を制限しようとする場合、その制限行為は無制限に許されるものではなく、企業の円滑な運営上必要かつ合理的な範囲内にとどまるものというべく、具体的な制限行為の内容は、制限の必要性、合理性、手段方法としての相当性を欠くことのないよう特段の配慮が要請されるものと解するのが相当である。」と述べています（東谷山家事件・福岡地裁小倉支決1997・12・25労判732号53頁）。

本件と同様、タクシー運転手の身だしなみに関して、イースタン・エアポートモータース事件（東京地判1980・12・15労民31巻6号1202頁）では、「ハイヤー営業においては、人的機構や物的設備が顧客を中心として構成され、全体として安全、確実な輸送はもとより、寛ぎのある快適なサービスの提供が重要視されることから、ハイヤー運転手は、服装、みだしなみあるいは言動、応接態度には常に留意して顧客を接遇することが要請され」ると述べています。

このように従来の裁判例においても、労働者の身だしなみを制限する場合には、労働者の人格や自己表現といった側面と会社の業務上の必要性が考慮されてきました。従来の裁判例と本件が異なるのは、労働者が性同一性障害という診断を受けている点になります。そのため、労働者の人格や自由の面を考慮する際には、この点を含めて検討する必要があります。

3　性同一性障害のある労働者の法的利益

本判決において裁判所は、Xが外見を可能な限り性自認上の性別である女性に近づけ、女性として社会生活を送ることは、自然かつ当然の欲求であることを認めています。この点に関して、MtFの職員が女性用トイレの使用を制限されたことについて、自由にトイレを使用すること等を求めた国・人事院（経産省職員）事件（東京高判2021・5・27労判1254号5頁）において、裁判所は、「性別は、社会生活や人間関係における個人の属

性の一つとして取り扱われており、個人の人格的存在と密接不可分のもの」であり、この点を鑑みれば、「自らの性自認に基づいた性別で社会生活を送ることは、法律上保護された利益である」ことを認めています。

また、S社事件（東京地決2002・6・20労判830号13頁）において裁判所は、性同一性障害の診断を受け、ホルモン療法を受けて女性化が進んだ労働者にとって、男性の容姿をして就労することは精神、肉体の両面において次第に困難になっており、「他者から男性としての行動を要求され又は女性としての行動を抑制されると、多大な精神的苦痛を被る状態にあった」ことから、労働者が会社に対して女性の容姿をして就労することを認めてもらい、会社に必要な配慮をしてほしいと求めることには相応の理由があると述べています。

これらの裁判例によれば、労働者が自らの性自認に基づいて、職場を含む社会において生活をすることには法的な利益があると考えられることから、身だしなみ等の制限をする際にも、この点を考慮することが求められます。そして一般には、MtFの労働者が女性の容姿をして就労出来るよう会社に必要な配慮を求めることには相応の理由があると考えられることから、会社の身だしなみ規定に違反することを理由に、就労を拒否する必要性や合理性は認められないといえます。

4 就労拒否の必要性及び合理性の判断

本判決で特徴的なのは、性差別禁止の観点から、Xについて女性と同程度の化粧を認めることが求められ、Yが「化粧の程度が女性乗務員と同等程度であるか否かを問題とすることなく」、Xの就労を拒否することは認められないと述べている点にあります。

しかし本来、問題とされるべきは、身だしなみを制限することが労働者の利益を侵害しているかという点であり、性同一性障害のある労働者については特に、自らの性自認に基づいて社会生活を送る利益が考慮されるべきであったように思います。このように考えると、Xの化粧の程度が女性乗務員と同等程度であったかではなく、性自認に基づく容姿で就労することを求める労働者の利益と、それを制限する会社の業務上の必要性を考慮して、規定違反を理由とする就労拒否の必要性と合理性を裁判所は検討すべきであったように思わ

れます。

本判決に対して学説では、性差別禁止の観点からではなく、性自認・性表現の多様性を前提とした個別判断のアプローチを採り、多様な性自認等の個別事情の考慮は、性的マイノリティへの合理的配慮義務として構成する見解があります（富永晃一「トランスジェンダー女性の化粧を理由とする就労拒否の正当性―Y交通事件」ジュリスト1555号（2021年）131頁）。

性自認に関しては多様なあり方があり、近年では男女という二分的な性別の枠には捉われない見方もあることから、性差別禁止の観点からではなく、多様性という観点から問題を捉え、身だしなみ規定違反を理由とする就労拒否の必要性や合理性を判断すべきであると思います。

実務へのポイント

これまで見てきたように、近年では性自認の多様性を考慮した上で、労働者の身だしなみや施設の利用について配慮することが求められる時代になってきています。そして、会社に求められる配慮についても、労働者の事情に即した個別の判断が必要です。

この点を考慮すると、本件やS社事件で問題になったように、労働者が自らの性自認に基づく容姿での就労を会社が認めることは、社会的にも広く受け入れられていくように思われます。他方で、国・人事院（経産省職員）事件で問題になったように、トイレなどの施設の利用をどこまで認めるかが今後の課題です。国・人事院（経産省職員）事件では、違和感を持つ職員が存在することを考慮して、トイレの使用に関する制限を肯定していますが、会社としては他の従業員の理解を得て、多様な性にできるだけ配慮することが求められます。

（松井 良和）

退職・解雇

1. 労働契約の終了事由

労働契約が終了する事由としては、①解雇、②退職（辞職）、③雇止めが主な問題となります。この他にも合意解約、自動失職（定年制や私傷病による休業期間満了時の問題）がありますが、本稿では除外します。

解雇とは、使用者が一方的に、無期労働契約を終了させたり、有期労働契約の期間満了前に終了させることを言います。解雇は形成権として、労働者の同意がなくても、労働契約は終了します。これに対し、労働者が一方的に労働契約を終了させるのが、退職（辞職）です。これに対して、雇止めとは、有期労働契約の期間満了により終了するもので、契約期間途中での契約終了事由である解雇とは区別されます。

2. 退職（辞職）

労働者は、2週間以上の予告をすれば、理由を問わず自由に退職することができます（民法627条1項）。ここでは、たとえば退職予告を1か月前にしなければならないと定める就業規則との関係が問題となりますが、6か月前の退職予告期間を定める就業規則は、民法627条に抵触しない範囲でのみ効力を有するとする裁判例（高野メリヤス事件・東京地判1976・10・29判時841号102頁）があります。もちろん不当に長期の予告期間を設けることは公序違反（民法90条）で無効でしょうが、明確な業務上の必要性があれば、2週間を超える予告期間を定める就業規則は有効と考えることもできるでしょう（労契法7条参照）。

3. 解雇

解雇は、懲戒解雇、普通解雇、整理解雇等に分類されます。

（1）懲戒解雇

懲戒解雇は、懲戒処分としての解雇です。懲戒処分とは、たとえば社内で暴力事件を起こした、重要な機密情報を漏洩した、正当な業務命令に違反した、無断欠勤した等、労働者の企業秩序違反に課されるもので、そのなかで最も重いのが懲戒解雇です。

使用者が労働者を懲戒解雇を含む懲戒処分を有効に行うためには、2つの条件を充足することが必要です。まず、就業規則に懲戒の種類および懲戒事由を定め、それを被懲戒労働者の所属する事業場において周知することが必要です（フジ興産事件・最2小判2003・10・10労判861号5頁）。この周知を欠けば、当該懲戒は無効となります。つぎに、懲戒解雇を含む懲戒処分は、「当該懲戒に係る労働者の行為の性質及び態様その他の事情に照らして、客観的に合理的な理由を欠き、社会通念上相当であると認められない場合」には、その権利を濫用したものとして無効となります（懲戒権濫用法理、労契法15条）。

（2）普通解雇・整理解雇

普通解雇は、能力が不足している、遅刻・早退・欠勤が多い、私的な病気で労務提供できない等の場合に行われます。

上述したように、労働者には「退職の自由」が保障されているのと同様に、使用者には「解雇の自由」が保障されています。すなわち、民法627条は、労働者の退職と同様に、使用者にも、2週間以上の解雇予告さえすれば、自由に労働者を解雇できると規定しています。これは、すべての権利義務や法律関係が「身分」で決定されてきた封建社会の法制度を否定して、法の下の平等の原理により、使用者と労働者を対等に取扱う近代市民法の立場によるものです。

しかし、労働者が退職する場合と、使用者が解雇する場合とでは、社会的・経済的な意味合いが異なります。そこで登場したのが、民法の原理を修正する労働法です。たとえば、民法627条による2週間の解雇予告期間は、少なくとも30日前に予告するか、あるいは30日分以上の平均賃金（解雇予告手当）を支払わねばなりません（労基法20条1項本文）。もっとも、「天災事変その他やむを得ない事由のために事業の継続が不可能となった場合」、あるいは「労働者の責に帰すべき事由に基づいて解雇する場合」と行政官庁（所轄の労働

基準監督署長）の認定を受けたときは、解雇予告は不要となります（労基法20条1項但書、3項）。したがって、懲戒解雇についても解雇予告が適用され、懲戒解雇事由が「労働者の責に帰すべき事由」に該当すると行政官庁の認定を受ける必要があります。なお、試用期間の開始14日までは解雇予告は不要とされています（労基法21条4号）。

つぎに、民法上の労働者の解雇の自由原則についても、労働法で修正されています。たとえば、業務上災害および産前産後の休業期間＋30日間は解雇が禁止されています（労基法19条1項本文）。この規定は、労働者が安心して、治療や妊娠・出産できることを保障するものであり、この期間が満了すれば解雇はできるのですから、この期間中は、他に解雇事由があっても解雇は絶対的に禁止されます。もっとも、「天災事変その他やむを得ない事由のために事業の継続が不可能となった場合」と、行政官庁の認定を受けた場合、あるいは業務上災害については、使用者が打切補償を支払った場合には、解雇禁止は解除されます（労基法19条1項但書、2項）。

さらに、①国籍、信条、社会的身分を理由とする解雇（労基法3条）、②性別を理由とする解雇（均等法6条4号）、③女性労働者の婚姻・妊娠・出産を理由とする解雇、④育児・介護休業の請求・取得を理由とする解雇（育介法10条、16条）、⑤公益通報をしたことを理由とする解雇（公益通報者保護法3条）、⑦労働組合員であること、労働組合に加入したこと、若しくは労働組合の正当な活動をしたこと等を理由とする解雇は無効となります（労組法7条1号）。さらに、妊産婦（妊娠中および産後1年以上経過しない女性）に対する解雇等は、原則的に無効とされています（均等法9条4項）。

このほか、以上の解雇事由に該当しなくても、「解雇が、客観的合理的な理由を欠き、社会通念上相当でないと認められない場合」には、解雇権を濫用したものとして無効とすると定める労契法16条のチェックを受けることになります。たとえば、勤務成績不良を理由として解雇する場合には、客観的能力が不足しているだけでは足りず、教育訓練等を行っても能力を発揮できないというような事情が必要となります。

以上のように、懲戒解雇や普通解雇では労働者側の帰責事由が問題になります。これに対して、整理解雇は、もっぱら企業側の理由による解雇で

あることに特徴があります。このため、裁判例では。使用者が労働者を整理解雇するためには、①人員整理の必要があること、②解雇回避努力義務を履行したか、③非解雇者の人選基準が合理的であること、④労使間で十分な協議が行われたか等の4点が基準となります。なお、①～③は使用者が、④は労働者に主張立証責任があるとされています（東京自転車健康保険組合事件・東京地判2006・11・29労判935号35頁）。

以上が無期労働契約における解雇の問題でしたが、有期労働契約の契約期間満了前の解雇については、「やむを得ない事由」がなければできません（労契法17条2項、民法628条）。この「やむを得ない事由」とは、労契法16条の「客観的合理的理由および社会通念上相当である」という事情に加え、当該労働契約を中途で終了せざるを得ない特段の事情が必要と解されています（学校法人東奥義塾事件・仙台高判2012・1・25労判1046号22頁）。

4. 雇止め

雇止めとは、有期労働契約の期間満了という事実から契約が終了する点で、使用者の意思表示である解雇とは区別されます。

雇止めについては、①実質的に無期労働契約と評価される有期労働契約、②契約更新等の実態から、その更新に合理的な期待が認められる有期労働契約を締結している労働者が、使用者に契約更新の申し込みをすれば、使用者がこれに同意したとみなされて、従来と同一の労働条件で有期労働契約が更新されます。しかし、労働者の能力が客観的に不足しているとか、整理解雇の必要がある等、使用者が当該申し込みを拒絶することが、客観的に合理的理由があり、社会通念上相当であると認められれば、有期労働契約は、契約更新されないことになります（以上、労契法19条）。

（春田 吉備彦）

セクハラ・勤務成績不良等を理由とする解雇の効力

みずほビジネスパートナー事件　東京地判2020・9・16労判1238号56頁　　LEX/DB25566871

【問題となったポイント】
・セクハラや成績不良を理由とする解雇の効力
・賞与請求権の可否

事案の概要

　原告Xは、1984年4月親会社であるメガバンクA社と雇用契約を締結し、2014年10月に、人事管理サポート等を業とする被告Y会社に監査役として在籍出向、2015年2月に転籍となりました。Xの業務は、自らインストラクターとしての研修を実施したり、他のインストラクターの研修を監督することでした。

　Xは、2015年3月、研修所内でのA社の保管棚の貯蔵ビール6缶パックを持ち出し、後に元の場所に戻した（本件窃盗行為）との非違行為を理由として7営業日の出勤停止（懲戒処分1）を受けているほか、所属部の女性社員2名に対し、セクシュアルハラスメント（以下、セクハラ）を行ったことを理由に、2週間の出勤停止処分（懲戒処分2）を受けました。また、Xは、女性職員の携帯電話への年末私用連絡について、不快な思いをさせたことに対する顚末書を提出しています。

　その後、Xには事務処理上のミスが35件あったことに加え、研修担当者であるXが本件窃盗行為を行ったこと、Y社が金融機関グループ会社であったとこと、Y社による職業紹介や研修の対象となるのがほとんど女性であることからセクハラ防止の指導を徹底的に行ってきたにもかかわらず、反省もなく女性社員の容姿をめぐる発言をしたこと等を理由として、Y社は、Xに早期退職を求めましたが、Xがこれを拒否したため、2018年8月31日付けでXを解雇しました。

判旨

1　本件解雇の有効性

(1)　解雇の判断基準

　「Xの信頼関係が破壊されているとして普通解雇事由に該当するというためには、XにつきY社との信頼関係が破壊されたことを理由として解雇を相当とする客観的事情が存在することが必要と解されることから、以下、Xの勤務成績及び業務遂行能力の不良の程度並びに非違行為の程度につき、具体的に検討する」。

(2)　勤務成績不良

　「多数の業務ミスやXに落ち度が認められる行為があることからすれば、Xが、Y社から期待されていた業務や役割を果たせていたとは言い難い、加えて、Xの勤務成績は、Y社に転籍してからの4年間で3回最低のIと評価されていたことからすれば（略）、Xの勤務成績及び業務遂行能力が不良であったことは否定できない」。

　「Xについて直ちに改善の意欲や可能性がないとまでいえない。そうすると、Xの勤務成績及び業務遂行能力の不良の程度は、本件解雇時点において、直ちに解雇を相当とする程度に至っていたとは言えないというべきである」。

(3)　セクハラ行為

　「新たなセクシュアルハラスメントとして非違行為と評価できるものは非違行為1（女性従業員に対し、半年にわたり繰り返し、「可愛いね、素敵」、「今度食事に行こうね」「メールアドレスを教えてほしい」など述べ、自分のメールアドレスを書いた名刺を強引に渡したこと（筆者註））のみであり、その内容は女性社員に対して複数回食事に誘ったりメールで連絡をしたほか、連絡先を渡したというもので、身体的接触を伴うものではなく、直接的に性的な発言でもないこと(ママ)すれば、Xの行為は問題ではあるものの、その程度は重大とまでは評価できない。また、非違行為3（番号

を教えられていない携帯に、私的内容のショートメールを送信したこと（筆者註））の緊急連絡網から個人携帯番号を入手して私用の連絡に使用したのは問題であるが、その内容は挨拶等にとどまり、連絡の時期や回数からすれば、執拗であったともいえず、性的な言動とは評価できないことからすると、重大な問題であるとはいえない。そして、非違行為1及び非違行為3は、懲戒処分2（非違行為1及び3に対する2週間の出勤停止処分（著者註））の後に発覚したものではあるものの、その時期は非違行為1については懲戒処分2の約2年前であり、非違行為3も懲戒処分2以前のものであること」、「懲戒処分2以降の非違行為6、7（女性正社員に「素敵なスカートですね」等発言したり、階段を降りる女性社員に対し、「スポーツをしている足、筋肉質な足ですねと発言したこと（筆者註)」については、性的な言動と評価できる行為とは認められないことからすれば、Xのセクシュアルハラスメントに関しては、Xが研修担当者として研修を受講し（略）、Y社のルールを熟知していたといえるにもかかわらず懲戒処分2の対象行為や非違行為1、3に及んだことを踏まえても、改善が期待できないとはいえない。そうすると、新たに発覚した非違行為非違行為1、3については、懲戒処分1、2が存在することを考慮しても、直ちに解雇を相当とする行為として、XY社間の信頼関係が破壊されたと認めるには足りないというべきである」。

(4) 結論

「以上のとおり、勤務成績及び業務遂行能力の不良及び非違行為については、いずれも直ちに解雇を相当とする事情とは認められないところ、これらの事情に加えて、XがA銀行のOBとしてY社に転籍したという本件労働契約締結の経緯（略）や、Xが懲戒処分2の際に他に規律違反行為はない旨誓約する内容の顛末書（略）を提出していたこと（略）等を併せ考慮しても、本件解雇時点において、XY社間の信頼関係が破壊されていたと認めるには足りず、当該解雇事由があるとは認められない」。

「以上によれば、本件解雇は、客観的合理的理由を欠き、社会通念上相当であるとは認められないから、権利の濫用に当たり、無効である」。

2 賞与請求権の有無

「Y社の社員給与規程には、賞与につき、給与の他、賞与を支給することがある、賞与を支給する場合は原則として毎年6月および12月に支給することとする旨規定されているところ（略）、本件証拠上、支給額を定める具体的根拠規定は認められない。そして、2017年6月、同年12月及び2018年6月の各賞与の支給金額が異なり（略）、Y社においては毎回査定を経て賞与が支給されていること（略）からすれば、Y社における賞与は、Y社が具体的金額の決定をして初めて労働者に具体的請求権が発生するものと解される。

そうすると、Xの2018年12月分以降の賞与を除いて具体的金額が定まっておらず（略）具体的請求権が発生しているとは認められないから、Xの賞与請求には理由がない」。

ポイント解説

1 普通解雇と労契法16条

本件は、部下へのセクシュアルハラスメント（セクハラ）や勤務成績不良等を理由として解雇された事案ですが、結論的には、解雇権濫用（労契法16条）として解雇無効と判断されています。

解雇には、有期雇用労働者の契約期間中の解雇（労契法17条1項）、企業秩序違反としての懲戒解雇（労契法15条）、経営悪化等を理由とする整理解雇および本件のような普通解雇（いずれも労契法16条）があります。最後の普通解雇とは、本件のように、能力不足、疾病等による長期的な労務提供不能、信頼関係棄損行為などの労働者側に帰責事由のある解雇です。

労契法16条は、解雇が客観的合理的理由を欠き、社会通念上相当でない場合には、無効となると規定しています。ここでは、①客観的合理的理由を欠くこと、②社会通念上相当でないことが要求されていますので、①が就業規則上の解雇事由に該当すること、②が解雇事由には該当するけれども、解雇事由が企業外に放逐しなければならない程度のものであることと、二分して考察すると分かりやすいです。しかし、多くの裁判例は、①および②を分離することなく判断しているのが特徴です。

2 本件解雇の判断基準

本判決を読まれた方は、本判決の結論に驚かれ

たかもしれません。窃盗行為で7日間の出勤停止を受け、さらに女性従業員に対するセクハラを理由とする14日間の出勤停止処分という二回の懲戒処分を既に受けているだけでなく、事務処理上のミスが35件もあると認定されているにもかかわらず、本件解雇が無効とされています。

　ところで、使用者による解雇が有効とされるためには、就業規則が定める解雇事由に該当する必要があります。本件では、「社員として勤務させることが困難もしくは不適当と認めたとき」という就業規則の文言に該当することです。そもそも就業規則所定の就業規則に該当しなければ、当該解雇は無効となります。またこの就業規則は、労働者に周知されなければなりません（労契法7条）。

　本判決の特徴として、Xに対するY社就業規則が解雇事由として、「その他社員として勤務させることが困難もしくは不適当と認めたとき」との規定をあげながら、「これ以上雇用関係を維持するための信頼関係が破壊されている否か」と解雇の有効性を判断している点を指摘できます。もっとも、本件の事例で言えば、通常の就業規則では、「勤務成績が不良で改善の見込みがないとか」、「他の従業員に対し、いかなるハラスメント行為をしてはならない」等の規定が設けられると考えられますが、本件ではこれらの規定が問題となっていないのも特徴でしょう。

　以上のように、本件解雇においては、具体的には、Xの女性従業員に対するセクシュアルハラスメント（セクハラ）行為と、業務上のミスが問題とされています。

3　セクハラを理由とする解雇

　まず、セクハラから見ていきましょう。セクハラの法律上の定義は、「職場における性的な言動」とされています（均等法11条）。しかし、これはあくまで均等法上の定義であり、加害行為者が懲戒処分を受けたり、損害賠償請求される場合には、違法な行為でなければいけません。具体的には、接触された身体の部位、接触の態様・程度（反復性、継続性を含む）等の接触性の外形、接触行為の目的、相手方に与えた不快感の程度、行為の場所・時刻（他人のいないような場所・時刻かなど）、勤務中の行為か否か、行為者と相手方の職務上の地位・関係等の諸事情を総合考慮して判断されます（横浜セクハラ事件・東京高判

1997・11・20労判728号12頁）。しかし、被害女性の年齢や婚姻歴の有無を考慮する金沢事件控訴審判決（名古屋高裁金沢支判1996・10・30労判707号37頁）の判断基準は支持できません。年齢や婚姻の有無とは関係なく、地位を利用されやすい立場の女性が被害者となるからです。勘違いされていますが、すべての行為が懲戒処分の対象になるような、違法なセクハラになるわけではありません。今回はXの違法なハラスメントは認定されていませんが、この行為が職務に関連して行われたと判断された場合、被害者従業員は使用者に対して損害賠償を請求することができます（民法715条）。また、従業員がセクハラ被害を訴えているのに、何らこれに対応しない場合、職場環境配慮義務に違反するものとして、使用者自身が不法行為責任を負うこともあります。

　なお、男女雇用機会均等法11条は、セクハラに対する事業主の雇用管理上の措置義務を定めており、その内容を具体化した「セクハラ指針」が策定しておりますので、参考になるでしょう。同指針は、あくまで企業の雇用管理の措置義務についての指針です。

　本件では女性従業員2名に対するセクハラが「非違行為」に該当するか否かが問題となっていますが、本判決は、①事実そのものがないか、行為を特定できないもの（非違行為2、4、5）、②行為は認められるが、性的な言動とは評価できないもの（非違行為3、6、7）、③性的な言動に該当するが、非違行為には該当しないもの（非違行為1）と分類されています。結局、セクハラに該当するのは、繰り返し、「可愛い素敵」、今度食事に行こうね「メールアドレスを教えてほしい」などと述べたことと、自分のメールアドレスを記載した名刺を強引に手渡したことのみとなっていますが非違行為に該当しないとされています。

　しかし、公知されていない女性従業員のメールアドレスに、業務外時間に私用メールを送ることは問題でしょう。ご承知のように、フランスでは就業時間外に部下にメールすることが禁止されています。

　この点で、Xの解雇理由としてセクハラにこだわりすぎたのかもしれません。本判決も、女性従業員の携帯電話の番号を緊急連絡網から入手していることが、個人情報の不正使用ではあるが、「性的な言動」ではないとされています。セクハ

ラよりも、部下の従業員へのプライバシー侵害という視点を解雇事由とするアプローチもあり得たのではないでしょうか。

次に、本件では、実に36件の業務ミスをしたことが、解雇の理由となっています。Xの人事考課をみると、2015年度がⅡ（やや不十分、標準をやや下回る）であることを除くと、2014年度から2017年度までの3年間は、すべてⅠ（不十分、低い水準にある）です。たしかにXの成績は良好ではありませんが、これも絶対評価と相対評価とでは違ってくるでしょう。裁判例では、成績不良という事実だけではなく、それを改善させるための手段を使用者がとったかが問われます。本件でも、このような改善策がとられていないことが、解雇無効の一因とされているのです。

4　賞与請求権の有無

ここで、賞与の問題にも言及しておきたいと思います。

ではどのような場合に労働者に賞与請求権が保障されることになるのか、反対にいえば、どのような場合に、使用者が賞与支給義務を負うかが問題になります。賞与の支給基準が明確に定められている場合が、これに該当します。実際には、組合員であれば労働協約（労組法16条）、従業員については就業規則（労基法89条）がこれに該当しますが、個別の労働契約による合意の場合もあります。このほか、賞与支給の明文規定が存在しなくとも、労働慣行として賞与が支給されていれば、この場合も労使慣行として保護されます（民法92条）。

もっとも、賞与についても、従来の一律支給方式から、人事考課や成果主義（目標達成度による支給額決定）に基づく個別決定額方式に変化しつつあります。本件Y社賃金規程には、「給与の他、賞与を支給することがある、賞与を支給する場合は、原則として毎年6月および12月に支給することとする」と定められ、支給金額は毎回査定を経て決定されていたようです。

これに対して、本判決は、解雇期間中のXが賞与査定を受けておらず、「Yにおける賞与は、Yが具体的金額の決定をして初めて労働者に具体的請求が発生するものと解されるから、Xの2018年度12月以降の賞与請求権はない」と判断されています。

しかし、解雇が裁判上無効となった場合、従業員としての地位確認と、解雇期間中の賃金（バックペイといいます）の支払いが認められます（民法536条2項）。従って、Xに対する解雇期間中の賞与支給も認められるはずですが、査定がなかったことが不支給の理由とされています。しかし、解雇期間中の賞与査定はありえないのですから、特段の事情がない限り、前年並みとか、裁判官が相当の賞与額の支払いを命じることができたのではとも考えられます。

実務へのポイント

本件のように、男性としては褒めたつもりであったのに、女性から嫌われるケースがあります。本件がまさにこのケースで、Xは、「可愛い、素敵、素敵なスカート」、「筋肉質な足、スポーツされている足」等の発言等をしていますが、女性社員からは嫌悪され、Y社からはセクハラと認定されています。

このような発言が女性から嫌われる理由は、2つ考えられます。「スカートとか、筋肉質な足」等は、女性の衣服や下半身の部分を暗示しており、性的な意味合いが否定できません。これは、スリーサイズや「タイトスカート似合うね」等の発言も性的ニュアンスを持つものです。もう一つが、Xの日頃の言動です。言葉は生き物ですから、同じ言葉でも、受取る側の対応に相違が生じます。Xの日頃の言動を見れば、女性社員がXの言動をどのように感じるかは明らかでしょう。

ところでハラスメントは、良好な人間関係がないところで生じます。たとえば同僚とぶつかった場合、良好な関係であれば、ゴメンの一言で済みますが、仲が良くなければ、故意にぶつかったなと喧嘩になるのです。パワーハラスメントも含むハラスメントを防止するためには、日頃からの職場の良好な人間関係の形成が必要でしょう。

（山田 省三）

解雇・退職

コロナ禍における整理解雇の有効性判断と仮処分

森山（仮処分）事件　福岡地決2021・3・9労判1244号31頁　　　　　　LEX/DB25569265

> **【問題となったポイント】**
> ・コロナ禍の整理解雇において賃金仮払仮処分が認められた
> ・本件においては「平均賃金の6割に相当する額」の賃金仮払いが認められた

事実の概要

　本件は、債務者Y社に雇用され、バス運転手として勤務していたXが、業務縮小を理由としてY社に解雇されたところ、当該解雇権の行使は合理的理由を欠き無効であるから、Xは労働契約上の権利を有する地位にあると主張して、Y社に対し、労働契約上の権利を有する地位にあることの確認を求めるとともに賃金の仮払いを求めた事案に対する裁判所の仮処分です。

　Y社は、特定旅客自動車運送事業、一般乗用旅客自動車運送事業等を目的とする会社で、福岡県所在の本社（A営業所）のほか、鹿児島県に支店があります。Y社は、主として貸切観光バス事業を営んでいましたが、2020年7月に福岡・大阪間の高速バス事業を開始しました。同年3月当時、Y社の従業員は20名であり、A営業所の従業員が13名（運転手10名、運行管理者2名、アルバイト1名）、鹿児島支店所属の従業員が7名（運転手5名、運行管理者2名）でした。2017年7月10日、Xは期間の定めのない従業員としてY社に雇用され、同月15日からバスの運転手として働いていました。

　2020年3月17日、Y社はA営業所において全従業員が参加するミーティングを開催して、今後、福岡・大阪間の高速バスを毎日走らせる予定であることを説明し、その際、高速バスの運転手として稼働してもよい者は挙手するように促した。しかし、Xを含む複数の運転手は挙手しませんでし

た。

　同年3月20日、XはA営業所長において、B所長から、同年4月30日付の解雇を言い渡され、解雇予告手当として34万5550円を支払う旨を告げられました。また、同月、A営業所所属の運転手1名についても解雇が言い渡されました。その際に、B所長は、Xら2名が解雇対象となったのは、高速バスを運転することについて挙手しなかったためであると説明しました。

　同年3月21日、XはB所長から、解雇日を同月31日に変更する旨の通知を受け、同月25日、同月31日付で解雇する旨の解雇予告通知書を受領しました。同書面には、解雇理由として「コロナウイル被害の拡大により業務縮小の為」と記載されていました。

　同年7月2日、Y社は高速バス事業を開始するため、高速バスの運転手2名を新たに雇い入れ、その結果、Y社の従業員数は17名となりました。

　その後も、観光バス事業はほとんど受給がなく、A営業所所属の観光バス運転手4名は、原則として自宅待機中であり、鹿児島支店も休業中となっています。

　本件の争点は、①被保全権利の有無（本件解雇の有効性）と②保全の必要性および仮払いの金額です。

決定要旨

　解雇無効。賃金仮払い認容。

1　争点①について

　「Y社は、新型コロナウイルス感染拡大によって、令和2年2月中旬以降、貸切バスの運行事業が全くできなくなり、同年3月中旬にはすべての運転手に休業要請を行う事態に陥ったこと、同年3月の売上は約399万円、同年4月の売上は約87万円であったこと、従業員の社会保険料の負担は

月額150万円を超えていたこと、令和2年3月当時、雇用調整助成金がいついくら支給されるかも不透明な状況にあったこと等を考慮すると、その後、高速バス事業の為に運転手2名を新たに雇用したことを考慮しても、債務者において人員削減の必要性があったことは一応認められる。」

「しかしながら、Y社は、令和2年3月27日のミーティングにおいて、人員削減の必要性に言及したものの、人員削減の規模や人選基準等は説明せず、希望退職者を募ることもないまま、翌日の幹部会で解雇対象者の人選を行い、解雇対象者から意見聴取を行うこともなく、直ちに解雇予告をしたことは拙速といわざるを得ず、本件解雇の手続は相当性を欠くというべきである。」

「Xが解雇の対象に選ばれたのは、高速バスの運転手として働く意思を表明しなかったことが理由とされているところ、Y社は、上記ミーティングにおいて、高速バス事業を開始することを告知し、運転手らに協力を求めたものの、高速バスによる事業計画を乗務員に示し、乗務の必要性を十分に説明したとは認められないうえ、高速バスを運転するか否かの意向確認は突然であって、観光バスと高速バスとでは運転手の勤務形態が大きく異なり家族の生活にも影響することを考慮すると、当該ミーティングの場で挙手しなかったことをもって直ちに高速バスの運転手として稼働する意思は一切ないものと即断し、解雇の対象とするのは人選の方法として合理的なものとは認め難い。」

そうすると、本件解雇は、客観的な合理性を欠き、社会通念上相当とはいえないから、無効といわざるを得ない。

2 争点②について

Xは「少なくとも雇用保険が支給されなくなった令和2年11月以降、X及びその家族の生活を維持するために、賃金仮払いの必要性はあると認められる。」

「本件解雇前3か月の未払割増賃金を算定すると」「令和元年12月度が11万8422円、令和2年1月度が7万8088円、同年2月度が3万7916円となり」「同期間の未払賃金の額は合計23万4426円となるから、本件解雇前3か月の総日数90日で割ると1日当たりの平均賃金は1万2882円」となるから、その6割は7729円となる。

そして「平均賃金の6割に相当する額は1か月当たり18万5496円となる。」

ポイント解説

本決定は、賃金仮払い仮処分を判断する前提として、コロナ禍のY社による整理解雇を無効と判断したうえで、Xらの地位保全も認めています。ここでは、まず、整理解雇にかかわる判断部分を検討し、つぎに、仮処分にかかわる部分を検討していきましょう。

整理解雇（使用者の経営上の理由による解雇）については、裁判例上、①人員整理の必要性があること、②解雇回避努力義務が尽くされたこと、③非解雇者の人選基準とその運用が合理的であること、④労働組合もしくは非解雇者と十分に協議したことの4要件（要素）を満たさないと無効と判断されます。

本決定は、整理解雇4要件のうち、①コロナ禍による売り上げ激減を理由とした人員削減の必要性を認めましたが、Y社が令和2年3月27日のミーティングにおいて、「人員削減の規模や人選基準等は説明せず、希望退職者を募ることもないまま、翌日の幹部会で解雇対象者の人選を行い、解雇対象者から意見聴取を行うこともなく、直ちに解雇予告をした」として、その他の②③④の要件を考慮して整理解雇を無効と判断しています。

使用者の②解雇回避努力義務については、例えば、新規採用抑制、残業制限、役員報酬の削減、配置転換、出向、転籍、希望退職募集があり得ます。本決定では、希望退職（筆者注：希望退職は労働者の自由な意思による労働契約の終了であり、通常は、使用者による希望退職募集が合意解約申込みの誘因、応募が労働者の申込みであり、使用者が申込みを承諾すれば、合意解約が成立する）を募集していないことを使用者が②解雇回避努力義務を尽くしていない理由にあげています。

ところで、本件では問題になりませんでしたが、②の要件について、コロナ禍によって使用者の経営が厳しい状態にあるとしても、厚生労働省がコロナ対策として、休業手当を払って雇用を維持する企業を支援する「雇用調整助成金」の特例を広げ、活用を促しているのであるから、雇用調整助成金等を利用して、整理解雇を行う前に、労基法26条の休業を行うべきではないのかということが議論されています。センバ流通事件（仙台地

決2020・8・21労判1236号63頁。本書56頁）は、債務者である宮城県のタクシー会社で働く債権者である労働者4名が、整理解雇は無効であるとして、労働契約法17条1項（期間途中の解雇）に基づき、労働契約上の地位保全と賃金の仮払いを求めたものです。判決は、「債権者は、本件解雇に先立ち、雇用調整助成金の申請や臨時休車措置の活用はしていない。……厚生労働省や労働基準監督署、宮城県タクシー協会がホームページや説明会を利用して雇用調整助成金を利用した雇用の確保を推奨していたこと……東北運輸局がホームページを利用して臨時休車措置の利用を推奨していたこと……債務者自身が……雇用調整助成金の利用を検討する旨の説明を債権者らや他の従業員にしていたこと……に照らすと、債務者は、本件解雇に先立ち、これらの措置を利用することが強く要請されていたというべきである。解雇回避措置の相当性が相当に低い」と判断しています。また、大半の賃金が填補できることや東北運輸局が推奨する臨時休車措置により経費削減の余地がある、関連会社や金融機関から融資を受ける余地があったこと等を理由に、人員削減の必要性があったとはいえないとして整理解雇を無効と判断しています。

使用者の③非解雇者の人選基準とその運用が合理的であるといえるためには、その基準が合理的であり、基準の運用が妥当でなければなりません。この点、本決定では、「観光バスと高速バスとでは運転手の勤務形態が大きく異なり家族の生活にも影響することを考慮すると、当該ミーティングの場で挙手しなかったことをもって直ちに高速バスの運転手として稼働する意思は一切ないものと即断」することは、稚拙であったと判断しています。

使用者の④労働組合もしくは非解雇者と十分に協議したことといえるか否かについては、本決定は「高速バスを運転するか否かの意向確認は突然であって」「人員削減の必要性に言及したものの、人員削減の規模や人選基準等は説明せず、希望退職者を募ることもないまま」「解雇対象者から意見聴取を行うこともなく、直ちに解雇予告をしたことは稚拙と言わざるを得ず、本件解雇の手続きは相当性を欠く」としています。

つぎに、仮処分にかかわる部分を検討していきましょう。本決定は、裁判上の判決ではなく、仮処分を取り扱ったものです。裁判所による判決の

確定を待っていては、権利の実現が不可能になってしまうことがあります。そうならないようにするために、法的に現状を固定したり一定の地位を仮に認めさせたりする決定が仮処分です。このうち、賃金仮払い仮処分は仮の地位を定める仮処分の一つです。労働者は日々の労働によって生活の糧を得ています。コロナ禍にかかわり、失業する労働者やシフトカットにあうシフト労働者も少なくないように、労働者の唯一または主要な収入源である賃金の支払いが使用者に拒否されてしまうと、労働者は生活困窮に陥ってしまいます。民事保全法23条2項は「仮の地位を定める仮処分命令は、争いがある権利関係について債権者に生ずる著しい損害又は急迫の危険を避けるためこれを必要とするときに発することができる」と規定していますから、賃金仮払い仮処分によって、困窮状態にある労働者が迅速に救済されることが期待されます。民事保全法13条に基づけば、債権者（労働者）は保全命令の申立てについて「その趣旨並びに保全すべき権利又は権利関係及び保全の必要性を明らかにして」（同条1項）、これを疎明しなければならない（同条2項）と定めていることから、立証の程度は、債権者の負担軽減のために疎明で足りると解されています。しかし、この疎明が、裁判実務上、この立証のハードルを高める傾向があり、労働者の救済が阻害される実情に対して、実務家の立場から警鐘が鳴らされています（嶋﨑量「労働者の賃金仮払仮処分における保全の必要性」労判1244号6頁参照）。これにかかわる裁判例として、例えば、デイエフアイ西友事件（東京地決1997・1・24判時1592号137頁）の決定は「賃金仮払の仮処分における保全の必要性は、他の通常の保全処分における保全の必要性とはかなり異なり、賃金仮払いという非常に強力な法的措置を肯定するに足りるだけの極めて高度の必要性が存在することを要件」しており、保全必要性に過度に厳格な判断をしています。

仮払いは、暫定的に緊急状態を避けるために必要な期間、必要な金額を債務者（使用者）に支払わせるもので、他の労働者と同等の生活保障を目的とするものではなく（東亜石油賃金等請求事件・東京地判1976・9・29判時843号114頁）、従前の生活水準、生活様式を保障するものでもない（アーク証券事件・東京地決1996・12・11労判711号57頁）といった理由で、解雇当時の賃金額ないし解雇前3か月における平均賃金から減額される

ことが多いです。もっとも、例えば、知多南部卸売市場事件（名古屋地決2000・7・26労判794号58頁）、ジャパンエナジー事件（東京地決2003・7・10労判862号66頁）のように、月例賃金全額を認めた決定例もないわけではありません。

上述の減額された賃金仮払いが認められた場合には、賃金の一定割合を認めたものがあり、フットワークエクスプレス事件（大津地決1997・7・10判タ959号177頁）は「平均賃金の8割相当額」を認めています。本件も「平均賃金の6割に相当する額は1か月当たり18万5496円となる」と判断しており、この系譜に属します。

減額に際しての妥当な賃金額の認定については、(1)標準生計費の額を基準ないし参考にするものと(2)実際に必要と認められる具体的な生活費を基準として判断するものがあります。

(1)の決定例である、ピー・アンド・ジー明石工場事件（大阪高決2004・3・30労判872号24頁）は、特別優遇措置による退職者募集に応じて退職申出書を提出した抗告人である労働者Xがのちにこれを撤回したところ、退職募集受付方法欄に記載された「合意書」が作成されるまでは退職の受付は完了しないとして、合意解約の成立が否定されたものです。裁判所は「Xは4人家族であり、その生活費は相手方からの賃金に依拠していること……、単身赴任していたが、現在は、家族と共に生活していること、貯蓄額は80万円であること……、多額の住宅ローンを抱えていること……、平成15年10月から4週間につき22万3440円の失業保険の仮払金を受けて生活してきたこと……、神戸市における4人世帯の標準生活費（2003年4月）は月額24万3460円であること……が認められるので、平成16年4月以降本案第1審判決言渡に至るまで、相手方から毎月受け取っていた賃金の範囲内である月額24万3460円の支払につき保全の必要性があると認めることができる」として、標準生計費の額を基準ないし参考しています。同様に、この系譜に属する裁判例としては、三郡福祉会（虹ヶ丘学園）事件（福岡地飯塚支決2007・1・12労判939号91頁）、国際自動車（再雇用更新拒否第2・仮処分）事件（東京支決2018・5・11労判1192号60頁）等があります。

(2)の決定例である、ビーアンドブィ事件（東京地決2010・7・23労判1013号25頁）は、社内旅行の実施を担当した総務部人事部長Xに対する、下見費用、参加者への寄贈品代等の付替え、旅行代理店に対する付替え請求等を理由とした懲戒解雇が無効と判断されたものです。決定は「債権者の差し迫った生活の危険や不安を取り除くために必要な仮払金は月40万円が相当と認められ、その仮払期間については、本件事案の内容、将来事情等の変更がある可能性、債務者の被る経済的不利益の程度等を考慮すると、2010年8月から2011年7月までの範囲で保全の必要性があると判断するのが相当である」として、実際に必要と認められる具体的な生活費を基準として判断しています。同様に、この系譜に属する裁判例としては、セネック事件（東京地決2011・2・21労判1030号72頁）等があります。

実務へのポイント

仮処分は、裁判所による判決の確定を待っていては、権利の実現が不可能になってしまわないようにするために、法的に現状を固定したり、一定の地位を仮に認めさせる決定を裁判所に求めるものです。とりわけ、労働者は、仮処分の有益な活用方法の理解を深めていく必要があるでしょう。

（春田 吉備彦）

解雇・退職

就業規則が存在しない使用者の下で行われた解雇の有効性

協同組合つばさほか事件　東京高判2019・5・8労判1216号52頁　　　LEX/DB25563299

【問題となったポイント】
・就業規則がない使用者の下で行われた解雇は有効かどうか
・離職票に重責解雇という記載があった場合、懲戒解雇に当たるのか、普通解雇に当たるのか

事実の概要

　Xは、Yとの間で雇用契約を締結し、書類作成やYが監理する農家の技能実習生の監理業務などを担当していました。Yは、K県内における実習実施期間の監理団体の1つでした。なお、Yでは就業規則が定められていませんでした。

　Aは、中国国籍を有する女性であり、Yを監理団体、Bを実習実施機関として、「技能実習1号ロ」の在留資格で入国し、Bとの間で雇用契約を締結し、Bの大葉農場で勤務を開始しました。

　Xは、2014年4月30日から外回りの巡回指導担当になり、B方も担当するようになり、定期的にB方を訪問するようになりました。Aは、Bの父であるCからセクハラ行為で被害を受けていることを訴え、2014年11月28日、Yの相談員であり、理事長と呼ばれていたDに対し、セクハラの被害に係る損害賠償や大葉巻き作業の未払の残業代の支払を求めました。

　技能実習生からセクハラ被害の申告があったこと、技能実習生に実習外の大葉巻き作業をさせていることが判明しため、Bでは技能実習が続けられないことになり、Yは同月30日にBの技能実習生2人を連れ出しましたが、他の4名は同行しませんでした。

　Xは、E警察署に連絡をして、Bで働いている女性の技能実習生が男に拉致されそうだと通報しました。これを受けて、警察官が出動しました

が、警察官は調査の結果、拉致の事実はないと判断しました。

　その後、AらはB方を離れ、Yが一時的に借りた一軒家に移りました。Aと入れ替わりに、連れ出された技能実習生の1人であるFがY方に戻ったところ、Fの洋服や豚肉等がなくなっていました。Fは、Aに盗まれたと思い、Aの元に確認に行った際、立った姿勢で2回ほど、Aの肩付近を押しました。Xはこの件についても警察に通報しましたが、Fが事情聴取を受けることはありませんでした。

　Xは、2014年12月13日に遅れて出勤してからも、仕事をせず、携帯電話をいじったり外へ出て行ったりを繰り返した後、壁に掛けていた車の鍵を持ち出し、Yの車で出掛けました。その際、Yの事務局長が「外出するな。会社命令だ」と言われたのに対して「絶対につぶすよこの組合」などと何度か言って出かけました。このとき、Xは、入国管理局に提出する必要のある、技能実習生の監査報告書を持ち出しました。

　XがYの事務所に戻ったため、DがYにおいてXの処遇について話し合おうとしたところ、Xは、家族に連絡をして事務所に監禁されたと言うなどと告げ、取手警察署に連絡し、監禁されたと通報しました。

　2014年12月15日、YはXに対して本件解雇の意思表示をしました。本件の争点は、Xについての解雇理由の有無及び解雇の相当性の有無についてです。

判旨

　「一般に、使用者が労働者を懲戒するには、あらかじめ労働契約又は就業規則において懲戒の種別及び事由を定めておくことを要するところ……雇用契約に懲戒事由の定めはなく、Yが就業規則を定めていないことから、Xが主張するとおり、

Yは、Xに対して懲戒解雇をすることはできない。」

「しかしながら、このような場合に、仮に使用者が懲戒解雇と称する意思表示をしたとしても、使用者が懲戒権の行使としての解雇であることに固執せず、かつ、労働者の地位を不当に不安定にすることのない限り、使用者のした解雇の意思表示は、普通解雇の意思表示と解することができるというべきである。」

「これを本件についてみるに、Xの離職票においてYが重責解雇と記載したからといって直ちにこれが懲戒解雇を意味するものとはいえず、他に本件解雇について懲戒解雇であると明示されたことはなく、本件訴訟においても、Yは、本件解雇は普通解雇であると主張しているのであるから、本件解雇を普通解雇と解するとしても、これによって労働者であるXの地位を不当に不安定にするとは認め難い。」

「したがって、本件解雇については、その余の点につき判断するまでもなく、普通解雇であると解するのが相当であ」る。

11月30日、12月16日、12月13日のXによる通報は、いずれも虚偽の通報であり、Yの業務を妨害する行為であると評価することができる。

また、監査結果報告書は入国管理局に提出するものであり、Xがこれを持ち出す正当な理由はなく、監査結果報告書の内容に意見があるのであれば、上司のその旨の報告をするなどの方法によるべきであり、監査結果報告を持ち出す理由になるものではない。

さらに、Yの事務局長がXに対して外出しないように具体的な職務命令を出したにもかかわらず、Xは外出をしたもので、これは、明示の職務命令に反するものである。XはYをつぶすなどと発言しているが、この発言をしたことはYに対する敵対的な感情を明らかにしたもので、Yにおける職場の秩序を乱すものといわざるを得ない。

「以上のとおり、Xの警察への通報は、Yの信用を毀損し、又はその業務を妨害するもので、Xが監査結果報告書を持ち出したことはYの業務を妨害するものであり、さらに、Xは明示の職務命令に反して外出した上、Yに敵対的な感情を明らかにし、Yの職場の秩序を乱したものであって、その内容に照らせば、いずれもその程度は強いものというべきであるから、解雇をするについての客観的に合理的な理由があると認められる。」

「Xの前記の言動、すなわち、Yの業務を妨害し、その信用を毀損する警察への通報を繰り返したこと、監査結果報告書を持ち出してYの業務を妨害したこと、明示の職務命令に反して外出し、Yに敵対的な感情を明らかにし、Yの職場の秩序を乱したことによれば、これらの言動によってYとXとの信頼関係は完全に失われていたといわざるを得ず、個別的な指導等によってもXがYの職務に戻ることは現実的に期待できなかったというべきであるから、解雇をしたことについては社会通念上相当なものと認められる。」

「以上によれば、本件解雇には客観的に合理的な理由があり、社会通念上相当と認められるから、解雇権を濫用したものとはいえず、本件解雇は有効である。」

ポイント解説

1　はじめに

本件は、外国人技能実習生の受け入れにあたり、実習先の監督を行う監理団体に雇用されていた職員に対して行われた解雇の有効性が問題になった事例です。背景には、外国人技能実習生Aに対して行われたセクハラと、実習先であるXの作業場で行われた大葉巻き作業に対する賃金の未払いの問題がありました。

本件の背景には、技能実習生制度の労働問題があります。外国人技能実習制度が創設されて以来、技能実習生は労働関係にあり、労基法の適用が認められるとされてきました。しかし、外国人技能実習生に対する人権侵害や、不当な労働条件での雇用が社会問題化しています。

外国人技能実習生が置かれている状況を鑑みて、2009年には入管法の改正によって外国人技能実習生に対する保護が強化され、2016年には外国人技能実習法が制定されました。しかし、同法が制定されて外国人技能実習生に対する保護が拡充された後も、外国人技能実習生が劣悪な労働条件、就業環境で就労させられているという根本的な解決には至っていません。本件は、こうした外国人技能実習制度の根本的な問題の解決が図られない中で起こった事件だといえます。

こうした問題背景の下、本件では、監理団体で働く労働者の解雇が問題になったのですが、事案の特徴の1つとして考えられるのが、当該労働者

が雇用されていた監理団体には就業規則がなかったことです。就業規則が存在しない職場において行われた解雇の有効性が問題になっており、本判決は、本件解雇は懲戒解雇ではなく普通解雇であり、本件の事実を鑑みると解雇は有効であると判断しました。

ところで、Xの離職票の中で用いられた重責解雇という言葉は雇用保険上のものであり、労働者の責に帰すべき理由による解雇のことをいいます。本件においてXは解雇予告手当の支払いを受け、離職票には重責解雇と記載されていますが、Yが懲戒解雇として意思表示を行ったのか、普通解雇として行ったのかが、事実からは判然としません。会社の意思表示が明らかではない場合に行われた解雇がどのような性質を持つのか、本件ではこの点が問題になっていると考えられます。

さらに本件では、使用者であるYには就業規則が置かれていませんでした。就業規則が存在しない場合、解雇の効力をどのように解すべきか、本件ではこの点も問われていました。

2　懲戒解雇か普通解雇か

本件では、Yが行った解雇が懲戒解雇なのか普通解雇なのかが明らかになっておらず、使用者がどちらの趣旨で解雇を行ったかが問題になっています。

本判決は、洋書センター事件（東京高判1986・5・9労判489号89頁）を引用し、使用者が懲戒解雇の意思表示をしたとしても、使用者がこれに固執しない場合には、労働者の地位を不当に不安定にすることがない限りで、普通解雇の意思表示をしたと解することができると述べています。

しかし、企業秩序違反を理由として行われる懲戒解雇と、労働者としての能力、適格性の欠如等を理由として行われる普通解雇とでは、性質が大きく異なります。また、懲戒解雇から普通解雇の転換を容易に認めること自体が労働者の地位を著しく不安定にするため、学説では、使用者による懲戒解雇の意思表示に普通解雇の意思表示が含まれていない限り、転換を認めるべきではないと考えられています（水町勇一郎『詳解労働法第2版』（東京大学出版会、2021年）580頁）。

裁判例においても、使用者が普通解雇の意思表示をしていない場合に、懲戒解雇としては無効でも普通解雇としては有効かどうかを判断する事例が存在します。日本経済新聞社事件（東京地判1970・6・23労民集21巻3号980頁）は、懲戒解雇と普通解雇は異質なものとみるべきではないとして、懲戒解雇理由に当たると評価し得ない場合も普通解雇の効力として雇用関係を消滅させる効果が生じないかどうかを検討しています。

しかし、多くの事例では、懲戒解雇は企業秩序違反に対する制裁罰であり、普通解雇とは制度上区別されているから、懲戒解雇の意思表示に普通解雇の意思表示は包含されていないと判断されています（近時の事例として、野村證券事件・東京高判2017・3・29労判1160号28頁）。

このように、懲戒解雇と普通解雇はそもそも性質が異なるものであるため、学説が指摘するように、安易に懲戒解雇に普通解雇の意思表示が含まれるとすると、労働者の地位を不安定にするため安易に認めるべきではありません。

本件のように、懲戒解雇か普通解雇か明らかではない場合には、解雇の意思表示をした使用者がどのような趣旨で行ったかを検討する必要があるように思います。確かに、離職票にある重責解雇という記載は必ずしも懲戒解雇を意味するわけではありません。しかし、裁判所自身も、Xの行為が職務命令に違反するものであり、職場の秩序を乱すものと述べている以上、懲戒解雇として行われた趣旨と解するのが妥当でした。

3　就業規則が存在しない場合の解雇

労基法89条によると、常時10人以上の労働者を使用する使用者には、就業規則の作成義務があります。そして、使用者は懲戒解雇という制裁を課すには、その事由と手段を就業規則において明記することが要求されています（菅野和夫『労働法第12版』（弘文堂、2019年）702頁）。

本件解雇が懲戒解雇として行われたと解すると、Xが主張するように、就業規則上の根拠がないことから、解雇は無効という結論になります。この点、本判決が引用する洋書センター事件においても、10人未満の事業場において就業規則が存在しない場合、懲戒解雇理由が就業規則又は合意によって明定されなければならず、使用者と労働者との間に、懲戒解雇事由につき就業規則・労働協約等による具体的定めが存在しなければ、使用者は、労働者を懲戒解雇することはできないと述べています。

懲戒権の根拠については学説上、就業規則の根拠規定がなくても使用者は懲戒処分を行えるとす

る固有権説と、契約上の根拠を要するとする契約説があります。判例はかつて、使用者は広く、企業秩序定立権を有することから、労働者の企業秩序違反を理由として懲戒処分を行うことができると述べ、固有権説に近い立場を採っていました（関西電力事件・最1小判1983・9・8労判415号29頁）。

しかし、フジ興産事件（最2小判2003・10・10労判861号5頁）においても、「使用者が労働者を懲戒するには、あらかじめ就業規則において懲戒の種別及び事由を定めておくことを要する」こととなっています。

そして、使用者の懲戒権の行使は、企業秩序維持の観点から労働契約関係に基づく使用者の権能として行われるものであるとする判決（ネスレ日本（懲戒解雇）事件・最2小判2006・10・6労判925号11頁）も多く登場し、判例の立場としては徐々に、契約説の立場に近づいています。

近時の判例に見られるように、使用者の懲戒権の行使は労働契約関係に基づくものと理解すると、本件のようにそもそも就業規則が存在しない場合、理論的には、使用者は労働者を懲戒できないことになり、懲戒解雇は無効になります。

4 解雇の有効性

本判決がいうように、本件解雇が普通解雇として行われたものだったとしても、その有効性には疑問が残ります。

本判決は、Xが警察への通報を繰り返したこと、監査結果報告書を持ち出したこと、外出をしないよう命じる明示の職務命令に反したこと、Yに敵対的な感情を明らかにしたこと等の事実から、解雇には客観的合理的理由があったとし、Xの言動によってXとYとの信頼関係は完全に失われ、個別的な指導によっても、XがYの職務に戻ることは現実的に期待できなかったとして、解雇は社会通念上相当であったと述べています。

解雇の社会的相当性について、一般的には解雇の事由が重大な程度に達しており、他に解雇回避の手段がなく、労働者に宥恕すべき事情がない場合に解雇の相当性が認められます（菅野和夫『労働法第12版』（弘文堂、2019年）787頁）。

そのため、使用者が解雇を行う際には労働者に対して改善の機会を与えるなどしなければなりません。ただし、労働者の勤務態度が使用者の正常な職場機能、秩序を乱す程度のものであり、労働者が自ら勤務態度を改める見込みがない場合には、解雇以外の方法を通じて勤務態度の改善を図る機会を与えていなくても、解雇は有効だとした事例もあります（小野リース事件・最3小判2010・5・25労判1018号5頁）。

本判決は、XがYの職務に戻ることは現実的に期待できなかったとして、解雇は相当だと結論付けていますが、外国人技能実習生の問題が解決されていない状況下で、Xの言動のみによってXとYとの信頼関係が破壊されたとするのは妥当ではないように思われます。

また、本判決は、XがYの職務に戻ることは期待できないことから解雇を相当だとしていますが、職場に復帰できないことと解雇の相当性は別問題であるように思います。この点で、解雇の有効性判断に関する理解に関して、本判決には混乱が見られます（濱口桂一郎「技能実習生の請負による残業等－協同組合つばさ他事件」ジュリスト1533号（2019年）127頁）。

実務へのポイント

本件は、就業規則が存在しない使用者の下で行われた解雇が問題となっており、解雇が懲戒解雇として行われたのか、それとも普通解雇として行われたか判然としない事例でした。Xの離職票には重責解雇と記載されていましたが、それだけでは懲戒解雇とは判断されないことを示したのが本判決でした。

本判決の理解には、懲戒解雇には普通解雇の意思表示も含まれるとする考えがあるように思います。しかし、本来、懲戒解雇と普通解雇は性質を大きく異にし、有効性判断も異なります。そのため労働者としては、解雇が懲戒解雇として行われたか、普通解雇として行われたか判然としなければ、不安定な地位に置かれることになることから、トラブルが大きくなることを避けるためにも、解雇が懲戒解雇として行われたのか、普通解雇として行われたのかを明確にしておく必要があります。

（松井 良和）

解雇・退職

私傷病による失職と合理的配慮

日東電工事件　大阪高判2021・7・30労判1253号84頁　　　　　　　　　LEX/DB25591159

【問題となったポイント】
・私傷病休職満了時の治癒状況
・障害者に対する合理的配慮の範囲

事案の概要

　1999年4月1日、原告Xは、半導体関連材料および光学フィルム等の製造販売を業とする被告Y社との間に、期間の定めがなく、職種限定のない雇用契約（本件雇用契約）を締結して、尾道事業所で就労していました。2014年5月3日、Xは、趣味であるオフロードバイク競技の練習中に対向車と衝突する事故（本件事故）に遭遇し、頚髄損傷、頚椎骨折の障害を負い、年休・欠勤期間を経て、同年10月4日から2017年2月3日まで、約3年5か月にわたり休職していたところ、同日Y社は、休職期間満了により、Xとの雇用関係が終了したとの取り扱いを行いました（本件退職処理）。これに対し、Xは、休職期間満了時点において、休職事由が消滅していないとして、Y社に対し、雇用契約上の地位確認および賃金支払い等を請求したのが本件です。

　なお、Y社就業規則には、業務外の傷病によって長期間にわたり欠勤する従業員に対して休職を命ずることがあるとされ（10条）、その期間が満了したときは社員としての資格を失うものとして、雇用契約が終了する旨定められていました（12条）。

　一審判決（大阪地判2021・1・27労判1244号40頁）は、Xが、休職期間満了時において、本件事故発生当時と同様の勤務日数で、現実に出勤することができるとは認められないこと、および配置される現実的可能性があると認められる他の業務について労務提供を申し出たとは認められないから、休職事由が消滅したとは言えないこと、Y社の合理的配慮の提供があったとしても、休職期間満了時において、Xが休職前の担当業務を「通常程度」行うことができたとは言えないこと等を理由として、Y社によるXに対する本件退職処理を有効と判断しました。

　控訴審において、Xは、Y社が休職期間満了時にXの復職を認めないまま、復職を認めなかったことは、労契法16条の適用または準用により、客観的な根拠に基づく合理的な判断であるかどうか、社会通念上相当であるかが検討されるべきであること、および休職事由が消滅したといえるかどうかは、労働者が労務の提供を申し出ていたかどうかとは別問題であり、従前とは異なる他の業務について労働者がその履行の提供を申し出ているかどうかにかかわらず、客観的にみて、その能力、経験、地位、当該企業の規模、業種、当該企業における従業員の配置・異動の実情および難易等に照らして当該労働者が配置される現実的可能性があると認められる他の業務について労務の提供ができるか否かが判断されるべきであるとの補充主張を加えています。

判旨

控訴棄却

　「当裁判所も、Xの請求はいずれも理由がなく、棄却するのが相当であると判断する」。

1　「復職可能性の判断

　「Xの業務を前提とすれば、Y社において、Xが求める合理的配慮を講じたとしても、Y社において、休職前の担当業務を通常程度行うことができる健康状態の回復があると解することは困難である」。

　「本件退職処理は、Y社の就業規則12条6号に基づく、休職期間の満了によるY社の社員の資格喪失によるものであり、Y社が休職期間の満了時に解雇したものではないから、当然に解雇に関する労働契約法16条が適用又は準用される局面ではない」。

　「平成28年8月以降、XとY社の担当者はXの復

職に関してやりとりをし、Y社の担当者は、Xの尾道事業所以外での就労可能性を考慮し、Xにも尾道事業所以外での業務についても水を向けていたが、Xは、最終的に、2017年1月23日、尾道事業所への復職を希望する意思を明示したのであるから、Y社としてはその当否を検討すれば足りるのであり、Xが配置される現実的可能性があると認められる全ての業務について、Xによる労務の提供の可否を検討すべき義務があったということはできない」。

「2016年8月以降、XとY社の担当者はXの復職に関してやりとりをし、Xは、Y社の担当者に対し、復職に際しての希望等を申し出、最終的に、2017年1月23日、復職後の労働条件として、「在宅勤務。週1回を限度に必要な時だけ尾道事業所へ出勤」を含む諸条件を書面で提示し、上記の諸条件について配慮を求めていたのである。このように、本件では、XがY社に対して配慮を求める内容が明確であり、Y社においては合理的配慮としてどこまで対応すべきかを検討した上でXの復職の可否を判断していたのであるから、Xの上記主張は前提を欠いており、採用することができない」。

2 合理的配慮の履行

上記のとおり、「XとY社の担当者はXの復職に関してやりとりをしており、Y社がXとの話合いを拒絶していたような事情は認められない」。

「Y社の保健師や産業医はXや主治医と面接するなどして、復職の可否の判断に必要な情報収集を行い、2017年1月27日の復職審査会に先立つXとの面談においても、産業医はXに休職前に担当していた業務内容が可能かどうかを確認している」。

「2017年1月27日に実施された復職審査会に先だつ面談において、Y社の産業医は、Xに業務一覧表の一つ一つ項目を示して確認しながら聴取しており、Xも自ら担当していた業務内容が業務一覧表と異なっているなどと異議を申し述べるなどしていないことからすると、業務一覧表の作成過程に問題があるとか、その内容が実態を反映してないなどとの事情はうかがわれない。そもそも業績一覧表は、X自身が担当していた業務内容について、休職期間満了時におけるXの就労能力をXに確認させるために作成されたものであって、その趣旨をXにおいて認識していたものである以上は、Xが担当していない業務内容があればその旨を容易に説明できるのであるから、事前にその内容を示したり、代理人を同伴させなければならない必要性があったとはいえない。

また、Xは、休職前にI-S職掌の地位にあり、チームリーダーとして他の社員や派遣社員の業務を把握する必要があったのであるから、現実の作業を他の社員等が担当することがあったとしても、Xの担当業務外ということにはならない。そうすると、原審がXの休職前に担当してた業務について事実誤認である旨のXの主張を採用することはできない」。

「主治医作成の診断書の記載内容には、「後遺障害あるも症状安定していること」を理由に就業規則どおりの勤務（月～金の週5日、午前8時～午後4時45分、休憩12時～12時50分）は問題なく可能であるとするものであるが、X自身、復職審査会に先立つ面談において、継続的に週5日尾道事業所に勤務することは厳しい旨を申述していること（略）と整合せず、主治医がどのような根拠で上記のように診断したのが明らかではない上に、使用者が労働者に対して負う安全配慮義務（労働契約法5条）の対象となる通勤等に関する事情をどこまで配慮したかは不明である」。

「在宅勤務が可能となるのは、本来、在宅による労務提供が可能となることが前提となるところ、（略）Xの休職前の業務が在宅勤務によることが可能であるということはできない。Xの休職期間満了時に適用される就業規則には在宅勤務の定めがなく（略）、Y社が直ちにXからの在宅勤務の申し出に応じるべき義務があるとはいえないし、裁量労働制については労働基準法38条の3、同条の4の要件を充足していないのに、Y社に、Xについての裁量労働制を適用すべき義務があるということはできない（略）。Xは尾道事業所への復職を強く希望しており、関連子会社での就労について希望等しなかったのであるから、Y社が労働条件の見直しを検討しなかったとしても、やむを得ないというべきである。

このほか、Y社の上記就業規則上、復職に際して試験的に在宅勤務を行う旨の定めはなく、Y社には、Xを試験的に在宅勤務させるべき義務があったということもできない」。

ポイント解説

1 私傷病退職の取扱い

　労基法19条は、業務上災害を理由とする休業期間中プラス30日間は、使用者が労働者を解雇することを禁止しています。なお、労災保険法では、業務災害のほかに通勤災害も補償対象となっています（同法7条）が、本件解雇禁止規定は業務上災害にのみ適用されます。

　したがって、本件のような私傷病による休業期間が満了しても、労働者が治癒していない場合には、解雇禁止規制を受けませんが、解雇権濫用（労契法16条）のチェックを受けることに変わりありません。

　私傷病を理由とする解雇の裁判例を見てみますと、慢性腎不全により身体障害1級の嘱託社員が、入退院を繰り返し、出社が困難とされた解雇が有効とされた東京電力事件・東京地判1998・9・29労判752号31頁、小学校の歯科巡回指導を担当する歯科衛生士が脊椎症性脊髄症による長期休業後の職務遂行が困難とされた横浜市学校保健会事件（東京高判2005・1・19労判890号58頁）では、いずれも解雇が有効とされています。

　これに対し、ムチ打ち症により約4年間休職していた客室乗務員が解雇された全日空事件（大阪高判2001・3・14労判809号61頁）では、労働者が休職後に直ちに従前の業務に復職できない場合であっても、比較的短期間に復帰が可能であるときは、短期間の復帰準備期間を提供したり、教育的措置を採ることなどが信義則上求められ、著しい能力の低下等の状態にあるとは認められない本件解雇は無効とされています。

　また解雇の事案ではなく、本件のように、一定の私傷病休職期間満了時に復職できなければ退職扱い（自動失職）とするケースもあります。この場合には、本件と同様に、私傷病労働者が復職時の職務に原則復帰できるかどうかが最大の問題になります。解雇の場合には労契法16条のチェックを受けますが、退職扱いの場合には、このような規制を受けない代わりに、慎重に考察される必要があります。たとえば、私傷病休職における休職事由が消滅したというためには、原則として従前の職務を支障なく行うことが必要でありますが、労働者が職種や業務内容が限定せずに雇用契約を締結している場合、復職の可否を判断するに際し

ては、休職前の業務について労務の提供が十全にはできないとしても、その能力、経験、地位、使用者の規模や業種、その社員の配置や異動の実情、難易等を考慮して、配置替え等により現実に配置可能な業務の有無を検討し、そのような業務がある場合には、当該労働者にその業務を指示すべきであり、当該労働者が復職後の職務を限定せずに復職の意思表示をしている場合には、使用者から指示される配置可能な業務について労務を提供を申し出ているものというべきであると判断されています（東海旅客鉄道事件・大阪地判1999・10・4労判771号25頁、キャノンソフトサービス事件・大阪地判2008・1・25労判960号49頁も同旨）。

　この点で、本件ではXの職種は限定されていなかったということですから、Xが勤務可能な職種の提供が可能ではなかったか問題となり得ると考えられますが、本判決は、Xからの他職種の申し込みがなかったとして、本件自動退職を有効と判断しています。

2 復職のための条件

　本判決は、Xが自動退職扱いされるべきとする理由として、①Xが休職期間満了時において、Xが従前の担当業務を行うことができる健康状態を回復したとは認められないこと、②Xが、現職復帰にこだわり、休職期間満了時において、配置される現実的可能性があると認められる他の業務について労務の提供の申し出をしていたとは認められないことがあげられています。

　基本的には、Xの後遺症状が通勤および就労に耐えられる状態、すなわち「治癒」していることが前提となりますが、問題は「治癒」の意味するところです。職場復帰の前提条件である「治癒」が、従前の業務を通常の程度に行える健康状態に復したときである（平仙レース事件・浦和地判1965・12・16労判438号56頁）ことが原則ですが、身体障害等によって、従前の業務に対する労務提供を十全にできなくなった場合であっても、使用者はその企業規模等を勘案し、労働者の能力に応じた職務を分担させる工夫をすべきとされています（前掲東海鉄道事件・大阪地裁判決）。

3 合理的配慮の履行

　このため、最後に私症病労働者に対する配慮の内容・程度が問題となりますが、もちろん本件の

ような身体障害の場合と、知的障害、精神障害では対応が異なるのは当然です。なお、合理的配慮の具体例等については、障害者雇用促進法に基づき策定された「合理的配慮指針」（雇用の分野における障害者と障害者でない者との均等な機会若しくは待遇の確保又は障害者である労働者の有する能力の有効な発揮の支障となっている事情を改善するために事業主が講ずべき措置に関する指針）に定められています。

ところで、障害者雇用促進法36条の3は、事業主に対して、努力義務として障害者に対する合理的配慮をすることを求めています。日本も批准している国連障害者権利条約2条では、過度の負担がないにもかかわらず、障害者に対する「合理的配慮」をしないこと自体が差別になると、国際的には理解されているのと対照的です。

本件は、Xが私傷病の肢体不自由（下肢障害）となった事案ですが、本判決は、Y社が資本金267億円、従業員5000人を超える大企業であることを考慮してもなお、これ以上の配慮は困難としています。

使用者による合理的配慮を考察する際には、障害の程度を無視することができないのは当然です。この点について、第一審判決は、就労に伴う危険性等を勘案すると、「合理的配慮指針」に例示された程度の事業主の過重な負担とならない措置をもってしても、Xの業務の遂行は到底困難と判断しています。

また、本判決も、Y社は、Xからの復職の申出がなされて以降、Xの意向や後遺障害の状態、身体能力、健康状態等を確認し、復職可能な選択肢を検討した上で、Xと協議するなどしていたところ、最終的にXが尾道事業所での従前の業務に固執していたことにより、Y社において休職事由は消滅していないと判断されたものとしています。本件では、Xが従前の職に固執して、代替職務を申出ていなかったことが敗訴の原因とされたのでしょうが、Xが代替勤務を申し出ていれば、異なった結論が出されていたのかは注目されます。

本件については、何回も話合いが行われていると言えますが、Y社が代理人の参加を拒否したことは、どのように評価されるでしょうか。代理人のアドバイスがあるとはいえ、法律知識のない労働者個人が企業と対等に交渉することは困難な面も少なくないことを考慮すれば、弁護士同伴でアドバイスを受けながら交渉に当たることも認められる

べきではないでしょうか。

実務へのポイント

本件のような自動退職に関する裁判例の基礎となったのが、本判決も引用する片山組事件最高裁判決（最1小判1998・4・9労判736号15頁）です。

同事件は、21年以上にわたり建設会社の現場監督業務（職種不限定）に従事していた労働者がバセドー病に罹患し、他の職種への転換を求めたところ、無給の自宅待機扱いとされた事案です。同判決は、「労働者が職種や業務内容等を特定せずに労働契約を締結した場合においては、現に就業を命じられた特定の業務についての労務提供が十全にはできないとしても、その能力、経験、地位、当該企業における労働者の配置・異動の実情及び難易等に照らして、当該労働者が配置される現実的可能性があると認められ他の業務について労務の提供をすることができ、かつ、その提供を申し出ているならば、債務の本旨に従った履行の提供があると解するのが相当である」と判示しました。これは私傷病を理由とする休職期間に対する賃金請求権（民法536条2項）が認められた事案であり、本件のような私傷病休職期間満了時の労働契約終了とは異なっていますが、基本的な考え方は共通しています。

したがって、私傷病の労働者に対しては、私傷病休職期間を設け、その期間満了時に現職復帰ができないとしても、当該労働者から他の軽易な業務に従事する旨の申出があれば、その可能性を検討・対処する必要があることになります。

なお、雇用分野には限定されませんが、2021年に障害者差別解消法が改正されており、民間事業者は、その事業を行うに当たり、障害者からも医師の表明があった場合、過重な負担にならない範囲において、障害者の性別・年齢、障害の状態に応じて、「社会的障壁」の除去の実施について必要かつ合理的な配慮をしなければならないと規定されました。同法は、公布の日（2021年6月4日から起算して、3年以内に施行することが決められています。

（山田 省三）

解雇・退職

非典型雇用 (非正規雇用)

1. 非典型雇用労働者をめぐる論点

(1) 非典型雇用労働者って？

　非典型雇用労働者（以下、非典型雇用）とは、一般的には、パート、アルバイト、契約社員、派遣社員など、正社員以外の雇用形態を指します。なお非典型雇用も「正社員」も法律上の用語ではありませんが、パート・有期法は、短時間労働者（＝通常の労働者の週所定労働時間より短い者）、有期雇用労働者（＝事業主と期間の定めのある労働契約を結んでいる者）の定義があります（2条）。

　さて、非典型雇用の課題といえば、一般的には**1）正社員との賃金格差、2）雇用の不安定性（雇用調整の対象となりやすい）**の2つがよく挙げられます。もちろん、それに当てはまらない非典型雇用の人もいるでしょうが、非典型雇用に関する近年の法改正は、いずれもこの2つの「課題」と密接に関わるものです。

(2) 賃金格差の課題

　非典型雇用とはいえ、近年は、正社員に近い仕事を任されているケースも増えており、待遇格差を問題視する声は高まっています。待遇格差に関してはこの15年ほどで立法や法改正が進められてきましたが、同一企業内における正社員（通常の労働者）と非典型雇用（短時間労働者および有期雇用労働者）の間の待遇格差に関するルールとして2020年に施行されたパート・有期法8条（**均衡待遇**）と、同法9条（**均等待遇**）が注目されています。とりわけ8条は、対象者が多いうえ、何が不合理な格差なのかがわかりにくい分、実務的にも悩ましいところです（厚生労働省より、同一労働同一賃金ガイドラインが示されています）。

均衡待遇（8条）不合理な待遇格差の禁止	1）職務内容（業務の内容＋責任）、2）職務内容・配置の変更の範囲、3）その他の事情、の内容を考慮して、不合理な待遇差を設けることの禁止
均等待遇（9条）差別的取扱いの禁止	1）職務内容（業務の内容＋責任）、2）職務内容・配置の変更の範囲が同じ場合に、差別的取扱いの禁止

　なお、派遣労働者についても、2018年の労働者派遣法改正によって、不合理な待遇の禁止（30条の3第1項）および差別的取扱いの禁止（同2項）が規定されています。基本的な考えはほぼ同じですが、比較対象が派遣先の通常労働者である点や、派遣元が一定の労使協定を締結している場合には適用除外されるなどの違いもあります。

(3) 雇用の不安定という課題

　もう1つが雇用の不安定性。有期雇用の場合、契約期間中の解雇は厳しく制限されています（労契法17条1項）が、契約期間満了後にまた契約更新するかは、当事者同士の自由。しかし実際には、半年や1年などの有期契約が、かなり長期にわたって更新されているケースも多く、そのようなケースで、使用者が一方的に更新を拒むこと（いわゆる**雇止め**）が問題となります。

　このような雇止めを規制しているのが労契法19条と18条です。まず19条は、雇止めを規制する判例法理を条文化したもので、①契約期間が形骸化していて、実質的には無期雇用と変わらなくなっている場合（1号）、または②そこまではいかないけど、労働者が次の契約更新を期待するのも無理はないでしょ、という場合（2号）には「解雇」に準じて考えよう、というものです。具体的には、雇止めが客観的に合理的な理由がなく、社会的にみても相当でないという場合には、従来と同じ契約内容で、有期契約が更新されたものと扱われます（**雇止め法理**）。問題は、具体的にはどんな場合だと雇止めがアウトなのかですが、判例は、通常の解雇に準じつつも、解雇の場合よりは緩やかに考えています（日立メディコ事件・最1小判1986・12・4労判486号6頁）。なお最近は、就業規則に「更新は○回まで」「更新は最長でも5年まで」といった条項が置かれたり、契約更新時に「次の更新はない」との一文に署名させられることも増えています（**不更新条項**）。ただし後述するように、不更新条項や署名があっても、「更新の期待」が認められているケースも少なくありません。

　18条は、同一の使用者との間で、有期契約が5

年を超えて更新された場合に、有期契約の労働者が無期契約の締結を申し込むと、使用者がそれを承諾したものとみなす（**無期転換ルール**）というもので、背景にあるのは「それだけ更新を繰り返しているなら、そのポジションには労働者が必要なんでしょ？」という発想です。うちは無期転換制度はないよ、といっている会社もありますが、制度の有無に関係なく、要件を満たした労働者が申し込めば、使用者が無期契約締結を承諾したとみなされます（**承諾みなし**。なお派遣法では、違法派遣があった場合に、派遣先が違法であることにつき善意無過失でなければ、派遣先が直接雇用を申し込んだとみなす「**申込みみなし**」方式がとられています（派遣法40条の6））。

2. 非典型雇用労働者をめぐる近時の裁判例

（1）待遇格差に関する近時の裁判例

パート・有期法8条の前身である旧労契法20条をめぐっては、一連の最高裁判決が出されたことで注目されました。これらの裁判例ではおおむね、それぞれの待遇の性質や目的に照らして、正社員（正職員）との間の待遇の格差が不合理かどうかが判断されており、手当については不合理と判断されやすいものの（ハマキョウレックス事件・最2小判2018・6・1労判1179号20頁、日本郵便（東京）事件・最1小判2020・10・15労判1229号58頁等）、賞与・退職金は不合理と判断されにくい傾向にあります（大阪医科薬科大学事件・最3小判2020・10・13労判1229号77頁、メトロコマース事件（本書122頁）等）。

なお、定年後の労働条件をめぐっては、長澤運輸事件・最2小判2018・6・1労判1179号34頁では、住宅手当、家族手当等の格差は不合理とはいえないとされましたが、名古屋自動車学校（再雇用）事件（本書126頁）では、基本給や賞与が定年退職時の60%を下回ることが不合理とされました（いずれも定年前後で職務に変更はないケースでした）。また、パート・有期法8条違反が否定された独立行政法人日本スポーツ振興センター事件・東京地判2021・1・21労判1249号57頁、派遣労働者への通勤手当不支給が不合理とはいえないとされたリクルートスタッフィング事件・大阪地判2021・2・25労判1246号5頁なども注目されます。

（2）雇止めに関する近時の裁判例

雇止めには、労働者の能力不足や問題行動等を問題としてなされる場合と、業務縮小等を理由としてなされる場合がありますが、いずれも、労契法19条1号ないし2号に該当するか（更新期待に合理的理由があるか等）をまずは判断し、そのうえで、雇止めが客観的合理的理由等を欠くものといえるかが判断されています。

近年の雇止めでは、不更新条項の存在が問題となるケースが増えていますが、十分な説明がなかったり、労働者が真に自由な意思で署名・押印したと認められないケースでは、更新期待を認めるものも少なくありません（九州博報堂事件（本書118頁）のほか、地方独立行政法人山口県立病院機構事件・山口地判2020・2・19労判1225号91頁、グリーントラストうつのみや事件・宇都宮地判2020・6・10労判1240号83頁、A学園事件・徳島地判2021・10・25労経速2472号3頁等）。他方、事業所閉鎖などの事情につき複数回の説明があったケースでは、労働者の合理的期待が失われたとしたものもあります（日本通運事件・東京地判2020・10・1労判1236号16頁、バンダイ事件・東京地判2020・3・6労経速2423号10頁等）。

違法派遣の場合に派遣先が直接雇用を申し込んだとみなす規定（派遣法40条の6）の適用が争われたケースも目立ちます。日本貨物検数協会（日興サービス）事件（本書138頁）、AQソリューションズ事件・東京地判2020・6・11労経速2431号18頁のように適用を否定するものが多いですが、東リ事件・大阪高判2021・11・4労判1253号60頁では、申込みみなしの成立が認められました。

（3）その他

定年後の継続雇用をめぐっては、待遇低下が問題となることもあります。京王電鉄ほか1社事件（本書134頁）は、定年後、時給制で車両清掃などに従事する再雇用制度のほかに、正社員に近い労働条件で働ける継承社員制度がある中で、後者が高年法上の継続雇用にあたるかが争われましたが、否定されています。

その他、無期転換後の労働条件については、労契法18条では別段の定めがない限り従来の労働条件が維持されるとされていますが、正社員向けの就業規則（に基づく労働条件）が適用されるかが争われたものとして、ハマキョウレックス（無期契約社員）事件（本書301頁）があります。

（河合　塁）

不更新条項のもとでなされた雇止めと労契法19条2号

九州博報堂事件　福岡地判2020・3・17労経速2415号3頁　　　　　LEX/DB25570794

【問題となったポイント】
・労働契約法18条の「無期転換ルール」を免れるために、使用者が「不更新条項」を用いて通算5年前の雇止めをすることがあり、本件ではこの効力が争われている
・不更新条項では、有期契約を締結する際に契約条項の中に不更新条項を盛り込むことで契約更新を行わない旨の合意や更新回数に上限を設ける旨の合意と労契法19条2項の解釈が問題となる

事案の概要

　Y社は、広告・屋外広告物等の設計監理等の事業等を目的として設立された株式会社で、2018年4月当時、Y社の九州支社には計画管理部等の6部署がありました。Xは、1988年4月にY社の九州支社に新卒採用で入社し、1989年から九州支社の管理部（現在の計画管理部）に異動し、2018年3月31日まで1年ごとの有期雇用契約を29回にわたって更新しました。

　2008年4月1日、Y社は契約社員就業規則14条を改定し、「(4)会社は、前第2項により雇用契約を更新するにあたり、更新により雇用契約期間が最初の雇用契約開始から通算して5年を超える場合、原則として雇用契約を更新しない」という条項（以下、「最長5年ルール」）を新設しました。

　2013年1月29日、Y社の人事部長Aは、Xに、①5年間を契約更新の上限とする、②会社としても転職支援をする、③転職支援をサポートする等を説明し、XとY社は、2013年4月1日付の雇用契約書を取り交わしました。その8条には、「契約社員就業規則第14条第2項に基づき、継続して契約を更新した場合であっても、2018年3月31日以降は契約を更新しないものとする」旨の記載が

ありました。2014年度からは毎年2月頃に、Y社がXに対して契約更新通知書を交付して面談するようになりました。2014年ないし2015年の契約書には最長5年ルールの条項が記載されており、Xはこれらに署名押印しました。

　2013年5月、Xは、Y社から「事務職契約社員の評価について」と題する書類を交付され、ここには「事務職契約社員の雇用契約の更新については、2013年度より5年を上限として運用を開始している。6年目以降の契約については、本人が希望し、かつそれまでの間（最低3年間）の勤務実績により会社が適当と判断した場合に更新する」「6年目以降の契約については、それまでの間（最低3年間）の業務実績（目標管理による評価結果・査定）に基づいて更新の有無を判断する」との記載がありました。

　2013年4月1日以降、最後の更新となった2018年3月31日まで、毎年、「契約期間：当該年の4月1日から翌年3月31日」「給与：税込月額25万円（毎月末日締、当月25日払い）」等の内容で契約を更新しました（以下、「本件雇用契約」）。2013年までは、XとY社との雇用契約は毎年4月1日前後に封筒に入った契約書を渡され、署名押印をするだけで更新されていました。2014年からは毎年、Y社がXに対して更新通知書を交付し面談するようになり、2014年から2017年までの目標管理シートの記載および契約更新通知書においては、何れの年でも「最長5年ルール」が記載されていたものの、目標達成度については「期待水準通り」とされる年や「記載なし」の年もありました。

　2017年2月の契約更新前の面談において、Y社のBはXに、2018年3月をもって契約は終了する旨を伝え、不更新条項の記載された雇用契約書を渡しました。Xは、その場で署名押印をしませんでしたが、後日、これに署名押印してY社に提出しました。2017年9月22日、Y社のAはXに対して「2017年4月1日付で貴殿と締結した契約書の

第5条に基づき、契約は2018年3月31日で満了になります」等と記載された、Y社人事部局長名義の通知書および転職支援会社のサービス利用申請書を交付しました。12月7日、Xは福岡労働局からの助言に従い、Y社代表宛ての同日付「雇用契約更新のお願いについて」と題する書面を送付しました。Y社はXに、2017年12月29日付の「契約終了に関する理由説明書」を送付しました。2018年3月27日、Aは、Xに対して雇用契約を終了する旨のメールを送付し、3月30日、AはXに電話で契約が終了する旨等を伝えました。

そこで、Xは、X・Y社間の有期雇用契約は、労契法19条1号または2号に該当し、Y社の2018年3月31日の雇用期間満了をもって行った雇止め（以下、「本件雇止め」）は、客観的に合理的な理由を欠き、社会通念上相当ではない等として、Y社を提訴しました。

判旨

Xの請求を一部認容、一部棄却

1 争点①労働契約終了の合意の有無について

「Xは、平成25年から、平成30年3月31日以降に契約を更新しない旨が記載された雇用契約書に署名押印をし、最終更新時の平成29年4月1日時点でも、同様の記載がある雇用契約書に署名押印し」、その「記載の意味内容についても十分知悉していた」。しかし、約30年にわたり本件雇用契約については、「XとY社との間で本件雇用契約を終了させる合意を認定するには慎重を期す必要があり」、Xの明確な意思が必要である。

「不更新条項が記載された雇用契約書への署名押印を拒否することは、Xにとって、本件雇用契約が更新できないことを意味する」。「雇用契約書に署名押印をしていたからといって、直ちに、Xが雇用契約を終了させる旨の明確な意思を表明したものとみることは相当ではない。」「本件雇用契約が合意によって終了したものと認めることはできず、平成25年の契約書から5年間継続して記載された平成30年3月31日以降は更新しない旨の記載は、雇止めの予告とみるべきであ」り、Y社は「契約期間満了日である平成30年3月31日にXを雇止めした」。

2 争点②労契法19条1号または2号該当性について

Xは、昭和63年4月に新卒でY社に入社した以降、本件雇用契約を約30年にわたって29回も更新した。Y社は平成25年まで「雇用契約書を交わすだけで本件雇用契約を更新してきたのであり、平成24年改正法の施行を契機として、平成25年以降は、Xに対しても最長5年ルールを適用し、毎年、契約更新通知書をXに交付したり、面談を行うようになった」。本件雇用契約を全体として見渡したとき、労契法19条1号には該当しない。

Y社は、「平成25年まで、いわば形骸化したというべき契約更新を繰り返してきたものであり、この時点において、Xの契約更新に対する期待は相当に高いものが」あり、「合理的な理由に裏付けられたもの」であった。「Y社は、平成25年以降、Xを含めて最長5年ルールの適用を徹底しているが、それも一定の例外」が設けられていることからも、「Xの契約更新に対する高い期待が大きく減殺される状況」にはなかった。「Xは、既に平成25年までの間に、契約更新に対して相当に高い期待を有しており、その後も同様の期待を有し続けていた」から、Xの期待の存在やその期待が合理性を有する。「Xの契約更新に対する期待は、労働契約法19条2号により、保護される」。

3 争点③本件雇止めにおける客観的に合理的な理由および社会的相当性の有無について

Y社の主張は、「最長5年ルールを原則とし、これと認めた人材のみ5年を超えて登用する制度を構築し、その登用に至らなかったXに対し、最長5年ルールを適用して、雇止めをしようとするものである」が、「Xの契約更新に対する期待を前提にしてもなお雇止めを合理的であると認めるに足りる客観的な理由が必要である」。しかし、「本件雇止めを是認すべき客観的・合理的な理由は見出せない」。「Xが本件雇用契約の契約期間が満了する平成30年3月31日までの間に更新の申込みをしたのに対し、Y社が、当該申込みを拒絶したことは、客観的に合理的な理由を欠き、社会通念上相当」でない。

「Y社は従前の有期雇用契約の内容である労働条件と同一の労働条件で当該申込みを承諾したものとみなされる。」したがって、「平成31年4月1日以降も、Y社は従前の有期雇用契約の内容である労働条件と同一の労働条件で、Xによる有期雇

用契約の更新の申込みを承諾したものとみなされる。」したがって、「Xの請求は、Y社に対し、雇用契約上の地位確認並びに平成30年4月1日から本判決確定の日までの賃金及び賞与の支払を求める限度で理由がある。」

ポイント解説

1 本判決の基本構造―労契法18条と不更新条項―

　労契法18条は、有期労働者が契約更新を繰り返し、通算5年を超えた場合、期間の定めのない無期雇用に転換できるという「無期転換ルール」を定めています。これを免れるため、「不更新条項」を用いることで使用者が通算5年前の雇止めをすることがあります。不更新条項とは、有期契約を締結する際に契約条項の中に不更新条項を盛り込むことで契約更新を行わない旨の合意や更新回数に上限を設ける旨の合意のことです。

　不更新条項が有期契約締結当初から定められている場合、この条項はあまり問題とはなりません。あらかじめ契約更新がないことを明確にしておくことは、紛争予防のためにも有益です。しかし、有期契約の更新に際して新たな不更新条項を盛り込まれると、使用者に生殺与奪の権利を与えることになりかねません。なぜなら、有期労働者としてはこれを受諾しなければ直ちに契約解消となり、受諾すれば更新契約期間満了時に契約終了となるからです。

　本件のY社は、通算30年間もの長きにわたって有期雇用を利用しながら、就業規則条項の改定とそれに基づき契約書に「不更新条項」を挿入してXの契約書への署名・押印という同意を得ることで、労契法18条の潜脱を図っています。一方、Xは不更新条項とXのこれへの同意を公序良俗（民法90条）に反し無効と主張しました。本判決は、争点③において、不更新条項の公序良俗にかかわる判断は行わず、Y社が「最長5年ルールを原則とし、これと認めた人材のみ5年を超えて登用する制度を構築し、その登用に至らなかったXに対し、最長5年ルールを適用して、雇止めをしようとするもの」であり、そのためには、「Xの契約更新に対する期待を前提にしてもなお雇止めを合理的であると認めるに足りる客観的な理由」は見いだせないとして、労契法19条2号に基づいて、

Xへの雇止めを無効と判断しました。

2 労契法18条と労契法19条

　労契法19条は、使用者が有期契約としておきながら、過去に反復して更新される等して実質的に無期契約といえたり、雇用継続を期待させる言動をする等、契約が更新されると期待できる事情がある時は、単に有期契約期間が満了したというだけで契約を終了できないという「雇止め法理」を明文化したものです。その規範的根拠には、継続的労働契約関係上の信義則（民法1条2項および労契法3条4項を参照）による、有期契約労働者の合理的期待を保護する要請があります。労契法18条および労契法19条は、有期雇用の出口規制を共通の目的としており、使用者の自由自在な有期雇用の利用や契約打ち切りといった濫用的利用が簡単にはできないようにしています。

　とはいえ、これらの規制を回避するために、例えば、①「無期転換はできない」等と明確な理由なくして雇止めする、②賃金の引き下げ等に応じなければ無期転換を認めない、③「5年上限」等の制限を一方的に就業規則に明記したり、契約更新の際に「次の更新はない」等の項目を盛り込む（「不更新条項の挿入」）、④試験の合格や一定の勤務評価を無期転換の条件にする（「試験選抜・能力選抜型」）、⑤6か月の空白で雇用期間がリセットされるクーリング制度を悪用し6か月以上の空白期間を再雇用の条件にする、⑥財政が厳しい等の理由をつけて雇止めをする等のパターンを駆使する使用者も少なくありません。

　本件では、③の類型だけではなく、④の類型も併用しているところにY社の巧妙な労務管理が見てとれます。試験選抜・能力選抜型は、使用者が無期転換阻止の本音を隠し、新たな能力判定試験の導入等の名目で雇い止めをする類型です。この類型では、使用者が、一部労働者の無期転換のみを受け入れようと無期転換阻止の理由を隠すため導入されるケースが多く、試験や判定結果を理由にして客観的な選抜を装い雇止めをし、正社員登用されなかった者は結果として無期転換阻止の雇止めにされるので、争い方も複雑なものになります。

　もっとも、Y社の周到な労務管理の制度設計とは矛盾する「事務職契約社員の評価について」という社内文書に基づいて、2013年から2017年の期間において2017年の目標管理シートを除けばルー

ズな運用を行っており、その運用には綻びがあっ
たと評価できます。

3　労契法19条の法構造と不更新条項にかかわる裁判例

　労契法19条は、①有期労働によって雇用された
労働者が、1号（実質無期タイプ）または2号
（合理的期待タイプ）の何れかに該当する場合に、
労働者がその期間満了時までに「更新の申込みを
し」またはその期間満了後「遅滞なく有期労働契
約の締結の申込みをし」、「使用者が当該申込みを
拒絶」した場合（適用審査段階）、②その拒絶が
「客観的に合理的な理由を欠き、社会通念上相当
であると認められないとき」（効力審査段階）、従
前の「労働条件と同一の労働条件で当該申込みを
受諾したものとみなす」という、二段階の審査構
造となっています。

　第一段階の適用審査においては、当該有期雇用
の臨時性・常用性、更新の回数、雇用の通算期
間、契約期間の管理状況、雇用継続の期待を持た
せる使用者の言動の有無を総合考慮して個々の事
案ごとに判断されます。そうすると、一般論でい
うならば、使用者が有期労働に不更新条項を付し
ながら有期労働者が署名・押印をする等してこれ
に同意してしまうと、第一段階の適用審査におい
て、労契法19条2号該当性が否定されると解され
ます。このように捉え、不更新条項について使用
者の「雇止め」を予定する条項であり労働者の
「合理的期待の放棄」への合意にかかわる意思解
釈を重視する裁判例として、つぎのような裁判例
があります。近畿コカ・コーラボトリング事件
（大阪地判2005・1・13労判893号150頁）は、最
終の雇用通知書に不更新条項が挿入され、有期労
働者を対象とした説明会、通常の更新時とは異な
る「確認印」の押印といった手続き、残余の年休
の消化、有期労働者の業務委託先への応募という
事実関係がありました。裁判所は「不更新合意に
よって労働契約が終了した」と判断しています。
同様に、本田技研工業事件（東京高判2012・9・
20労経速2162号3頁）は、期間契約社員が多数回
にわたって有期契約を更新後、使用者が不更新条
項に関する十分な説明・情報提供を行った上で、
労働契約書を交付し、期間契約社員が署名・押印
したという事例です。裁判所は「不更新条項を含
む経過や契約締結後の言動等も併せ考慮して、労
働者が次回は更新されないことを真に理解して契

約を締結した場合には、雇用継続に対する合理的
期待を放棄したものであり、不更新条項の効力を
否定すべき理由はないから、解雇に関する法理の
類推適用を否定すべきである」として雇用継続の
期待利益を放棄したと判断しています。

　一方、不更新条項にかかわる労使の意思表示を
相対的に捉えて、第二段階の効力審査において検
討する裁判例である、明石書店（制作部契約社
員・仮処分）事件（東京地判2010・7・30労判
1014号83頁）では、裁判所は「本件不更新条項
は、期間の定めのある労働契約を解雇権濫用の適
用に当たって、評価障害事実として総合考慮の一
内容とて考慮の対象になると解するのが相当であ
る」として、解雇権濫用法理の一要素にとどまる
と判断しています。同様に、東芝ライラック事件
（横浜地判2013・4・25労判1075号14頁）では、
Y社は更新の都度、面接、新たな契約書を作成し、
契約を締結する手続きを採っていたものの、契約
更新回数76回と多く、長期継続期間も20年と長い
ものであった。経営状況の悪化や大幅に正社員も
人員削減される中で、Xに情報提供し、時間をか
けて説明・納得を得ようと努めて、最終更新時
に、不更新条項を含む契約書を交わして、Xの署
名・押印を得ていたという事実関係がありまし
た。裁判所は、不更新条項を「雇止めの予告」を
したものであるとしたうえで、「『今回をもって最
終契約とする』旨の文言に署名、押印しているこ
と、などに鑑みると、XのZ社との雇用継続に対
する合理的期待の程度は高くない」と判断してい
ます。

　本判決は、第二段階の効力審査段階で判断する
裁判例に一事例を付け加えたものとの位置づけが
できます。すなわち、本判決は不更新条項を「雇
止めの予告」と捉えた上で、雇用継続にかかわり
醸成されていた、労働者の高い期待が大きく減殺
される状況にあったということはできないとして
労契法19条2号該当性を認めています。

実務へのポイント

　有期契約について不更新条項を付す使用者は、
本判決や不更新条項の趣旨を踏まえて、適切な雇
用管理を行っていかないと、不更新条項にかかわ
る裁判リスクが高まります。ご注意いただければ
と思います。
　　　　　　　　　　　　　（春田 吉備彦）

非典型雇用

有期雇用労働者への退職金不支給と均衡待遇

メトロコマース事件　最3小判2020・10・13労判1229号90頁　　　　　LEX/DB25571111

【問題となったポイント】
・無期雇用労働者に支給している退職金を有期雇用労働者には一切支給しないことが、労働契約法旧20条にいう不合理なものと認められるか

事実の概要

　本件は、Yと有期労働契約を締結して東京地下鉄株式会社（以下「東京メトロ」。）の駅構内の売店における販売業務に従事していたXらが、Yと無期労働契約を締結している労働者のうち上記業務に従事している者とXらとの間で、退職金等に相違があったことは労働契約法20条（2019年法律第71号による改正前のもの。以下同じ。）に違反するものであったなどと主張して、Yに対し、不法行為等に基づき、上記相違に係る退職金に相当する額等の損害賠償等を求めた事案です。

　Yは、東京メトロの完全子会社で、東京メトロの駅構内における新聞、飲食料品、雑貨類等の物品販売、入場券等の販売、鉄道運輸事業に係る業務の受託等の事業を行う株式会社です。Yでは、社員（以下「正社員」。）、契約社員A（2016年4月に職種限定社員に変更。）及び契約社員Bという名称の雇用形態の区分が設けられ、それぞれ適用される就業規則が異なっていました。

　X2は2004年4月、X1は同年8月、それぞれ契約社員BとしてYに採用され、契約期間を1年以内とする有期労働契約の更新を繰り返しながら、東京メトロの駅構内の売店における販売業務に従事していました。X2については2014年3月31日、X1については2015年3月31日、いずれも65歳に達したことにより上記契約が終了しました。

　Yにおける正社員は、無期労働契約を締結した労働者であり、定年は65歳でした。正社員には、退職金が支給されていました。他方で、契約社員Bは、契約期間を1年以内とする有期労働契約を締結した労働者であり、一時的、補完的な業務に従事する者をいうものとされていました。契約期間満了後は原則として契約が更新され、就業規則上、定年（更新の上限年齢をいう。以下同じ。）は65歳と定められていました。契約社員Bについて、退職金は支給されていませんでした。Yは、契約社員Bから契約社員A、契約社員Aから正社員への登用制度を設けていました。

　原審（東京高判2019・2・20労判1198号5頁）は、Xらに退職金が支給されないことについて、少なくとも長年の勤務に対する功労報償の性格を有する部分に係る退職金、具体的には正社員と同一の基準に基づいて算定した額の4分の1に相当する額すら一切支給しないことは不合理であり、労使間の交渉や経営判断の尊重を考慮に入れても、Xらのような長期間勤務を継続した契約社員Bに全く退職金の支給を認めない点において、労働契約法20条にいう不合理と認められるものに当たると判示して、この部分についてXらのYに対する不法行為に基づく損害賠償請求を認めていました。XらとYの双方が上告しました。

判旨

　一部上告棄却、一部破棄自判

1　判断枠組み

　「労働契約法20条は、有期契約労働者と無期契約労働者の労働条件の格差が問題となっていたこと等を踏まえ、有期契約労働者の公正な処遇を図るため、その労働条件につき、期間の定めがあることにより不合理なものとすることを禁止したものであり、両者の間の労働条件の相違が退職金の支給に係るものであったとしても、それが同条にいう不合理と認められるものに当たる場合はあり

得るものと考えられる。もっとも、その判断に当たっては、他の労働条件の相違と同様に、当該使用者における退職金の性質やこれを支給することとされた目的を踏まえて同条所定の諸事情を考慮することにより、当該労働条件の相違が不合理と評価することができるものであるか否かを検討すべきものである。」

2 本件における退職金の性質・目的

「Yは、退職する正社員に対し、一時金として退職金を支給する制度を設けており、退職金規程により、その支給対象者の範囲や支給基準、方法等を定めていたものである。そして、上記退職金は、本給に勤続年数に応じた支給月数を乗じた金額を支給するものとされているところ、その支給対象となる正社員は、Yの本社の各部署や事業本部が所管する事業所等に配置され、業務の必要により配置転換等を命ぜられることもあり、また、退職金の算定基礎となる本給は、年齢によって定められる部分と職務遂行能力に応じた資格及び号俸により定められる職能給の性質を有する部分から成るものとされていたものである。このようなYにおける退職金の支給要件や支給内容等に照らせば、上記退職金は、上記の職務遂行能力や責任の程度等を踏まえた労務の対価の後払いや継続的な勤務等に対する功労報償等の複合的な性質を有するものであり、Yは、正社員としての職務を遂行し得る人材の確保やその定着を図るなどの目的から、様々な部署等で継続的に就労することが期待される正社員に対し退職金を支給することとしたものといえる。」

3 売店業務に従事する正社員と契約社員Bとの間の職務の内容及び変更の範囲の相違

「そして、Xらにより比較の対象とされた売店業務に従事する正社員と契約社員BであるXらの労働契約法20条所定の「業務の内容及び当該業務に伴う責任の程度」(以下「職務の内容」という。)をみると、両者の業務の内容はおおむね共通するものの、正社員は、販売員が固定されている売店において休暇や欠勤で不在の販売員に代わって早番や遅番の業務を行う代務業務を担当していたほか、複数の売店を統括し、売上向上のための指導、改善業務等の売店業務のサポートやトラブル処理、商品補充に関する業務等を行うエリアマネージャー業務に従事することがあったのに対

し、契約社員Bは、売店業務に専従していたものであり、両者の職務の内容に一定の相違があったことは否定できない。また、売店業務に従事する正社員については、業務の必要により配置転換等を命ぜられる現実の可能性があり、正当な理由なく、これを拒否することはできなかったのに対し、契約社員Bは、業務の場所の変更を命ぜられることはあっても、業務の内容に変更はなく、配置転換等を命ぜられることはなかったものであり、両者の職務の内容及び配置の変更の範囲(以下「変更の範囲」という。)にも一定の相違があったことが否定できない。」

4 その他の事情

「さらに、Yにおいては、全ての正社員が同一の雇用管理の区分に属するものとして同じ就業規則等により同一の労働条件の適用を受けていたが、売店業務に従事する正社員と、Yの本社の各部署や事業所等に配置され配置転換等を命ぜられることがあった他の多数の正社員とは、職務の内容及び変更の範囲につき相違があったものである。そして、2015年1月当時に売店業務に従事する正社員は、2000年の関連会社等の再編成によりYに雇用されることとなった互助会の出身者と契約社員Bから正社員に登用された者が約半数ずつほぼ全体を占め、売店業務に従事する従業員の2割に満たないものとなっていたものであり、上記再編成の経緯やその職務経験等に照らし、賃金水準を変更したり、他の部署に配置転換等をしたりすることが困難な事情があったことがうかがわれる。このように、売店業務に従事する正社員が他の多数の正社員と職務の内容及び変更の範囲を異にしていたことについては、Yの組織再編等に起因する事情が存在したものといえる。また、Yは、契約社員A及び正社員へ段階的に職種を変更するための開かれた試験による登用制度を設け、相当数の契約社員Bや契約社員Aをそれぞれ契約社員Aや正社員に登用していたものである。これらの事情については、Xらと売店業務に従事する正社員との労働条件の相違が不合理と認められるものであるか否かを判断するに当たり、労働契約法20条所定の「その他の事情」(以下、職務の内容及び変更の範囲と併せて「職務の内容等」という。)として考慮するのが相当である。」

5 結論

「そうすると、Yの正社員に対する退職金が有する複合的な性質やこれを支給する目的を踏まえて、売店業務に従事する正社員と契約社員Bの職務の内容等を考慮すれば、契約社員Bの有期労働契約が原則として更新するものとされ、定年が65歳と定められるなど、必ずしも短期雇用を前提としていたものとはいえず、Xらがいずれも10年前後の勤続期間を有していることをしんしゃくしても、両者の間に退職金の支給の有無に係る労働条件の相違があることは、不合理であるとまで評価することができるものとはいえない。」

ポイント解説

1 はじめに

　労働契約法の2012年法改正により導入された同法旧20条は、有期雇用労働者の労働条件と、同一使用者の無期雇用労働者の労働条件との間の相違が、①労働者の業務の内容及び当該業務に伴う責任の程度（以下「職務の内容」。）、②当該職務の内容及び配置の変更の範囲、③その他の事情を考慮して、不合理と認められるものであってはならない旨を規定していました。

　この条文が2013年4月1日に施行されてから、2019年6月1日、2020年10月13日及び同月15日にこの条文に関する多数の最高裁判決が出されました。本判決もその一つです。

　上記の法改正の後も、「同一労働同一賃金」という政府のスローガンのもとで、いわゆる非正規労働者と正規労働者間の均等・均衡待遇を確保するための立法が検討されてきました。そして、2018年6月に成立した働き方改革関連法によって、労契法、パート・有期法等が改正されました（労契法及びパート・有期法の改正部分は大企業につき2020年4月1日、中小企業につき2021年4月1日より施行されています）。

　この改正によって、上記の労契法旧20条は廃止されて、短時間労働者について通常の労働者との不合理な待遇を禁止していた短時間労働法8条と統合され、現行のパート・有期法8条になりました（この間の経緯について、水町勇一郎『「同一労働同一賃金」のすべて　新版』（有斐閣、2019年）が詳しいです。）。

　本判決は、労契法旧20条に関する判決ですが、パート・有期法8条の解釈についても参考になる

でしょう。本判決は、労契法旧20条に関する数ある裁判例の中でも退職金の不支給が問題となった点に特徴があります。

2 労契法旧20条の判断枠組みと効果

　まず、労契法旧20条にいう「不合理」について、学説では、「合理的ではない」という意味であるという理解に基づき、当該労働条件の相違に合理性がなければならないとする説と、このように理解せず、当該労働条件の相違に合理性がなくとも不合理とまでいえないならば許容されるとする説に分かれています。

　最高裁は、同条の文言と「両者の労働条件が均衡のとれたものであるか否かの判断に当たっては、労使間の交渉や使用者の経営判断を尊重すべき面があることも否定し難い」ことを考慮して、「同条にいう「不合理と認められるもの」とは、有期契約労働者と無期契約労働者との労働条件の相違が不合理であると評価することができるものであることをいう」と解しています。

　労契法旧20条は、このような不合理性判断に当たって、①職務の内容、②職務の内容及び配置の変更の範囲、③その他の事情を考慮することを明示しています。このうち、③その他の事情にどのような事情が含まれうるかは、問題です。最高裁は、これに労使間の交渉、使用者の経営判断、関連する労働条件の状況、正社員への段階的な登用制度の実施、組織再編等に起因する比較対象の正社員の正社員全体における特殊性、定年後再雇用といった事情を含めています。ただし、使用者の経営判断は、主観的又は抽象的な説明のみでは足りず、客観的かつ具体的な実態に基づいて説明される必要があるでしょう。

　また、最高裁は、労働条件相違の不合理性判断に当たっては、賃金の総額を比較するのではなく、当該使用者における手当、賞与、退職金等、問題となった個々の項目の性質や目的を踏まえて同条所定の諸事情を考慮することにより、当該労働条件の相違が不合理と評価することができるものであるか否かを検討すべきと解しています。この点は、パート・有期法8条でより明確になっています。①から③の各要素が不合理性判断にどの程度影響するかは、問題となった待遇の性質・目的を踏まえて判断されることになるでしょう。

　また、無期雇用労働者である正社員の中でも様々な働き方や労働条件に分かれているときに、

どの正社員と比較して待遇の相違が不合理と評価されるか問題となります。本判決のように、最高裁は、正社員全体との比較ではなく、一定範囲の正社員と比較して不合理性を判断することを認めています。ただし、本判決は、その他の事情として、比較対象の正社員の正社員全体における特殊性を考慮要素の一つにしています。

労働条件の相違が労契法旧20条にいう不合理なものと認められる場合には、本条の効果として当該労働条件は無効になると一般に解されています。しかし、最高裁は、本条の効果として、無効となった労働条件の代わりに正社員の労働条件が補充されること（補充的効力）については否定しています。したがって、通常、不法行為に基づく損害賠償による救済が問題となります。ただし、無効になった労働条件部分が、労働協約、就業規則、労働契約の合理的解釈によって補充される可能性は残されています。

3　退職金の不支給と「不合理」性判断

退職金はどのような性質をもつでしょうか。労働協約や就業規則（労基法89条1項3号の2参照）等に退職金の定めがある場合には、その定め等を手掛かりに、退職金の性質が判断されます。通常、退職金の額は、労働者の勤続年数とともに増加するように予め制度設計されているので、勤続期間中に支払われるべき賃金の後払いとしての性格をもつと解することができます。他方で、一般に、退職金には労働者に対する功労報償としての性格もあると考えられます。

メトロコマース事件の原審判決は、退職金の長年の勤続に対する功労報償としての側面を踏まえ、問題となった有期雇用労働者が1年単位の契約の更新という形式をとりながらも、原則として契約が更新され、定年が65歳と定められているなかで、実態において10年前後の長期間に渡り勤続していたこと等を考慮し、退職金の功労報償部分（正社員と同一の基準に基づいて算定した額の4分の1に相当する額）すら一切支給しないことは「不合理」であると解しました。

最高裁は、有期雇用労働者への退職金不支給は「不合理」とまではいえないと判断しました。この判断には、契約社員Bが登用制度を利用して退職金が支給される職種限定社員（契約社員A）や正社員になることが制度上可能であり、かつ当該登用制度が現実に利用されていることが大きく影響していると考えられます。なお、林景一裁判官及び林道晴裁判官は、本判決の補足意見において、退職金制度の構築に関し、使用者の裁量判断を尊重する余地が比較的大きいと指摘しています。しかし、宇賀克也裁判官は、本判決の反対意見において、結論として原審判決を支持しています。有期雇用労働者が実態として正社員と同様に長期間の勤続をしていた場合、退職金が支給される余地が一切ないという扱いが「不合理」と評価される可能性は未だに残されているでしょう。

4　短時間・有期雇用労働法8条との関係

上述した事項は短時間・有期雇用労働法8条の解釈においても参考となるでしょう。また、行政解釈として、2019年12月28日厚生労働省告示第430号「短時間・有期雇用労働者及び派遣労働者に対する不合理な待遇の禁止等に関する指針」があります。同法は、労働契約法とは異なって履行確保手段として行政による助言・指導・勧告（18条1項）や企業名公表（同2項。8条違反には適用なし。）が予定されています。また、短時間・有期雇用労働者と使用者間の紛争解決の援助として、紛争当事者の双方又は一方からの要請に基づき、都道府県労働局長による助言・指導・勧告（24条）、個別労働紛争解決促進法6条1項の紛争調整委員会による調停が行われます。

実務へのポイント

事業主は、その雇用する短時間労働者又は有期雇用労働者から求めがあったときは、この者に対して、この者と通常の労働者との間の待遇の相違の内容及び理由等について説明をしなければなりません（パート・有期法14条2項）。したがって、実務上、事業主は、このような待遇の相違の内容を把握し、上記の指針等を参考としながら当該相違を設けることが問題ではないかを検討する必要があります。

労契法旧20条についての最高裁の判断枠組みには、使用者と労働組合間の労使交渉の結果を一定程度尊重する意図が窺われます。しかし、この解釈は、労働組合が非正規労働者の意見を反映できていることが前提と考えられますので、労使交渉の際には、非正規労働者の意見を十分に反映する必要があるでしょう。　　　　（小林　大祐）

非典型雇用

定年嘱託再雇用者の労働条件

名古屋自動車教習所（再雇用）事件　名古屋地判2020・10・28労判1233号5頁

LEX/DB25567010

【問題となったポイント】
・定年退職後の賃金低下の法的評価
・同一労働同一賃金のありかた

事案の概要

　原告X1およびX2（以下、Xら）は、1976年もしくは1980年に自動車学校の経営等を目的とする被告Y社に教習指導員（正職員）として雇用されました。2013年もしくは2014年にXらは、60歳でY社を定年退職し、以降、嘱託職員として1年の有期労働契約により再雇用されましたが、2018年7月もしくは2019年9月にYを退職しました。

　Y社嘱託職員の労働条件は、正社員就業規則とは別個に制定された嘱託規程に定められ、嘱託規程に定めのない事項については正社員就業規則等に規定されるが、実態に合わない場合、不都合な場合あるいは正職員就業規則等にも定めがない場合には、その都度定めるとされていました。Y社正社員の賃金は、一律給と功績給から構成される基本給（年功的性格が強い）および役付手当、家族手当、皆精勤手当等に分類されていました。これに対し、嘱託職員の賃金体系はその都度決められ、賃金額は本人の経歴、年齢その他の実態を考慮して定めるとされ、その基本給（年功的性格なし）、皆精勤手当等はすべて正職員定年退職時より減額支給されているほか、2014年8月から、皆精勤手当と敢闘賞とが統合されて精勤手当の名称に変わったが、役付手当と家族手当は支給されていませんでした。

　そして、Xらの定年退職時に受給していた賃金は、定年退職時に近い55歳ないし59歳の賃金センサスの平均賃金を下回っていたほか、Xらの定年退職時および嘱託職員時の月給基本給を比較してみると、X1は18万1640円から8万1738円（55%減、最終年は7万4677円）、X2は16万7250円か

ら8万1700円（51.2%減、最終年7万2700円）に減額されており、これはY社の新入正職員（勤続1～5年）の基本給月額（11万2000円から12万5000円）をも下回る金額でした。なお、嘱託職員と正職員との業務内容と責任についての差異はありませんでした。

　次に、正職員の賞与は、夏季および冬季の年2回、正職員一律に設定される掛け率を各正職員の基本給に乗じた金額に当該猪職員の勤務評定分を加算する方法で算定・支給されていました。これに対し、嘱託職員一時金は、原則として支給されませんが、勤務成績考慮して支給することがあると規定されていましたが、実際には、X1が4万2000円～10万8000円、X2は6万6200円～10万7500円の支払いを受けていました。これは、職員賞与の算定方法によると、X1は15万～17万円4000円、X2は13万9000円～16万円に勤務評定分を加算した金額となりました。もっとも、Xらには定年退職時に退職金を受給していたほか、60歳から高年齢雇用継続給付金、61歳から老齢厚生年金（比例報酬分）を受給していました。

　このほか、正社員に支給される皆精勤手当および敢闘賞〈精勤手当〉の支給にも、正職員と定年嘱託職員の間に相違がありました。

　なお、労働組合分会長であるX1は、Y社における嘱託職員と正職員との賃金格差に関する質問状を出しましたが、Y社からの回答はありませんでした。

判旨

1　労契法20条の趣旨

　「労働契約法20条は、有期契約労働者の労働条件が、期間の定めがあることにより、無期契約労働者の労働条件と相違する場合においては、当該労働条件の相違は、労働者の業務の内容及び当該業務に伴う責任の程度（職務の内容）、当該職務の内容及び配置の変更の範囲（以上、職務内容及

び変更範囲）その他の事情（以上、職務の内容等）を考慮して、不合理と認められるものであってはならない旨を定めている。これは、有期契約労働者については、無期契約労働者と比較して合理的な労働条件の決定が行われにくく、両者の労働条件格差が問題となっていたこと等を踏まえ、有期契約労働者の公正な処遇を図るため、その労働条件に付き、期間の定めがあることにより不合理なものとすることを禁止したものである。そして、同条は、有期契約労働者と無期契約労働者との間で労働条件に相違がある得ることを前提に、職務の内容等を考慮して、その相違が不合理と認められるものであってはならないとするものであり、職務の内容等の違いに応じた均衡のとれた処遇を求める規定であると解される」。

「労働契約法20条にいう「不合理と認められるもの」とは、有期契約労働者と無期契約労働者との労働条件の相違が不合理であると評価できるものであることをいうと解するのが相当である。そして、両者の労働条件の相違が不合理であるか否かの判断は規範的評価を伴うものであるから、当該相違が不合理であるとの評価を基礎付ける事実については当該相違が同条に違反することを主張する者が当該相違が不合理であるとの評価を妨げる事実については、当該相違が同条に違反することを争う者が、それぞれ主張立証責任を負うものと解される」。

「有期契約労働者が定年退職後に再雇用された者であることは、当該有期契約労働者と無期契約労働者との労働条件の相違が不合理と認められるものであるか否かの判断において、労働契約法20条にいう「その他の事情」として考慮されることとなる事情に当たると解するのが相当である」。

「有期契約労働者と無期契約労働者との個々の賃金項目に関する労働条件の相違が不合理と認められるものであるか否かを判断するに当たっては、両者の賃金の総額を比較することのみによるのではなく、当該賃金項目の趣旨を個別に考慮すべきである」。

「本件において、有期契約労働者と無期契約労働者との労働条件の相違が不合理と認められるものであるか否かの判断に当たっては、もっぱら、「その他の事情」として、XらがY社を定年退職した後に有期労働契約により再雇用された嘱託職員であるとの点を考慮することになる」。

「しかし、嘱託職員の労働条件について、正職員との労働条件の相違を踏まえた見直しが行われた事実は認められない」。

2 　基本給における相違の不合理性判断

「基本給は、一般に労働契約に基づく労働の対償の中核であるとされているところであるところ、現に、Xらの正職員定年退職時の毎月の賃金に基本給が占める割合は相応に大きく、これが賞与額にも大きく影響していたことからすれば、Y社においても、基本給をそのように位置付けているものと認められる。Y社における基本給のこのような位置付けを踏まえると、上記の事実は、Xらの正職員定年退職時と嘱託職員時の各基本給に係る相違が労働契約法20条にいう不合理と認められるものに当たることを基礎付ける事実であるといえる」。

「Xらは、Y社を正職員として定年退職した後に嘱託職員として有期労働契約により再雇用された者であるが、正職員定年退職時と嘱託職員時でその職務内容及び変更範囲には相違がなく、Xらの正職員定年退職時の賃金は、賃金センサス上の平均賃金を下回る水準であった中で、Xらの嘱託職員時の基本給は、それが労働契約に基づく労働の対償の中核であるにもかかわらず、正職員定年退職時の基本給を大きく下回るものとされており、そのため、Xらに比べて職務上の経験に劣り、基本給に年功的性格があることから将来の増額に備えて金額が抑制される傾向にある若年正職員の基本給をも下回るばかりか、賃金の総額が正職員定年退職時の労働条件を適用した場合の60％をやや上回るかそれ以下にとどまる帰結をもたらしているものであって、このような帰結は、労使自治が反映された結果でもない以上、嘱託職員の基本給が年功的性格を含まないこと、Xらが退職金を受給しており、要件を満たせば高年齢雇用継続給付金及び老齢厚生年金（比例報酬分）の支給を受けることができたといった事情を踏まえたとしても、労働者の生活保障の観点からも看過し難い水準に達しているというべきである。

そうすると、Xらの正職員定年退職時と嘱託職員時の各基本給に係る金額という労働条件の相違は、労働者の生活保障という観点も踏まえ、嘱託職員時の基本給が正職員定年退職時の基本給の60％を下回る限度で、労働契約法20条にいう不合理と認められるものに当たるものと解するのが相当である」

ポイント解説

1 問題の状況

　現在、全労働者の約4割を占めるに至った、いわゆる非正規労働者については、雇止めによる不安定雇用と、正社員（労働法上は、「通常の労働者」）と労働条件格差の是正が重要な課題となっています。本件は後者の問題であり、パート・有期法に改正された労契法（旧）20条をめぐる事件が本件です。すなわち、同条は、有期雇用労働者と無期契約労働者（通常の労働者）との間に賃金等の待遇に相違があった場合、両者における①業務内容とそれに伴う責任（職務内容）、②配置とその変更の範囲、③「その他の事情」を考慮して、当該相違が「不合理なものであってはならない」と規定されていました。通常は差別禁止規定ですが、労契法（旧）20条の不合理禁止規定は、職務発明の対価は「不合理なものであってはならない」と定める特許法35条の規定にならったものと言われています。

　ところで、労契法（旧）20条の対象となる有期雇用労働者には、定年前の労働者と、本件のような定年後嘱託再雇用者の2つのケースがあります。後者では、再雇用後に職務内容に変更がないのに、賃金が大幅に低下することが少なくありません。これは普通のことと思われているかもしれませんが、法的にも当然のことでしょうか。本件では、基本給、賞与、皆精勤手当および家族手当の相違について不合理と判断されています。

2 本判決の特徴

　本件の特徴は、定年前から低い賃金であった再雇用労働者が、正社員ではなく、自分の定年退職時との賃金格差が不合理と訴えた点に求められます。労契法（旧）20条では、有期雇用労働者と無期雇用契約正社員とを比較するよう規定されていることから、まずこの点が問題となります。

(1) 比較対象者の選定

　どのような正社員を比較対象者を選択するかは、不合理性の判断にとって大きな意味を持っています。裁判例をみると、当初は正社員全体を比較対象者としていましたが、現在では、有期雇用労働者と職務内容や勤続年数の近い正社員に限定するようになっており、このことが、不合理性を肯定する裁判例の増加に繋がっていると考えられ

ます。例えば、アルバイト職員への賞与の不支給を不合理と判断した大阪医科薬科大学事件控訴審判決（大阪高判2019・2・15労判1199号5頁）では、正社員全体を比較対象者としながら、基本給については採用時期の近接した正職員を比較対象としています。

　本判決では、比較対象者の選定理由を示していませんが、「Xらの正社員定年退職時と嘱託職員時の各基本給に係る金額という労働条件の相違」と表現していることからすれば、現存する無期契約労働者を締結している正社員ではなく、定年退職時のX自身ということになります。この点で参考になるのが、日本ビューホテル事件東京地裁判決（2018・11・21労判1197号55頁）です。同判決は、労契法旧20条は有期契約労働者の比較対象者となる無期契約労働者を限定していないから、まず原告が措定する無期契約労働者と比較対照し、被告が主張する他の正社員の業務内容や賃金額等は「その他の事情」として、これらを含めて考慮要素に係る諸事情を幅広く総合的に考慮するとの判断基準を設定したうえで、本件において嘱託・臨時社員時の原告の労働条件と比較対照されるのは、同一事業所において役職定年により営業課支配人の地位を離れた定年退職者の者となるが、原告自身以外にはそのような者はいないから、結局定年退職前後の原告の業務内容を比較すると判断しています。このような判断は、中小企業のように、比較対象できる正社員（無期契約労働者）が見つからない場合や、本件のように明確な賃金規程が存在しないような場合には、有効な基準ではないでしょうか。

　ところで、労契法旧20条の文言を見ると、「期間の定めのない労働契約を締結している労働者」と、現在の無期契約労働者と表現していることから、上記判決については議論のあるところでしょう。もっとも、労契法旧20条を短時間労働者も含めて再規定した、現行のパート・有期法8条では、この文言は、当該短時間・有期雇用労働者の「当該待遇に対応する通常の労働者」とされているので、比較対象労働者の範囲が拡大され、本判決のような判断が可能になったと考えられます。

(2) 均等待遇と生活保障

　本判決の第2の特徴は、嘱託労働者に対する基本給・賞与不支給の不合理性判断において、比較対象者である正社員の賃金額の低さを考慮していることです。つまり、「貧しきを憂えず、等しか

らざるを憂う」という古い格言があるように、均等待遇原則では通常、賃金レベルは問題とならないからです。

しかし、本判決は、賃金が労働の対償であることを強調したうえで、仕事内容が変わっていないにもかかわらず、定年退職時の賃金額を60％程度下まわっているほか、嘱託職員の給与が月額7万円と最低賃金法すら下回るような金額であり、生活が困難となること等の事情が考慮されたものです。

(3) 定年退職後再雇用労働者の労働条件

定年退職後の嘱託労働者の労働条件を、どのように適正に決定するかは重要な問題です。本件は、労働契約法旧20条の問題で処理されてきましたが、65歳までの雇用延長を定めた高年法9条の問題として捉えることもできるかもしれません。この場合、雇用保険や厚生年金の支給といった社会保険給付も考慮に入れて考察される必要があると思われます。

たとえば、労契法旧20条の事案ではありませんが、短時間労働者（パートタイマー）として、定年前の約75％減の賃金額が提示されたこともあり、再雇用契約が締結されなかった九州惣菜事件（福岡高判2017・9・7労判1167号49頁）が注目されます。同判決は、本件再雇用が、きわめて不合理であって、労働者である高年齢者の希望・期待に著しく反し、到底受け入れられないような労働条件を提示することは、継続雇用制度の導入という高年法の趣旨に違反した違法性を有するものとして不法行為が成立すると判断しています。

3 長澤運輸事件との対比

本件とは異なり、定年前の無期・有期契約労働者の事案ですが、本件と同様に、職務内容（業務内容と責任）および配置とその変更範囲が同一であった長澤運輸事件最高裁判決（最2小判2018・6・1労判1179号34頁）では、基本給等における相違が不合理ではないと判断されており、本件と対照的な結論となっています。その理由として、長澤運輸事件最高裁判決は、①団体交渉を経て、嘱託労働者の賃金が増額されていること、②定年退職時に退職金を受け取っていること、③定年退職時の約80％の賃金を受け取っていたこと、④老齢厚生年金が支給されることや、報酬比例部分が支給されるまで2万円の調整給が支給されていたこと等が、「その他の事情」として考慮されていることが挙げられるでしょう。

これに対して、本判決は、正職員が長期雇用を前提とし、年功序列的に取り扱われる一方で、嘱託職員はそれを前提としておらず、退職金を受領し、社会保険給付を受けているが、これらは定年退職労働者の多くに共通するもので、基本給の相違を当然に正当化するものではないとしています。

さらに、本件では、正社員の賃金水準自体が低いものであり、定年後嘱託社員の賃金は7万円程度と最低賃金をの下回るような額であるにもかかわらず、長澤運輸事件のような調整も配慮もなされていなかった点が大きいのではないでしょうか。

このほか、本判決では、賞与、家族手当、皆精勤手当の相違についても、不合理と判断されています。

実務へのポイント

従来のわが国の雇用管理では、正社員といわゆる非正規労働者との間に労働条件の格差があるのが当然とされてきました。それは、同一の仕事に従事していた場合も同様です。

つまり、わが国では、仕事ではなく、「身分」で賃金が支払われてきたわけです。しかし、本判決も指摘している通り、賃金は「労働の対償」（労基法11条）ですから、労働によって決定されるべきものです。これが、同一労働同一賃金原則と呼ばれるものです。従来は、労働契約法旧20条ですが、改正されたパート・有期法は、この原則をパート・有期労働者に適用しています。

非正規労働者が正社員と同一の労働をしていれば、なぜと考えるのは当然のことです。その時に使用者が、その賃金格差等の理由を合理的に説明できるかです。そして、説明できなければ、制度を修正すればいいのです。労働関係では、なによりも説明と納得が不可欠なのです（労働契約法4条）。

（山田 省三）

非典型雇用

無期転換後の労働条件と、正社員就業規則の適用

ハマキョウレックス（無期契約社員）事件　大阪高判2021・7・9労経速2461号18頁

LEX/DB25591205

> **【問題となったポイント】**
> ・無期転換後の労働条件と就業規則
> ・労契法18条1項後段にいう「別段の定め」

事実の概要

　X1・X2（以下、Xら）は1年契約の有期契約社員（トラック運転手）としてY社に採用され、更新を繰り返していましたが、2018年4月1日、労契法18条1項に基づいて無期契約への転換を申し込み、その年の10月1日付けで無期契約社員となりました（以下、本件無期転換）。

　Y社には、もともと正社員就業規則と、有期契約者向け就業規則（契約社員就業規則）の2つがありましたが、本件無期転換に先立つ2017年10月1日に、契約社員就業規則に「有期契約社員の定義に、無期転換者を加える」「無期転換者の労働条件は、有期契約社員の労働条件と原則同じである」といった趣旨の規定が追加されたため、無期転換後のXらには契約社員就業規則が適用されることとなりました。

　ところで、Y社の正社員就業規則には無事故手当、作業手当、給食手当、住宅手当、皆勤手当、家族手当、賞与、定期昇給および退職金の規定があった反面、契約社員就業規則にはこれらの制度は置かれていませんでした。ただしこれらの手当等のうち、無事故手当、作業手当、給食手当、通勤手当（2013年12月以前分）、皆勤手当の格差については、最高裁判決（ハマキョウレックス（差戻審）事件・最2小判2018・6・1労判1179号20頁）において、旧労契法20条（2018年改正前の労契法20条）に違反すると判断されたため、Y社は契約社員就業規則を見直し、契約社員の時給に、それぞれの手当を時給換算した額を、処遇改善費として組み入れました。それにより、Xらの給与は2割前後上がりました（ただしそれでも正社員と比較し、まだ3割弱の開きがありました）。

　Xらは2011年以降労働組合に加入し、前掲の最高裁判決後の団体交渉でも正社員化等を求めてきましたが、Y社は、一貫して拒んでいました。なおそのような中で2018年11月には、XらとYとの間で「無期転換者の労働条件は契約社員就業規則による」旨の無期パート雇用契約書が交わされています。

　本件は、Xらが、無期転換後の労働条件については正社員就業規則によるべきだとして争った事案ですが、1審判決（大阪地判2020・11・25労判1237号5頁）は、概ね下記のように述べて、Xらの主張をすべて退けました。

(1)「正社員就業規則による」旨の合意があったか

　Yは一貫して、団体交渉なども「正社員就業規則は適用されない」旨の回答をしている。Xらも、無期転換後の労働条件は契約社員就業規則による旨が明記された無期パート雇用契約書に署名押印してYに提出しており、無期転換後も契約社員就業規則が適用されることについて明示の合意がある。

(2)正社員就業規則が、労契法18条1項の「別段の定め」にあたるか

　Y社では、有期契約者と正社員との間では、「職務の内容」に違いはないものの、「職務の内容及び配置の変更の範囲」に関しては、正社員には全国規模の広域異動の可能性等があるのに対し、契約社員は予定されていない。この点、正社員と、無期転換後のXらとの間にも同様の違いがある。

　無期転換後のXらと正社員との労働条件の相違も、両者の職務の内容及び配置の変更の範囲等の就業の実態に応じた均衡が保たれている限り、労契法7条の合理性の要件を満たしているといえる。また、無期転換後のXらと正社員との労働条件の相違が両者の就業実態と均衡を欠き労契法3条2項、4項、7条に違反する場合（も）、契約社員就業規則の上記各条項に違反する部分が原告

らに適用されないというにすぎず、「契約解釈として正社員就業規則が参照されることがありうるとしても」Xらに正社員就業規則が適用されることにはならない。

労契法18条は、無期転換により契約期間の定めをなくすことができる旨を定めたものであり、無期転換後の契約内容を正社員と同一にすることを当然に想定したものではない。無期契約社員規定の追加が労働条件の実質的な不利益変更にあたるとの主張には、いずれも理由がない。

以上を受けて、Xらが控訴したのが本件です。

判旨

高裁判決は、ほぼ原審判決を引用してXらの主張を棄却しましたが、さらには下記のように原審の判決文を「補足」しています。

1 「正社員就業規則による」旨の合意の存在

正社員就業規則が適用されることにつき黙示の合意があったとは認められない。団交の経緯、署名、押印などから、（無期転換後のXらにも）契約社員就業規則が適用されることに明示の合意があった。

2 正社員就業規則が、労契法18条1項の「別段の定め」にあたるか

労契法3条2項（均衡考慮原則）・4項（信義則）に反し合理性要件（同法7条）を欠く、あるいは実質的不利益変更にあたるから同法10条により無効との主張には理由がない。

労契法18条の「別段の定め」とは、（国会答弁や労契法の施行通知などを踏まえても）労使交渉や個別契約を通じて現実に合意された労働条件を指すものと解するのが相当であり、裁判所が補充的意思解釈を行うことで労働条件に関する合意内容を擬制すべきものではない。

ポイント解説

1 はじめに

労働条件は労働契約によって決まりますが、就業規則の定めが合理的であり労働者に周知されている場合、労働契約の内容は、就業規則で定める労働条件によります（労契法7条）。ただし、就業規則よりも有利な条件での個別合意があれば、その個別合意が労働条件となります（労契法7条但書）。一方で、労契法18条は、無期転換後の労働条件は、「別段の定め」がある場合を除いて、無期転換前（有期契約時）のものと同じと定めています（以下、同一労働条件維持原則）。この両者は、どういう関係に立つのでしょうか。

実際に問題となるのは、「無期転換後に別の就業規則が適用され、労働条件が下がった」とか、「就業規則が整備されたことで、（正社員の就業規則ではなく）『無期転換前』の就業規則がそのまま適用されることになった」などというケースでしょう（本件は後者のパターンです）。

2 無期転換後の労働条件と就業規則

判決の検討に先立ち、2つのパターンに分けて考えてみましょう。

(1) 無期転換者向け就業規則が整備済みの場合

上述のとおり労契法18条は、「別段の定め」がなければ無期転換前の労働条件が引き継がれるとしています。そしてこの「別段の定め」について本件高裁判決は、「労使交渉や個別契約を通じて現実に合意された労働条件」だとしています。たしかに一般的には、そういうことになりそうですが、無期転換者向け就業規則が整備されていた場合には、その内容が合理的であって、かつ周知されていれば、無期転換者の労働条件を設定する（労契法7条）ものと考えられ、その場合には、その就業規則が、労契法18条の「別段の定め」にあたるといえるでしょう。特に、無期転換前の労働条件が、無期転換者向け就業規則の内容を下回る場合はその就業規則の内容が労働条件を設定すると考えられます（労契法12条）。

では、「無期転換前は勤務地限定だったのに、無期転換者向け就業規則では勤務地限定が認められていない」といったような場合はどうでしょうか。基本的には「労契法18条によって、無期転換者向け就業規則が『別段の定め』となるので、改めて勤務地限定の合意をしなければ、労働者は勤務地限定を主張できない」ということになりそうです。しかし、このようなケースは実質的には「労働条件の引下げ」ともいえます。そう考えれば、労契法18条とは別に、労契法10条の類推適用によって、無期転換者向け就業規則の内容および適用に「合理性」があるかどうかが問われること

になると思われます。

　ちなみにこのケースで、無期転換者向け就業規則に勤務地限定の有無が何も規定されていない場合はどうでしょうか。この場合には、改めて合意をしない限りは、勤務地限定を主張できないという考えもあるでしょう。しかし、労契法18条の同一労働条件維持原則に加えて、労契法7条但書は、就業規則内容と異なる個別合意がある場合、その労働条件が就業規則を下回るものでない限りは、それが労働契約の内容になる、としています。この両者を踏まえれば、従来の勤務地限定が明確に排除されていない限りは、従来の「勤務地限定」という労働条件がそのまま引き継がれて契約内容となっていると考えられるのではないでしょうか。

　なお、有期契約者に（明文規定のないまま）支給していた賞与に関し、（賞与規定がない形で）無期転換者の就業規則を整備したことが問題となったケースで、同規則の制定のみをもって無期転換後に支払い義務を負わなくなるわけではない、と述べた裁判例もあります（井関松山ファクトリー事件・高松高判2020・7・8労判1208号25頁）。

(2)　無期転換者向けの就業規則がない場合

　次に、無期転換者向けの就業規則が整備されていない場合はどうでしょうか。旧労契法20条に関する判例では、有期契約者向けの就業規則が無効だったとしてもそのことで無期契約労働者の労働条件と同一になるわけではない、との考えがほぼ定着しており（前掲ハマキョウレックス（差戻審）事件）、本判決も、「契約解釈として正社員就業規則が参照されることはありうるとしても」と一応留保しつつ「正社員就業規則が適用されること」にはならない、としています。

　とはいえ、就業規則はその職場全体に適用されるものですので、「どの就業規則も適用されない」従業員がいる状態は、本来はありえないはずです（少なくとも、就業規則作成義務（労基法89条）違反にはなります）。その結果、そのような従業員に正社員向け就業規則が適用されるかどうかについては議論があり、適用はないとの見方が有力ですが、筆者は、就業規則が、明確に適用を排除していない限りは、正社員向け就業規則の適用を主張できる余地はあると考えます。ちなみにこの点につき、（無期転換の事案ではありませんが）採用時に60歳を超えていた労働者が、一般従業員向け就業規則に基づく退職金を請求した事例で、一般従業員向け就業規則が高齢労働者にも適用されるとして、退職金請求を認めた裁判例もあります（大興設備開発事件・大阪高判1997・10・30労判729号61頁）。なお、無期転換前に適用されていた勤務地限定などの労働条件が、正社員向け就業規則には規定されていないような場合もありえますが、そのような場合は(1)の後段で述べたのと同様に、労契法18条及び労契法7条但書から、（勤務地限定合意という）労働条件が原則的には引き継がれて、労働契約内容になっていると考えられます。

3　本件は「不利益変更」？

(1)　労契法7条の合理性判断基準

　本事案は平たくいえば、「何もなければ無期転換後は正社員就業規則が適用されて、正社員の労働条件になった（はずな）のに、無期転換者向け就業規則が整備されたため、結局は無期転換前の労働条件のままになってしまった」というケースです。感覚的にはまさに不利益変更なのですが、結果的には無期転換前の労働条件と変わっていないため、厳密には不利益変更とはいえません。このため地裁判決も、労契法10条ではなく、7条の「合理性」の観点を中心に判断していますが、その中で、無期転換後のXらと正社員間の、職務の内容及び配置の変更の範囲に関しては有期契約者と同様の相違があるとした上で、「Xらと正社員との労働条件の相違も、両者の職務の内容及び配置の変更の範囲等の就業の実態に応じた均衡が保たれている限り、労契法7条の合理性の要件を満たす」と述べている点が注目されます（高裁判決もそのまま引用）。

　これは、労契法旧20条（現・パート・有期法8条）の基準を意識したものと思われますが、本件は、無期転換後の労働条件の格差の問題ですので、直接労契法旧20条違反を争うことはできませんし、仮に就労実態等に変化がないとしても、労契法旧20条の判断要素がなぜ7条の判断に活用できるのかは明確ではありません。また、労契法20条は「不合理性」の判断基準であるのに対し、7条は「合理性」の判断基準であることからすると、旧20条に照らし「不合理とはいえない」となったとしても、7条に照らして「合理的」とまでいえるのかは、疑問もあります。

(2)　労契法10条の類推適用

Xらは、労契法10条の類推適用も主張しています。地裁判決は、労契法18条は無期転換後の契約内容を正社員と同一にすることを当然に想定したものではないこと、無期転換後もXらの労働条件は変わりがないことから、不利益変更には当たらないとしましたが、高裁判決は、その部分を引用しつつも、「補足説明」で「XらとYとの間では…契約社員就業規則が適用されることについて明示の合意が成立している」として、合意の面を強調するかたちで、合理的期待の侵害や労契法10条の類推適用等をより明確に否定しています。

本件に関しては、結果的に労働条件が下がっていないという点と、次に述べる合意の点で、合理的期待の侵害や不利益変更という主張が難しかったと思われますが、一般論としては、労契法18条の要件を満たしていたとしても、Xらの期待がある程度保護に値する場合には、無期転換者向け就業規則の適用が無効と判断される可能性はゼロではありません（行政解釈も、18条の規定が「7～10条の就業規則法理を変更するものでない」と明示しています）。

⑶　「合意」の評価

本事案でXらは、「合意の存在」や「労契法18条1項の『別段の定め』に当たる」として、正社員就業規則の適用を求めています。ただ、団体交渉の経緯や、パート雇用契約書への署名押印といった経緯が事実であれば、結論的には正社員就業規則適用の合意があったと主張するのは難しそうです。もっとも署名押印に関しては、使用者から求められたときに労働者が拒むことは現実には困難でしょうから、その点で、署名押印があったという事実をどこまで評価するかは、議論もあるところでしょう。

実務へのポイント

無期転換後の労働条件については、有期労働契約時のものと「同一」でよいというのが労契法18条ですが、このように就業規則の適用関係をめぐっては厄介な問題もあります。多くの企業では、職務内容等に変更がない以上、従来と同様でよいだろうということで就業規則の整備をされているでしょうが、それが就業規則の合理性を満たすかどうかは別だ、ということは留意が必要です。特に本判決を踏まえると、このような場合に

おける就業規則の合理性判断に、パート・有期法8条（旧労契法20条）の視点が入り込んでくる可能性は低くありません。特に企業にとっては、「無期転換者だから、パート・有期法8条の『不合理な相違の禁止』は適用されない」とは安心できない、ということです。

また労契法3条2項も、「労働契約は…就業の実態に応じて、均衡を考慮しつつ締結し、または変更すべき」としていますので、無期転換後の職務内容が正社員と近いのに、待遇にあまりに大きな差がある場合、労契法3条2項の観点からも問題となりうるでしょう。もちろん、すぐに待遇差を改善することが難しいという場合もあるでしょうが、労使で話し合って、できるところから少しずつ、その企業なりのやり方で取り組んでいくだけでも、法的リスクを考えれば望ましいと思われます。

（河合　塁）

高年法が定める継続雇用制度の意味

京王電鉄ほか1社事件　東京高判2019・10・24労判1244号118頁　　　**LEX/DB25590611**

【問題となったポイント】
・60歳定年後の再（継続）雇用に際して、使用者が定年前とは著しく異なる労働条件を設定することが高年法の趣旨目的等に照らして適法といえるのか

事案の概要

　Xら3名は、1982年以降に鉄道会社Y1に正社員として雇用され、当初はY1の下で、2004年12月以降はバス事業等を営む子会社Y2等に出向する形で、路線バスの運転士（乗務員）としてY1の定年年齢（60歳）まで勤務していました（それぞれ、2014年11月以降に定年に到達）。Y1・Y2では2つの雇用延長制度（継匠社員制度・再雇用社員制度：いずれも60歳以降に1年間の有期契約を締結・更新する制度）を設けており、XらはY2の下で継匠社員（労働条件：バスの運転業務・基本給19万5000円等）としての雇用継続を希望したものの、Yらが定める継匠社員の要件を満たさないためにこれが認められず、Y2との間で再雇用社員（労働条件：車両清掃業務・時給1000円等）としての契約を結ぶことになりました。これに不満を抱いたXらが、再雇用社員制度は高年齢者等の雇用の安定等に関する法律（以下「高年法」）の趣旨に適合せず、同趣旨に合致するのは継匠社員制度のみであるとして、Y2との間で継匠社員制度に基づく労働契約が成立していることの確認等を求めたのが本件です。

　上記雇用延長制度は2012年の高年法改正に伴って導入され、2014年5月以降に運用が始まりました。上述の通り、継匠社員は定年後もバスの運転業務に従事でき、労働時間や賞与の支給条件も正社員と同様とされていました。もっとも、Yらの規程によれば、直近過去5回の昇給・昇進評価でC評価（最低評価）が3回以上あった者等については、継匠社員としての雇用継続が認められない

とされていました（以下、「選択要件」）。

　他方、再雇用社員制度では、就業規則所定の解雇事由に該当する場合を除き、原則、希望者全員が定年後も雇用されることが規定されていました。もっとも、Xら乗務員が同制度の下で働く場合の労働条件は定年前のそれとは同一ではなく、業務は車両清掃業務、時給は1000円、賞与は年30万円のみ支給、1日8時間労働・休日は1週間当たり4日とすること等が規定されていました。

　Yらは、上記「選択要件」を理由として継匠社員としてのXらの再雇用を認めませんでした。特に、Yらが要請する顧客対応のうち、車内事故防止等を呼びかける肉声放送の未実施や所定時間外・休日労働への非協力的態度がXらの低評価の原因とされていました。もっとも、Xらの運転技術には問題は無く、例えば、2009年以降、長期の安全運転につき、警視庁から感謝状を授与されたり、出向先（Y2の子会社）から表彰を受けたりしていました。

　このような経緯から、Y2はXらに対し、再雇用社員として雇用を継続すること等を通知しました。Xらは継匠社員制度の適用が認められなかったことに異議を唱えつつ、2014年11月以降、Y2との間で再雇用社員として契約を交わしました。

　その後、XらはY2との間で継匠社員としての契約上の地位を有することの確認等を求めて提訴したものの、一審（東京地判2018・9・20労判1215号66頁）はXらの請求を棄却しました。

判旨

　控訴棄却。控訴審は原審を補正引用のうえで、Xらの主張に対応して、以下のように追加的に判示

　Xらは、高年法の趣旨目的に照らし、同法所定の継続雇用制度は継匠社員制度であると解すべきであり、再雇用社員制度はトヨタ自動車事件判決及び九州総菜事件判決の判示に照らしても上記継続雇用制度に当たらず、Xらを再雇用社員として

車両清掃業務に従事させることは著しく不合理であり、違法であると主張する。

しかし、①高年法９条１項は事業主に高年齢者を雇用する義務を負わせる等の私法的効力を有するものではないこと、②継続雇用制度は希望者全員を雇用することを内容とするものでなければならないものの、継匠社員制度は希望者全員を再雇用することを内容とするものではなく、高年法９条１項所定の継続雇用制度の内容に合致するものではないこと、③同項の趣旨に反しない限り、継続雇用制度の下での労働条件を個々の事業主の実情に応じた多様かつ柔軟なものとすることが許容されており、④Ｙと労組との労使協議を経て再雇用社員制度が導入された経緯等も踏まえれば、「再雇用社員制度が高年法所定の継続雇用制度に当たらないとみることはできない」。再雇用社員の給与が継匠社員の約45％であることや、業務内容や所定労働時間等に鑑みても、上記判断を左右するものとはいえない。

継匠社員制度が高年法上の継続雇用制度である以上、同制度に基づく定年後の雇用への合理的な期待が雇止め法理に基づいて保護されなければならない、とのＸらの主張についても、上記の通り、継匠社員制度が高年法所定の継続雇用制度であるとは認められないために採用できない。

ポイント解説

1　継続雇用制度の下での紛争状況

高年法９条１項は事業主に65歳までの雇用継続を要請しており、その手段の１つとして継続雇用制度を規定しています。一般には、60歳定年制とこの制度をセットで利用し、定年前とは異なる労働条件の下で新たに有期契約を締結する取扱いが多く、60歳以降の労働条件に不満を抱く労働者が提訴する紛争が増えています。例えば、Ａ：定年前とは異なる使用者の下での雇用を強いられるケース（NTT西日本事件・大阪高判2009・11・27労判1004号112頁等）、Ｂ：定年前と全く異なる職種・賃金・労働時間を提示されるケース（トヨタ自動車ほか事件・名古屋高判2016・9・28労判1146号22頁、九州惣菜事件・福岡高判2017・9・7労判1167号49頁）、Ｃ：定年前後で担当業務に顕著な変更がないものの、賃金に相違があるとして、違法性を争うケース（長澤運輸事件・最二小

判2018・6・1民集72巻2号202頁、名古屋自動車学校事件・名古屋地判2020・10・28労判1233号5頁）等を挙げることができます。

2　本件の類型

本件でも継続雇用制度の下での労働条件の違法性が争われ、特に、使用者の変更を伴う子会社での継続雇用と定年前と全く異なる職種・賃金・労働時間を提示されている点からすれば、上記Ａ・Ｂ類型に似ています。もっとも、Ａ・Ｂ類型の先行事案では、高年齢労働者が労働条件変更を受け入れられないとして、結果、継続雇用を選択することなく60歳で雇用関係が終了していました。他方、本件では、Ｘらが継続雇用制度下の労働条件を受け入れられないとの異議を留保しながら、雇用を維持するために継続雇用のための契約を締結しておりますので、この点はＡ・Ｂ類型の先行事案とは異なる本件の特徴と言えるでしょう。

3　類似の事案類型の判旨との対比

上記整理をもとに、本判決と類似の事案類型（Ａ・Ｂ類型）における裁判所の判示を比べてみます。本判決を要約すると、①高年法９条１項は事業主に高年齢者の雇用継続を義務づけるような私法的効力を有するものではない、との前提に立ったうえで、②同項が要求するのは「希望者全員の再雇用」だけであり、③事業主は継続雇用制度の下での労働条件を多様かつ柔軟に設定できる、④ゆえに、本件再雇用社員制度のような労働条件設定も許容される、といったところでしょう。

この①〜③の点については、事案類型Ａ・Ｂの諸事案で既に指摘されています。もっとも、類型Ｂの先行事案は、高年法の趣旨目的に照らして、労働条件形成に関する使用者への制約を導くものでもありました。例えば、トヨタ自動車ほか事件では、高年法や同法９条１項の趣旨目的に鑑みて、事業主は「継続雇用の機会を適正に与えるべき」であり、「無年金・無収入の期間の発生を防ぐという趣旨に照らして到底容認できないような低額の給与水準や社会通念に照らし到底受け入れ難いような職務内容を提示する」ことは許されず、高年法の要請に適合しない労働条件を提示することが不法行為を構成するとともに債務不履行を構成するとされています。また、九州惣菜事件では、①高年法９条１項の趣旨内容は労働契約法制に係る公序の一内容を為し、②「例えば、再雇

用について、極めて不合理であって……高年齢者の希望・期待に著しく反し、到底受け入れ難いような労働条件を提示する行為」は認められず、また、③「定年の前後における労働条件の継続性・連続性が一定程度、確保されることが前提ないし原則とな」り、正当な理由なく、定年前との連続性を確保できない労働条件を提示することは不法行為を構成するとされています。

他方、本判決は上記先行事案のように、不法行為構成や公序論等を媒介にして高年法の趣旨目的を考慮した労働条件形成のあり方を問うものではありません。その意味で、上記裁判例との整合性がとれるのかが問題になります。なお、本判決も一応は「高年法9条1項の趣旨に反しない限り」でとの留保の下で、継続雇用制度における使用者の労働条件形成の裁量を認めており、高年法の趣旨目的を全く無視しているわけではなさそうですが、結局、その「趣旨」とは何か、また、その趣旨を不法行為構成、公序論等に反映することができるのかを深掘りしていないので、この部分の留保がいかなる意味を持つのかが不明確です。

4 高年法の趣旨目的に基づくアプローチの課題

もっとも、上記先行裁判例のアプローチが判例法理としての確固たる地位を有するのかと言われれば、必ずしもそうではなさそうです。例えば、これらの裁判例に対する評釈・解説を一読すると、判旨に大いに疑問がある、何の法的根拠も考えられない等の辛辣なコメントが目に留まります。こうした議論状況を踏まえ、本判決は根拠不十分とされる上記事案と同じアプローチをとることを避けたのかもしれません。

しかし、先行裁判例のアプローチは本当に根拠のないものなのでしょうか。継続雇用制度の下での有期契約を全く新しい契約の締結と捉える場合、契約条件の妥当性を裁判所が審査するのは契約自由への侵害とも言えそうです。しかし、継続雇用制度の場合は事情が違います。従前、60歳定年制（無期労働契約）の下で当事者の関係性が既に構築されており、60歳以降の労働条件を変更する目的で継続雇用制度が利用されています。とすれば、この制度の下での労働条件については、労働条件変更法理の枠組みの中でその合理性を審査すべきとの視点をまずは持つべきではないでしょうか。

特に、60歳まで続いた契約関係を一旦終了させ

たうえで、さらに契約を結び直すという継続雇用制度の機能に着目すれば、それは使用者による一種の変更解約告知と位置づけられるのではないでしょうか。そうであるならば、変更解約告知をめぐる議論を踏まえて継続雇用制度のあり方を再考することができるかもしれません。

この点で第一に指摘すべきは、変更解約告知とは、雇用終了という脅威の下で使用者が労働条件変更を迫るものであり、また、その変更の効力発生阻止にかかるリスクを労働者が負担することになるので、労働者にとっては極めて不利な労働条件変更手段であるということです。よって、より穏当な労働条件変更の手段が存する場合には変更解約告知を通じた労働条件変更は認められない、あるいは、従前の契約関係を維持しがたいほどの重大事由が生じて初めて使用者は変更解約告知という例外的手段による労働条件変更を行うことができる、とされています。これを踏まえると、より穏当な手段（定年延長）によって60歳以降の労働条件変更が可能な場合には継続雇用制度の利用は認められず、それが認められるのは、従前の契約関係を維持しながら行われる労働条件変更では到底対応しきれないほどの重大事由が存する場合に限定されることになるのではないでしょうか。

第二に指摘すべきこととして、変更解約告知を承認するならば、労働者には留保付承諾が認められなければならないと理解されてきました。もっとも、民法528条によれば、労働者が異議を留保した上で使用者の契約変更を一旦承諾する場合、使用者からの申込を拒絶し、労働者自身が新たな申込をしたものとみなされる可能性があります。留保付承諾を承認するうえでは同条が障壁となるわけですが、学説では、この障壁を乗り越えるためのアプローチが模索されてきました。例えば、①同条の射程には継続的契約関係である労働契約の変更は含まれないとする見解や②労働者の留保付承諾に対する使用者の信義則上の応諾義務を認める見解、③使用者の変更解約告知の意思表示を、契約内容の変更が合理的であることと当該変更に対する労働者の不同意が確定的であることを前提にした解雇の意思表示とみることで、労働者が留保付承諾の下で労働条件変更の合理性を争う限り、解雇の効力は発生しないとする見解等が提示されてきました。これらによれば、解釈論として留保付承諾の可能性を見出せるのかもしれませんし、継続雇用制度の下で高年齢労働者が労働条

件変更に異議を留保しながら就労を継続することも可能といえるかもしれません。

第三に指摘すべきは、変更解約告知の下での労働条件変更の「合理性」の判断基準です。例えば、変更解約告知をめぐる裁判例として知られるスカンジナビア航空事件（東京地決1995・4・13労判675号13頁）では、①条件変更の不可欠性、②変更の必要性が労働者の受ける不利益を上回ること、③新契約の締結に応じない場合の解雇を正当化するに足りるやむを得ない事由、④解雇回避努力の４点が重視されています。更に学説では＋αの要素を考慮すべきとの見解もあり、例えば、⑤変更内容の合理性（労働者にとって期待可能な労働条件を提示しているか）、⑥変更手続の妥当性、⑦労使間あるいは労働者間の公正なリスク配分等の検討も求められるとされています。

このように、継続雇用制度を変更解約告知の一種と理解できるのであれば、60歳到達以前の労働条件がその後も継続すること、あるいは、その継続に対する契約当事者の信頼が保護されることが原則であり、継続雇用制度を利用して、その原則に適合しないような労働条件変更を行う際には、それが従前の契約関係を維持しがたいほどの重大事由に基礎づけられた変更であるのか否かが厳格に問われるべきではないでしょうか。

このように考えると、60歳定年前後での労働条件の継続性・連続性を求めたトヨタ自動車ほか事件や九州惣菜事件のアプローチそれ自体は全く根拠のないものとは言えないように思えます。現に、トヨタ自動車ほか事件判決は、60歳定年制と継続雇用制度の下での労働契約の締結を「通常解雇と新規採用の複合行為」と捉えたうえで、定年前後で業務を変更する合理的な理由が存したのか否かを検討しています。明示こそしないものの、同判決も、継続雇用制度を使用者による変更解約告知の一種として捉えようとしたのではないでしょうか。

5 まとめ

継続雇用制度＝変更解約告知の一種と理解する場合、本件事案はどう評価されうるのでしょうか。紙幅の関係で詳述はできませんが、定年前の従前の契約関係の下で本件再雇用制度が規定するようなラディカルな労働条件変更を行うことは難しいでしょうから、かかる変更の際には、契約関係を一旦終了させたうえで契約を新たに結び直す

ことが必要になります。しかし、当該変更の必要性が合理的事由によって根拠づけられているのかが次に問われるべきでしょう。特に、長年にわたり、バスの運転業務を続け、無事故無違反の優良運転手としての表彰を受けることもあったXらについてのみ、その業務をわざわざ車両清掃業務に転換し、賃金も時給1000円に引き下げるほどの変更の不可欠性とその変更の相当性が厳格に問われるべきでしょう。このようにして、当該変更の合理性が否定されるのであれば、変更解約告知の法理に従い、Xら労働者については、変更前（定年前）の労働条件での就労が可能になると評価できるのではないでしょうか。

実務へのポイント

もっとも、継続雇用制度と変更解約告知をパラレルに捉えるという発想自体に違和感を覚える方も多いのかもしれません。しかし、そうであるとしても、「使用者は定年後再雇用契約の下での労働条件を自由に設定できる」と考えるのも行き過ぎかと思います。学説上は、継続雇用制度を労働条件変更法理の下に位置づけるという基本的な考え方の下で、同制度下での労働条件に労契法10条の合理性審査が及ぶ可能性が指摘されていたり、使用者には定年前労働者と継続雇用制度下の労働者を平等に取扱うべき信義則上の義務が生ずることを前提に、60歳定年前後で異なる処遇制度・労働条件を設けることの合理性が問われるべきであることが指摘されています。労働条件を変更するにしても合理性を伴わない場合には、このように様々な法的アプローチの下でその変更の適法性に疑問が投げかけられる可能性があることを認識しておくべきでしょう。

もっとも、具体的にいかなる場合にこの合理性が認められるのかということもなかなかの難問です。紙幅の関係上、ここで多くを語ることはできませんが、実務的には、定年後労働者の希望を最大限汲み取りつつ、しかし他方で企業の経営・賃金原資の状況等の幅広い事情にも目を向けつつ、労使が粘り強く誠実に交渉を重ね、お互いの納得の下で継続雇用制度の下での労働条件を設定することが肝要といえるのではないでしょうか。

（後藤 究）

非典型雇用

偽装請負と発注者との労働契約の成否

日本貨物検数協会（日興サービス）事件　名古屋高判2021・10・12労判1258号46頁

LEX/DB25592188

【問題となったポイント】
- 労働者派遣法40条の6は、偽装請負の場合に発注者の労働契約申し込みみなしに対して、請負事業主との間で労働契約がある労働者が承諾した場合、発注者の下での直接雇用とする可能性を有する条文である
- 本件は、この条文の適用可能性を肯定したが、労働組合による発注者への移籍を求める団体交渉は労働者の承諾ではないとして、直接雇用の効果は認めなかった

事案の概要

　Y社は、流通貨物に関する検量および検査に関する証明等の事業を行っており、名古屋市・大阪市等に事務所があります。2006年3月15日、A社は設立され、一般労働者派遣等を目的としています。A社設立の頃、A社はY社との間でY社名古屋事務所が行う検数業務について業務委託契約を締結し、業務委託契約は、複数回、更新されています。X1ら13名はA社との間で無期労働契約を締結しています。2015年10月1日以降、X1らは、2016年3月31日まで、A社とY社との間の業務委託契約に基づく業務に従事しました。X1らはB組合名古屋支部に所属する者とB組合阪神支部に所属する者がいます。B組合名古屋支部はY社名古屋事務所に、2015年10月26日付けの「検数部会要求書」等と題する書面により各種要求を行い、団体交渉上の回答を求めました。同年11月6日付けの「団体交渉申入れ」と題する書面により、B組合阪神支部は、Y社にその組合員をYに移籍させることにつき団体交渉を申し入れました。

　2016年1月29日付けで、Y社は、A社との間で、A社を派遣元、Y社名古屋事務所を派遣先として、労働者派遣基本契約書を作成し、同年3月31日付けで、始期を同年4月1日とした労働者派遣個別契約書を作成しました。同年8月24日付けの「団体交渉申入れ」と題する書面により、B組合阪神支部は、Y社にB組合阪神支部およびB組合名古屋支部に所属するA社従業員をY社へ移籍させることにつき団体交渉を申し入れました。同年11月6日、B組合阪神支部は、Y社を被申立人として、大阪府労委に不当労働行為救済命令を申し立てました。2017年3月30日、大阪府労委がY社に対し、二度目の求釈明を行ったところ、同年4月19日、B組合阪神支部に所属するA社従業員はA社を派遣元、Y社を派遣先とする派遣労働者である旨回答した上、Y社とA社の間の2016年1月29日付け労働者派遣基本契約を提出しました。

　2017年9月28日、B組合阪神支部は、団体交渉において、その組合員をA社からY社に移籍させることを要求しました。同年10月31日付けの「労働契約の申込に対する承諾の通知」と題する書面により、X1らはそれぞれ、Y社に対し、Y社は労働者派遣法40条の6第1項5号に該当するため、X1らに対し労働契約の申込みをしたものとみなされるとして、当該申込に対して承諾の意思表示を行いました。この各書面は、同年11月1日、Y社に到達しました。

　第一審は、X1らが、Y社は労働者派遣法等の適用を免れる目的（以下、「適用潜脱目的」）でA社との間で業務委託の名目で契約を締結し（いわゆる偽装請負）、違法派遣を受けていたから、労働者派遣法40条の6第1項5号に基づき、同条施行の2015年10月1日以降、X1らに対して労働契約の申込みをしたものとみなされ、X1らもY社に対してこれを承諾する意思表示をしたと主張して、Y社に対し、労働契約上の権利を有する地位にあることの確認を求めたものです。

　争点は、①Y社は労働者派遣の役務の提供を受けていたのか、②Y社は同項5号に該当する行為を行ったか、③みなし申込みに対するXらの承諾の有無およびその時点、④派遣労働者がみなし申込みを認識したことを承諾期間の進行の要件と解すべきか、です。

　一審判決は、偽装請負への該当性と同条1項5号で定める適用潜脱目的があったものと認め、同

条により派遣先による直接雇用の申込があったことも認めました。しかし、違法状態が解消されてから１年の期間内に、Ｘ１らによる承諾の意思表示がなかったものとして、Ｘ１らの請求をいずれも棄却しました。このため、本件はＸ１らがこれを不服として控訴したものです。

判旨

Ｘ１らの控訴棄却。

1　争点①について

Ａ社・Ｙ社・Ｘ１らの関係は労働者派遣である。Ｘ１らは、Ｙ社とＡ社が従前の業務委託契約を終了させて労働者派遣個別契約の発効前である2016年３月31日まで、Ａ社からＹ社に派遣されていた派遣労働者の地位にあり、Ｙ社はＸ１らの労働者派遣の役務の提供を受けていた。

2　争点②について

労働者派遣法40条の６が定める労働契約の申込みみなし制度の趣旨は、「善意無過失の場合を除き、違法な労働者派遣を受け入れた者にも責任があり、そのような者に民事的制裁を科すことにより、労働者派遣法の規制の実効性を確保すること」にある。

労働者派遣法40条の６第１項５号の適用潜脱目的は、「その存在を推認させる事情が存在する場合はもとより、上記客観的事実の認識があり、かつ、それにもかかわらず適用潜脱目的ではないことをうかがわせる事情が一切存在しないような場合にも、その存在を推認することができる」。Ｙ社は、「Ａ社が指定事業体となった趣旨に反して、あえて業務委託契約を締結していた。」

Ｙ社が労働者派遣法の役務の提供を受けてきた期間は、Ａ社の設立からＡ社との業務委託契約終了までの約10年間という長期間に及んでおり、客観的な事情を総合すると、Ｙ社は適用潜脱目的で「Ａ社との間に業務委託契約を締結し、これにより労働者派遣法の役務の提供を受けていた」もので、「この適用潜脱目的は、労働契約の申込みみなし制度の施行（2015年10月１日）後も、当該業務委託契約が終了する2016年３月31日まで継続していた」と認められる。

Ｙ社は労働契約の申込みみなし制度の施行前に

「適用潜脱目的で締結した業務委託契約に基づき、当該施行からＡ社との業務委託契約終了（2016年３月31日）まで、Ｘ１らの労働者派遣による役務の提供を受けたものであり、当該施行前に潜脱目的が消滅していたなどの事情は認められず、また、同条１項５号に該当する行為について善意無過失であったとも認められない。」

「Ｙ社は、Ｘ１らに対し、2016年３月31日まで、労働者派遣法40条の６第１項５号に該当する行為を日々行っていたのであって、同項本文に基づき、各日ごとに、その時点におけるＸ１らに係る労働条件と同一の労働条件を内容とする労働契約の申込みをしたものとみなされ、最後のみなし申込みの効力は、同条２項に基づき、上記行為を行った最終日である2016年３月31日から１年を経過する日である2017年３月１日まで存続していた」ところ、Ｘ１らの承諾の意思表示は、期間満了後の2017年10月31日に行われているから、Ｘ１らは直接の労働契約関係が成立したことを主張できない。

3　争点③について

労働契約の申込みみなし制度は、「労働者の希望を的確に反映するために、当該行為が行われた場合に労働者派遣の役務の提供を受けた者との間に直ちに労働契約を成立させるのではなく、その成立を労働者の承諾の意思表示に係らしめることで、労働者に対して派遣元との従前の労働契約の維持と派遣先との新たな労働契約の成立との選択権を付与したものである」。「承諾の意思表示は、このような選択権の行使の結果として派遣先との間に新たな労働契約を成立させるものであるから、通常の労働契約締結における承諾の意思表示と基本的には異なるものではない。」

「申込みみなし規定に基づくみなし申込みは法律によって擬制されるものであって、申込みの意思表示が実際に派遣労働者に到達するものではなく、その内容となる労働条件も擬制されるものであり、派遣労働者がその存在や内容を認識することには困難を伴うから、申込みの内容と承諾の内容が一致することを厳密に求めることは、現実的ではなく、……派遣労働者の希望を的確に反映させるために派遣先との新たな労働契約の成立をその承諾の意思表示に係らしめた趣旨にも合致しない。」

「みなし申込みに対する承諾の意思表示といい

得るためには、少なくとも、使用者が変わること
に伴って必然的に変更となる労働条件等があった
としてもなお派遣元と従前の労働契約の維持では
なく派遣先との新たな労働契約の成立を希望する
（選択する）意思を派遣労働者が表示と評価し得
るものでなければなら」ない。したがって、派遣
先に対する労働契約の締結を求める何らかの意思
表示をもって、直ちにみなし申込みに対する承諾
の意思表示があったと判断することはできない。

「本件各要求等はあくまで団体交渉の申入れを
したものにとどまり、これをもってＸ１ら（を代
理したとする全港湾）のＹ社に対する意思表示と
みることは困難で」あり、派遣先であるＹ社のＸ
１らに対する労働契約のみなし申込みを受けてＹ
社との間に新たに労働契約を締結させるためにさ
れた承諾の意思表示と評価することはできない。

4 争点④について

Ｙ社が「説明義務を負うことを前提とするＸ１
らの信義則違反の主張は採用することができな
い。」

ポイント解説

1 労働者派遣・偽装請負・請負の区別について

本件は、違法派遣の場合の「労働契約申し込み
みなし」の効力（労働者派遣法40条の６第１項）
の効力が、偽装請負（同項５号）に関して争われ
たものです。他社の労働力を利用する場合に、請
負（本件では「業務委託契約」となっています）
を利用する企業があるのは、労働者派遣には派遣
業務や派遣期間の限定があるからです。請負は請
負事業主に仕事の完成物の引き渡しを求めるもの
で、業務遂行を請負事業主に委ねるものですか
ら、発注者は、直接、請負労働者に指示すること
はできません。このため、直接、労働者に指示等
の指揮命令があれば、偽装請負にして違法派遣と
評価されます。

2 労働者派遣法40条の６について

労働者派遣法40条の６は、発注者のもとで請負
によって働く労働者の社会実態が偽装請負となっ
た場合には、発注者は、当該労働者に労働契約締
結の申し込みを行っているとみなし、当該労働者
が承諾する場合には、発注者との間で直接的に労

働契約が成立する仕組みをとっています。労働者
派遣法40条の６は、発注者が、労働力を利用して
きた状況と雇用責任を免れない不適正な管理であ
ることを踏まえて、発注者に雇用責任を課すもの
です。実際に労働力を利用しているのですから、
それは発注者の意に反さないし、労働者が望む限
り、発注者の下で、直接雇用させることが、労働
者の雇用安定に資するというわけです。

もっとも、発注者が同条第１項５号に該当する
として、積極的に労働者に労働契約申込みみなし
を行うことを呼びかけると予測して、楽観視する
ことはできません。むしろ、偽装請負の実態を意
図的に隠蔽する所作に邁進しがちです。このこと
からも、労働契約が成立しないことについては発
注者に抗弁させ、その立証責任は発注者にあると
解さなければ、本件のＹ社のような厚顔無恥な行
為は野放しになりかねません。したがって、偽装
請負の場合に、労働契約の申込みとみなすとは、
発注者からは労働契約の成立を否定しえないと解
し、労働者が労働契約の成立を望まない場合は別
として、労働者が労働契約の成立を望まないこと
を解除条件とする労働契約が成立すると解するこ
とが立法趣旨に沿った素直な解釈といえるでしょ
う。

まず、本判決は、争点①において、偽装請負と
認定しており、適切な判断です。つぎに労働者派
遣法40条の６には、違法派遣先である発注者との
労働契約成立を認めるには、同条第１項５号にお
ける、発注者に労働者派遣法等の法律を「免れる
目的」（同条１項５号の目的要件）があることが
要件となっています。「免れる目的」要件につい
ては、発注者の主観的要素を重視する立場とこれ
を客観的に捉える立場の争いがあります。労働契
約は二者間の契約関係が基本型です（民法623条）。
三者関係（労働者派遣、労働者供給等）において
労働力を利用する場合は、適法に第三者の労働力
を利用する必要があり、これを果たしていないな
らば、免れる目的があったとみてよいでしょう。
本判決は、争点②にかかわり、「免れる目的」要
件について、発注者の主観的な意思解釈を探求す
るのではなく、客観的な諸事情から判断していく
という立場に立脚しています。これと比較される
べき、ハンプティ商会ほか１社事件（東京地判
2020・6・14労判1233号27頁）では、（偽装派遣先
と疑われる）発注者の主観的な意思を詳細に解釈
することで、発注者が適法な請負と認識して否か

どうかの主観的意図を重視して、派遣としての指揮命令ではなく発注者としての発注行為に留まっていたとして「免れる目的」はなかったとしています。本判決が「免れる目的」を客観的に捉えたことは評価できると思います。

同条第1項但書には、違法派遣に労働契約の申込みみなしの効力が発生するためには、発注者が当該役務提供受入れ行為が違法派遣に該当することを知らず、かつ、知らなかったことにつき過失がなかったときという、善意・無過失の要件があります。この点も、自ら請負契約や業務委託契約で労働者を受け入れて、指揮命令している偽装請負の場合（同項5号）については、第三者労働力を適正に利用する義務を怠っているのであるから、善意・無過失ということはいえないでしょう。

3　本判決の問題点について

本判決の問題点は、争点②の偽装請負の場合の労働者派遣法40条の6の発注者の「労働契約申し込みみなし」と「効力」に関して、本判決が「同項本文に基づき、各日ごとに、その時点におけるX1らに係る労働条件と同一の労働条件を内容とする労働契約の申込みをしたものとみなされ、最後のみなし申込みの効力は、同条2項に基づき、上記行為を行った最終日である2016年3月31日から1年を経過する日である2017年3月1日まで存続していた」ところ、X1らの承諾の意思表示は、期間満了後の2017年10月31日に行われているから、X1らは直接の労働契約関係が成立したことを主張できないと判断したことです。

しかし、X1らが承諾の意思表示をできなかったのは、Y社が申込みなしの期間が終了する2017年3月1日まで秘匿し続け、ようやく大阪地労委の二度にわたる求釈明によって、同年4月15日になって、2016年1月29日付け労働者派遣基本契約をY社とA社の間で結んでいたことを明らかにするという、Y社の不誠実な態度に起因しています。この間、偽装請負から労働者派遣に「事業者間の契約」によって切り替えたという事実は、X1らには何ら伝えられていません。発注者（Y社）—請負事業主（A社）—X1らの三者間の関係から、派遣先（Y社）—派遣元（A社）—X1らの三者間の関係に切り替えたとしても、事業者間の契約である、Y社—A社の間の労働者派遣基本契約は、公法（行政法）上の取締規定からの免責を担保す

るだけです。これが、私法上の効果をもつために は、Y社およびA社からX1らに対する説明および同意は不可欠であり、これを欠く契約変更が有効となるのか疑問です。B組合は、Y社に対し、労働契約申し込みみなしの効力がある期間中に、X1ら組合員をY社に移籍させることについて、複数回、団体交渉を申し入れています。この移籍を求める要求は、X1らがY社との労働契約締結意思があるが故の要求にほかなりません。したがって、本判決が承諾期間の徒過という形式的判断を行ったことに対しては、労働組合による移籍を求める団交要求の中に集団的な意思を「承諾」とみないことを余りにも形式的な判断と批判されるべきでしょう。

実務へのポイント

労働者派遣法40条の6の規定は、労働者側から見ると、偽装請負の成否を読み取ることが困難な曖昧な法規範であり、この規定には根本的な立法上の不備があると考えます。そして、不明確な法規制の悪影響を不安定な地位にある労働者側に一方的に負わせていいのかという問題があります。不完全な法規制を合目的に理解して、労働者派遣法40条の6の適用を全面的に認め、偽装請負において、みなし規定の適用を認めた東リ事件（大阪高判2021・11・4労判1253号60頁）が出現しました。今後の労働者派遣法40条の6をめぐる裁判例の展開が期待されるとともに、発注者は請負が労働者派遣法に違反する状態に陥っていないかを再検証する必要もあるでしょう。

（春田　吉備彦）

労働災害

1. 労働災害と法

　労働災害に関する法律問題は、労災民事訴訟と労災補償とがあります。労災民事訴訟は、労働者の故意・過失から発生した労働災害により死亡又は傷病を受けたことを理由として、被災労働者やその遺族が使用者に対し、損害賠償を請求するものであり、使用者の過失責任を追及するものです。これに対し、労災補償制度は、使用者に過失がなくとも、労災事故に対する補償がなされるもので、個別使用者が負担するものと、労災保険（労働者災害補償保険）から支給されるものがあります。

2. 労災民事訴訟

（1）安全配慮義務のリーディングケース

　労災民事訴訟の法的根拠として、「安全配慮義務」が援用されるのが一般的ですが、この義務を最高裁がはじめて認めたのが、陸上自衛隊八戸車両整備工場事件（最3小判1975・2・25労判222号13頁）です。最高裁は、「国は、公務に対し、国が公務遂行のために設置すべき場所、施設もしくは器具等の設置管理又は公務員が国又は上司の指示のもとに遂行する公務の管理にあたって、公務員の生命及び健康等を危険から保護するよう配慮すべき義務（以下「安全配慮義務」という。）を負っているものと解すべきである」としました。

　そして、最高裁は、安全配慮義務の根拠として、「ある法律関係に基づいて特別な社会的接触の関係に入った当事者間の一方又は双方が相手方に対して信義則上負う義務である」と述べています。このような分かりにくい表現をしたのは、公務員は労働契約関係とは見られていないからです。高級反物を取り扱う民間企業の従業員が宿直中に強盗に刺殺された事案（川義事件・最3小判1984・4・10民集38巻6号557頁）では、労働契約上の使用者の義務（付随義務）としています。

　陸上自衛隊八戸車両整備工場事件最高裁判決は、一定の契約関係にあることを要求していませんので、たとえば派遣先企業は派遣労働者に、元受け企業は事業所内下請け企業労働者に対して、各々安全配慮義務を負うことになります。

（2）安全配慮義務の展開

　その後も、安全配慮義務は、①過労自殺（電通事件（最2小判2000・3・24労判779号13頁））、②メンタル自殺（三洋電機サービス事件（浦和地判1990・2・2労判800号5頁））、③いじめ自殺（誠昇会北本共済病院事件（さいたま地判2004・9・24労判883号38頁）、川崎市水道局事件（横浜地裁川崎支部判2002・6・27労判833号61頁））、といった自殺事案から、④パワーハラスメント（日本土建事件（津地判2009・2・19労判982号6頁））、⑤受動喫煙（江戸川区役所事件（東京地判1993・7・12労判878号5頁））まで拡大されています。

　ところで近年では、具体的疾病が生じていなくとも、36協定が締結されていない状況において、一定の長時間労働が行われていれば、上記の安全配慮義務違反を肯定する裁判例が登場しています。たとえば、1年間に継続して月80時間以上の時間外労働を継続した無州事件（東京地判2016・5・30労判1149号72頁）、2年以上にわたり月90～160時間の時間外労働が継続した狩野ジャパン事件（長崎地裁大村支部判2019・9・26労判1217号56頁）、2年以上にわたり、月当り30～50時間外労働が行われたアクサ生命保険事件（本書148頁）等があります。

　なお、現在では労契法5条に、「使用者は、労働契約に伴い、労働者がその生命、身体等の安全を確保しつつ労働することができるよう、必要な配慮するものとする」と、安全配慮義務に関する規定が明文化されています。

3. 労災補償

（1）労災補償制度の概観

　以上のように、労働災害に対しては、不法行為もしくは債務不履行に基づく損害賠償を請求することが可能ですが、被災労働者やその遺族が使用者の過失を証明することは、きわめて困難です。

そこで導入されたのが、その過失の有無を問わず、使用者が業務に起因する災害（業務災害）に関する補償を義務付けたのが、労基法の労災補償制度です。

労基法は、使用者に対し、①労働者が業務上負傷・疾病に罹患した場合には、必要な療養もしくは療養費を負担し（75条）、療養のために労働することができない期間中、平均賃金の6割を支払うこと（76条）、②労働者が業務により障害が存するときは、その程度に応じて障害補償を支払うこと（77条）、③労働者が死亡した場合には、平均賃金1000日分の遺族補償を支払い、葬祭を行う者に対し平均賃金の60日分の葬祭料を支払うこと（80条）等を定めています。

しかし、財政事情等により、使用者がこれらの給付支払いができない場合には、労災補償も絵に描いた餅に終わってしまいます。このため、国が保険者となり、使用者に保険加入を義務付けることにより、労働者に確実な給付を保障することを目的として、労働者災害補償保険法（労災保険法）が制定されました。労災保険法では、保険料を使用者が全額負担することとなっているほか、その給付内容も、①療養補償給付、②休業補償給付、③障害補償給付、④遺族補償給付、⑤葬祭料、⑥傷病補償年金、⑦介護補償給付（12条の8）と豊富です。また、労災保険は、一時金のほか年金による支給も行っているほか、労基法にはない通勤災害も対象しているのが最大の特徴でしょう（7条1項）。

（2）労災の認定基準

ところで、業務災害・通勤災害に該当するかについては、行政解釈に定められています。

1）業務認定基準

業務災害とは、業務に内在する危険が現実化したことをいいます。具体的には、①使用者の指揮命令下にあるという、業務遂行性と、②業務と災害との間に相当因果関係が存在することを意味する、業務起因性の2つの要件が挙げられています。ここでは、業務災害のうち、問題になることが多い過労死・過労自殺（精神障害）の認定基準を見ておきましょう。

いわゆる過労死の業務上認定基準（「脳血管疾患及び虚血性心疾患等（負傷に起因するものを除く。）の認定基準」）によれば、業務による明らかな過重負荷の基準として、①発症前の長期間にわたって、著しい就労の蓄積をもたらす特に過重な

業務に就労したこと（発症前1か月間におおむね100時間または発症前2か月～6か月間にわたって、1か月あたりおおむね80時間を超える時間外労働が認められる場合）、②短期間の過重業務（発症に近接した時期において、特に過重な業務に就労したこと、発症直前から前日までの間に特に過度の長時間労働が認められる場合、発症前おおむね1週間継続して深夜時間帯に及ぶ時間外労働を行うなど過度の長時間労働が認められる場合）、③発症直前から前日までの間において、発生状態を時間的または場所的に明確にし得る異常な出来事に遭遇したことの有無・程度によって決定されます。なお、時間外労働時間が上記基準に達していなくても、勤務時間の不規則性、事業場外における移動を伴う業務、心理的・心因的負荷の業務、作業環境といった労働時間以外の負荷要因も加味して、総合的に決定されます。

また、過労自殺や精神障害等については、「心理的負荷による精神障害の認定基準」において、①特定の精神障害（対象疾病）を発病していること、②対象疾病の発病前おおむね6か月の間に、業務による強い心理的負荷が認められること、③業務以外の心理的負荷および個体的要因により、対象疾病を発病したとは認められないことの基準により判断されます。

2）通勤災害認定基準

通勤災害とは、通勤に内在する危険が現実化したことを言います。「通勤」とは、業務のための移動を除き（これは業務災害になります）、労働者が就業に関する移動を合理的な経路および方法により行うことをいいます（労災保険法7条2号）。労働者が通勤経路を逸脱・中断した場合については、それ以降は通勤災害とはなりません。もっとも、①日用品の購入等、②通学、③選挙投票、④通院、⑤介護の場合には、通勤経路に復帰した以降は通勤として取扱われます。

（春田 吉備彦）

小学校教員の脳幹部出血の公務起因性と自宅作業・部活引率の負荷

地公災害基金熊本県支部長（市立小学校教諭）事件　福岡高判2020・9・25労判1235号5頁

LEX/DB25571123

【問題となったポイント】

- 自宅持ち帰り残業（自宅残業）は労働時間として、公務災害認定の過労死ラインの目安時間に組込まれるのか
- 労災認定や労災民訴の労働時間において、自宅残業を労働時間に含める裁判例が目につくようになっている

事案の概要

　Xは、2008年4月から2011年12月14日までの間、熊本県天草市A小学校（以下「本件小学校」）に勤務していました。熊本県の「基礎学力向上システム推進事業」の一環として、熊本県教育委員会は、モデル校を指定していました。天草市は、児童生徒の学力向上といった目的で、推進校の指定を受けていました。2011年度は、Xは学究担当を外れて算数TT教員と研究主任を兼務することになりました。Xは、研究主任として、毎週水曜日の6校時に実施される校内研修の企画・立案や資料作成、研究発表会（2012年1月25日実施）に向けての提案や資料作成および研究紀要の作成等を行っていました。Xは、L教諭およびH教諭とともに、3人体制で、ソフトボール・サッカーの部活動も担当していました。XはG教諭とともに「スポーツクラブ」を、H教諭とともに体育委員会を担当しており、それぞれ毎月1回の活動の指導に当たっていました。

　2011年12月14日、Xは本件小学校から帰宅後、意識を消失し、同日午後7時23分、D医療センターに救急搬送され、脳幹部出血と診断されました。現在、Xは四肢麻痺、発語不能、聴力なしで、全介助を要する状態で、身体障害者福祉法における身体障害者障害程度等級1級の認定を受けています。

　2012年3月27日、Xは、地方公務員災害補償基金熊本県支部長に対し、本件発症について公務災害認定請求を行いました。しかし、2014年8月11日、本件発症を公務外の災害と認定する旨の決定が行われました。同年10月16日、この決定処分を不服として、Xは地方公務員災害補償基金熊本県支部審査会に対して再審査請求を行ったところ、2015年12月18日、この再審査請求を棄却する旨の裁決が行われました。2016年1月6日、Xはこの裁決を不服として、地方公務員災害補償基金審査会に対して再審査請求を行ったところ、2017年2月20日、この再審査請求を棄却する裁決が行われたため、同年7月31日、Xは本件訴えを提起しました。本件は原審がXの請求を棄却し、公務外認定処分の効力を維持したため、Xが控訴したものです。

判旨

原判決を取消

1　判断の枠組みについて

　「地方公務員災害補償法に基づく補償は、公務上の疾病等の災害に対して行われるものであるから（同法1条等）、公務災害の補償請求のためには、その負傷又は疾病と公務との間に相当因果関係が認められることが必要である」。

　「地方公務員災害補償制度が、公務に内在又は随伴する危険が現実化した場合に、それによって職員に発生した損失を補償する制度であることからすれば、上記の相当因果関係を認めるためには、その負傷又は疾病が当該公務に内在する危険が現実化したものであると評価し得ることが必要である」。

　「負傷又は疾病との公務との間に相当因果関係があるというためには、〈1〉当該公務に危険が内在していると認められること、及び〈2〉当該

負傷又は疾病が、当該公務に内在する危険の現実化として発症したと認められることを要する。」

「脳血管疾患にあたっては、……このような疾病が、公務に内在する危険の現実化として発症したものと認められるためには、〈１〉当該職員と同程度の年齢・経験等を有し、基礎疾患を有していても通常の職務を支障なく遂行できる程度の健康状態にある者を基準として、公務による負荷が、医学的経験則に照らし、脳血管の発症の基礎となる血管病変等をその自然の増悪経過を超えて著しく増悪させ得ることが客観的に認められる負荷といえること、〈２〉当該発症に対して、公務による危険性（公務の過重性）が、その他の職務外の要因（当該職員の私的リスクファクター等）に比して相対的に有力な原因になっているという関係が認められることを要する」。

認定基準の内容には相当程度の合理性があるから、「本件発症は、公務に内在する危険が現実化したものと評価することができ、本件発症と公務との間に相当因果関係を認めることができる。」

２　Xの公務と本件発症との因果関係の有無について

「Xは、平成23年度の２学期において、本件小学校のクラス担任は担当していなかったものの、算数TT教員として授業を受け持ち、水曜日の５校時に『あいあいたいむ』のない週以外は原則として１校時から５校時までの全ての時間に授業を担当していた。またXは、研究主任として毎週水曜日に実施される校内研修の企画、立案、資料の作成、研究発表会に向けての提案や資料作成をするとともに、本件小学校がモデル校及び推進校に指定されたことにより必要となった研究紀要の作成の業務、関連する取組としての『チャレンジよみもの』のプリントの作成及び返却されたプリントへのコメント記入、思考力プリントの作成、計算大会の問題の作成等の業務を行っていた。さらに、Xは、部活動の指導を担当し、休日に試合の引率を担当することもあった。」

上記各業務の「内容を検討すると、個々の業務自体が過重であるとまではいえないものの、Xは、これらの業務を同時期に並行して処理していたのであるから、Xの業務上の負荷については、Xの業務を全体として評価する必要がある。」

「本件発症前１か月間におけるXの週40時間（１日当たり平均８時間）を超える校内時間外労働時間は51時間06分、自宅での時間外労働時間は41時間55分であり、時間外労働時間の合計は93時間01分にのぼる。この時間は、認定基準において『通常の日常の職務に比較して特に過重な職務に従事したこと』に該当する場合の一つとして挙げられている、発症前１か月における月100時間（週当たり平均25時間）の時間外労働には達していないものの、これに近い時間数であるということができる。」

「Xの本件発症前２週間の時間外労働時間は、本件発症前１週目につき28時間38分……、本件発症前２週目につき33時間34分……であって、いずれも週当たり25時間を超えている。」

「Xの本件発症前２か月目の時間外労働時間は40時間09分（校内時間外労働時間31時間45分、自宅での時間外労働時間８時間24分）であり、本件発症前３か月目から６か月目までの校内時間外労働時間は別紙……のとおりである。上記期間において、認定基準で『通常の日常の職務に比較して特に過重な職務に従事したこと』に該当する場合の一つとして挙げられている、発症前１か月を超える月平均80時間（週当たり20時間）の時間外労働をしたと認められる期間はないものの、本件発症前６か月目の校内時間外労働時間がほぼ80時間となるなど、長期間にわたって恒常的に長時間の時間外労働をしていたということができる。」

自宅での作業は、職場における労働に比して緊張の程度が低いということができるが、Xの業務内容に加え、「時間外労働の状況からすれば、Xは、本件発症前１か月間において、通常の出勤日は午後７時ころまで本件小学校で時間外労働をした上で、仕事を持ち帰り、自宅で公務に該当する業務を行っていたと認められ、これらの事情によれば、Xは、職場で時間外労働をした後、そこで終了させることのできなかった文書やプリント類の作成の業務を自宅で行うことを余儀なくされていたものと認められる。また、その自宅作業の時間及び時刻からすれば、Xは、自宅作業を行うことを余儀なくされた結果、睡眠時間が減ったものと認められる。」

「本件発症の前日である12月13日においても、Xは、本件小学校から帰宅後、午後８時44分から午後11時37分まで自宅で業務を行っていたことが認められ、12月14日は午前７時40分に本件小学校に出勤している……から、本件発症の前日の夜から朝にかけての睡眠時間も短いものであったと認

められる。」

「Xは、本件小学校での授業のない土曜日や日曜日に、部活動の試合の引率を担当することもあり、本件発症前1か月間では3回（11月20日、同月26日、12月10日）行っていた。この部活動の試合の引率は、本来休日である土曜日又は日曜日に、午前の早い時間に自宅を出て対応することを余儀なくされていたものであって、睡眠時間及び休日の休息の時間を減少させ、Xの疲労の回復を遅らせる要因となったものということができる。」

「長時間労働の継続による睡眠不足と疲労の蓄積が脳血管疾患の発症の基礎となる血管病変等を増悪させ得る因子となることは医学的経験則となっているところ」、上記の事情を「総合考慮すれば、Xの本件発症前における業務は、その身体的及び精神的負荷により、脳血管疾患の発症の基礎となる血管病変等をその自然経過を超えて増悪させ得ることが客観的に認められる負荷であったということができる。」

ポイント解説

1 本判決の位置づけと「元文科初第1335号」通知について

本判決においては、自宅持ち帰り残業（以下、「自宅残業」という）の時間数が公務災害の認定において労働時間に含まれるか否かが争点になっています。本判決の意義は、公立学校教員の学校内の時間外労働と合算して、自宅残業の労働時間についても労働時間と判断することで、公務起因性を認めたところにあります。

脳・心臓疾患が公務災害や労働災害と認定されるためには、時間外労働の時間数が重要な意味を持ちます。いわゆる、過労死ラインとしては、例えば、①直近1カ月で残業100時間、②直近2～6カ月で残業の平均が80時間といった目安時間があります。本判決は、職場での時間外労働＋自宅残業の数値が100時間に近くなるとして、自宅残業を労働時間に含めて積算することで、公務起因性を認めています。

公立学校教員においては、著しい長時間労働が蔓延し、私傷病休職者や過労死者・過労自殺者が社会問題になっています。公立学校教員の働かせ方に対する批判の声が高まったことを受け、2020年1月17日、文部科学省は、いわゆる「元文科初

第1335号」という通知を出しています。本件は通知発出前の事案ですが、この通知も参照されるべきでしょう。

通知2頁には、「本指針は超過勤務命令に基づく業務以外の時間を含む『在校等時間』についての上限時間等を示したものであり、校務をつかさどる校長及び服務監督者である教育委員会は、上限時間を超えないようにするため、教師等の業務量の適切な管理を行うことが求められること」「校長及び教育委員会は、教師等の在校等時間の管理をはじめ、業務の役割分担・適正化、必要な執務環境の整備や健康管理など、学校の管理運営における責任を有するものであることから、上限時間を超える実態がある場合には、例えば、校務分掌の適正化や業務削減等の改善のための措置を取るなど、学校の管理運営上の責任を適切に果たすことが求められること」と記載されています。通知は公立学校教員の「在校等時間」に上限規制を設け、長時間労働の抑制を図ろうとしています。さらに、通知4頁には、「在校等時間の上限を遵守することのみが目的化し、それにより自宅等における持ち帰り業務の時間が増加することはあってはならないこと。本来、業務の持ち帰りは行わないことが原則であり、仮に行われている場合には、その縮減のために実態把握に努めること」と記載されています。とはいえ、教員の業務量そのものが削減されなければ、かえって自宅残業を余儀なくされ、長時間労働の実態が見えにくくなるということが危惧されます。

2 自発的残業および自宅残業の労働時間性

残業代を請求する場合でも、労災認定や労災民訴において業務負荷を立証する場合でも、労働時間の立証責任は、基本的には、労働者側にあります。使用者側からは、居残り残業や自宅残業については、業務を指示していないとか、労働者が好き勝手に自由意思で残業していたという主張が行われがちです。しかし、勤務先での居残り残業の場合には、十分に反論できるでしょう。使用者による残業承認制のもとで、労働者が使用者にこれを申告せずに時間外労働を行っていた、クロスインデックス事件（東京地判2018・3・28労経速2357号14頁）では、会社は所定労働時間に終了させることが困難な量の業務を労働者に行わせ、当該労働者が残業していたことを会社代表者が現に認識していたという事情等を考慮し、使用者の黙

示の指示に基づく就業として労基法上の労働時間に当たるとして時間外労働の割増賃金請求等の支払いが認められています。

一方、自宅残業については、使用者への反論は一筋縄ではいきません。なぜなら、使用者の指揮命令下に置かれていたと客観的に評価できる必要があり、これが認められたとしても、さらに作業開始時刻と作業終了時刻を客観的に立証しなければならないからです。自宅の仕事で、労働者がタイムカードのような客観的な証拠に基づき労働時間を計算しているということは稀でしょうし、使用者の監視のもとで場所的に拘束されている勤務先の労働とは異なり、自宅作業の合間に休憩することも自由です。このため、単純に作業開始時刻と作業終了時刻を特定するだけでは、その間は指揮命令下に置かれていたといえないからです。この点で参考になるのが、高血圧等を有する営業部長・亡Aの遺族が亡Aのくも膜下出血発症と死亡にかかわる損害賠償請求を争った労災民事訴訟である、アルゴグラフィックス事件（東京地判2020・3・25労判1228号63頁）です。同事件では、業務負荷の評価に関係して、亡Aの時間外労働時間をどのように認定するのか、そして、亡Aの持ち帰り残業を労働時間として認定できるのかが問題になりました。

判決は、「亡Aは、Y社から貸与され、業務用に使用していたパソコンを自宅に持ち帰り、夜間、深夜及び早朝の時間帯に、見積書や提案書等の作成やメールの送信等の作業を頻繁に行っていたものであり、発症前6か月の期間においては、Y社事業所を午後8時頃に退社する日もあったものの、午後9時以降に退社することが常態化しており、午後11時前後に退社することも多かったというのであるから、Y社事業所内での作業が終わらないため、自宅で業務を行わざるを得なかった……、亡AがY社事業所外及び所定労働時間外に行った、いわゆる持帰り仕事についても、労働時間として算定すべきである。」「亡Aの持帰り仕事に係る労働時間については、亡Aが送信したメールの時間及び内容、Y社から貸与されていたパソコンのアクセスログを考慮して、そこからうかがわれる作業時間を基に認定すべきであるところ、ある程度の仕事量が存在し、継続的な作業が行われたと認められる場合には、かかる持帰り仕事が業務の過重性に影響したと評価することができる」としています。ここで、ポイントになった

のが、自宅残業において業務用に使用されたパソコンに残された、夜間・深夜・早朝の時間帯に見積書や提案書等の作成やメールの送信等の作業の痕跡です。

また、同判決は、「Y社は、亡Aに対しては、……持帰り仕事をせざるを得ないほどの業務を与えておらず、また、就業時間外かつ被告事業所外における作業を指示したことはなく、むしろ禁止していたものである」から労働時間に算入すべきでないなどと主張するが、「亡Aの上司であるI事業部長は、亡Aから休日並びに深夜及び早朝の時間帯に業務に関するメールが多数送られてきているにもかかわらず、これについて亡Aに対しかかる作業を中止するよう何らかの指示を行ったとは認められず、むしろこれを黙認ないし容認し、亡Aに持帰り仕事を継続させたものであり、Y社において、亡Aの自宅作業を業務とは無関係な自由な行動スタイルとしてされたものであると断じ得るものではない」として、上司が自宅残業を黙認・容認していたことが、自由意思で残業していただけだというY社の主張を否定する根拠となっています。

実務へのポイント

労災認定や労災民訴において業務負荷を立証する場合の労働時間の立証において、本判決とアルゴグラフィックス事件判決のように、自宅残業を労働時間に含めて判断する裁判例が目につくようになっています。さらに、残業代を請求する場合にも、労働時間に含まれるという方向性で判断される可能性もあり得ます。使用者は労働時間の管理に、より一層、注意を払うべきでしょう。

（春田 吉備彦）

労働災害

懲戒処分の適法性ならびに安全配慮義務違反の有無

アクサ生命保険事件　東京地判2020・6・10労判1230号71頁　　**LEX/DB25566483**

【問題となったポイント】
・短時間勤務者に対して遅い時間に業務報告を求めることがパワハラに該当するか
・実労働時間の算定方法
・長時間労働を放置したことが安全配慮義務違反に当たるか

事実の概要

　Yは、生命保険等を業とする株式会社であり、XはA営業支社の管下にあるA1営業所の育成部長として、営業活動等に従事していました。

　2015年2月にYに入社したBは、16時を退社時間とする短時間勤務者としてXから保険営業の指導を受けていました。しかし、2016年2月頃からYに出社しなくなり、同年7月25日に退職をしました。Yを退職する以前の2015年12月頃、BはXによるパワハラに関する苦情申出をしていました。

　2016年7月29日、A1営業所のC営業所長は、Xによるパワハラに関して、Bから事情聴取を行いました。当該事情聴取においてC営業所長は、Bが帰宅した後の遅い時間に、Xから携帯電話で連絡があり、活動報告を長時間求められたこと、顧客先に同行していたXから、JR線の車内で腕を掴まれ大きな声で叱責され、周囲の人の注視もあったため非常に辛い思いをしたこと等の出来事があったことを聴取しました。

　その後、A営業支社のD支社長らはXと複数回に渡って面談を行い、Bの申立について事情聴取を行いました。その際、Xは、C営業所長やD支社長から業務時間外に指示が出されたことからBに指示を行ったことを述べました。

　2017年6月23日、Yは当事者の聴取調査の結果を踏まえ、X自身が認めている、Bの帰宅後、遅

い時間に何度も活動報告を求める電話を行ったことが、パワーハラスメント行為にあたるとして、Xを懲戒戒告処分としました。これに対してXは、不当な処分であるとして異議申出を行いました。

　本件は、XがYに対し、①Xに対する懲戒戒告処分は無効であるとして、不法行為責任に基づく慰謝料等を請求するとともに、②Xが上司から受けたパワーハラスメントや長時間労働について、Yが使用者として適切な対応を怠った等として、使用者責任ないし安全配慮義務違反・職場環境配慮義務違反による慰謝料等を求める事案です。

判旨

1　本件処分が懲戒処分に当たるか

　「本件懲戒処分の対象となった事実関係については、X自身も認めているところ、Bは、育児を理由として、Yにおいて午後4時までの短時間勤務を認められていた者であったが、その在職中、帰宅後の午後7時や午後8時を過ぎてから、遅いときには午後11時頃になってから、Xから電話等により業務報告を求められることが頻繁にあったというのである。」「その態様や頻度に照らしても、このような行為は、業務の適正な範囲を超えたものであると言わざるを得ず、また、育成部長の立場にあったXが、育成社員であったBに対し、その職務上の地位の優位性を背景に精神的・身体的苦痛を与える、または職場環境を悪化させる言動を行ったと評価できるものであって、パワーハラスメントに該当」する。

　そして、Yは、Bの申出を受け、複数回にわたって、BやXに対する事情聴取を行い、かつ、XがBに対する上記行為を行った理由や背景等としてD支社長からのパワーハラスメントを訴えた原告の主張に応じる形で、Y内部での事情聴取を行っている。確かに、Bの当初の申出がなされた時点から、Yが聴き取り調査等を実際に開始した

時期までは相当時間が経過しており、また、上記聴取の結果は匿名で提出されているものの、これらのことをもって、ただちに調査が不公正なものであるとか、不十分なものであるとはいえず……Yが必要かつ公平な調査を行わなかったことをうかがわせるような事情は見当たらない。

さらに、Yが、Xが自認するBに対する時間外の業務連絡があったとの事実のみを懲戒の対象とし、戒告処分を選択したことが重きに過ぎるともいえない。加えて、付績行為等の是正を訴えたというXが主張する点を踏まえ、Yの本件懲戒処分に至る経緯等を考察しても、Yが懲戒権を濫用したことを裏付けるような客観的な事情は見当たらない。

以上によれば、Yによる本件懲戒処分は有効であるといえるから、Xに対する不法行為の成立は認められない。

2 D支社長によるパワハラの有無及び不法行為の成否

そもそも、Xが主張するスタッフ会議からの締め出しやXの退勤後をねらったA1主任リーダー会議の開催については、Xの供述のほかに、これらの事実を的確かつ客観的に裏付ける証拠はない。また、Xが担当する育成社員について達成困難な目標を設定したり、昼夜を問わず執拗に業務報告を求めたなどの点については、D支社長が業務の適正な範囲を超えて、精神的・身体的苦痛を与えたり、職場環境を悪化させる言動に当たることを裏付ける的確かつ客観的な証拠はない。さらに、Xに無用な長時間労働や休日労働を強いたなどの点についても、Xが時間外労働に従事していたことは認められるものの、D支社長の対応をもって、不法行為法上の違法性を有する行為に当たるとは評価できない。

以上によれば、Xの主張は、前提となる事実が認められないか、パワーハラスメントと評価することができない事実に基づくものであって、採用することができない。

3 D支社長によるパワハラに関し、Yの使用者責任の成否・及び損害額

D支社長によるパワーハラスメントを認めるに足りる証拠はなく、Yの使用者責任が成立する前提を欠いているから、Xの主張は採用できない。

4 Xの実労働時間

Yにおいては、営業社員に対してタブレット端末が貸与されており、業務のため日々使用され、営業社員の業務に不可欠なものといえることから、タブレット端末の最初の起動ログの時刻から最後の終了ログの時刻までの間は原則として、XがYの業務に従事していたことを裏付けるものと評価できる。

所定の始業時刻よりも前の時刻を始業時刻として主張する際、明示的には使用者から労務の提供を義務付けられていない始業時刻前の時間が、労務の提供を義務付けられ又は余儀なくされるなどして、使用者の指揮命令下にある労働時間に該当することについて、労働者に具体的な主張立証が必要であるが、この点に関する立証が十分に尽くされたとはいえないため、始業時刻は原則として午前9時と認定するのが相当である。

タブレット端末の起動ログ・終了ログがない2015年10月8日までの終業時刻は、支社長の供述等から、平均して午後7時と認定し、同日以降は原則として、タブレット端末の終了ログを終業時刻と認定するのが相当である。

5 安全配慮義務違反ないし職場環境配慮義務違反

Yは遅くとも、2017年3月から5月頃までには、36協定を締結することもなく、Xを時間外労働に従事させていたことの認識可能性があったというべきである。しかしながら、Yが本件期間中、Xの労働状況について注意を払い、事実関係を調査し、改善指導を行う等の措置を講じたことを認めるに足りる主張立証はない。

したがって、Yには、2017年3月から5月以降、Xの長時間労働を放置したという安全配慮義務違反が認められる。

Xが具体的な疾患を発症するに至らなかったとしても、Yが1年以上にわたって、ひと月当たり30時間ないし50時間以上に及ぶ心身の不調を来す可能性があるような時間外労働にXを従事させたことを踏まえると、Xには慰謝料相当額の損害賠償請求が認められるべきである。

そして、本件に顕れたすべての事情を考慮すれば、Yの安全配慮義務違反による債務不履行責任に基づく慰謝料の額としては、10万円をもって相当と認める。

ポイント解説

1　はじめに

　本件は、帰宅後の遅い時間に電話等によって部下に対して業務報告を求めたことがパワハラ行為に該当するとして懲戒処分が行われており、その有効性が問題となっています。パワハラ行為を理由とする懲戒処分の有効性以外にも、営業社員の労働時間管理のあり方や会社の安全配慮義務違反を理由とする損害賠償請求が本件では争いになっており、実務的にも重要な問題を含む事例です。

　上司によるパワハラ行為の有無に関して最も難しい問題になるのが、業務の適正な範囲を超えたかどうかの判断になります。本判決では、Xの行為の態様や頻度に照らして、業務の適正な範囲を超えていたと裁判所は判断しており、他の事例においても参考にできる点があるように思います。

　他の事例においても参考になるという点では、営業社員の労働時間の把握に関して、本判決はタブレット端末の起動ログと終了ログの時刻の間は原則として、業務に従事していたことを裏付けるものと判断されています。外勤を伴う営業社員については、労基法38条の2で定める事業場外労働みなし制の対象になり得ますが、スマートフォンやタブレット端末等の機器の発達によって、同条の適用対象になる「労働時間を算定しがたいとき」といえる場合は減ってきているように思います。本判決では、タブレット端末の記録も営業社員の労働時間を把握する手段として裁判所で考慮されると判断した点も他の事例において参考になります。

　さらに、本判決において最も特徴的だと思われるは、Xが具体的な疾患を発症するに至らなかったにもかかわらず、使用者がXの長時間労働を放置したことについて安全配慮義務違反を認め、慰謝料相当の損害賠償を認めた点です。後述するように、近年では上司のパワハラ行為によって部下がうつ病を発症し、そのことについて損害賠償請求が認められる事例が増えていますが、長時間労働を放置したこと自体に使用者に安全配慮義務違反が認められるとした点で、本判決は実務的にも重要な意義があると思われます。

2　労働者のパワハラ行為

　裁判所が述べるように、パワハラとは、同じ職場で働く者に対して、職務上の地位や人間関係などの職場の優位性を背景に、業務の適正な範囲を超えて、精神的・身体的苦痛を与える又は職場環境を悪化させる行為だと理解されています（「職場のいじめ・嫌がらせ問題に関する円卓会議ワーキング・グループ」報告）。

　そして、労働施策総合推進法38条の2第1項は、「職場において行われる優越的な関係を背景とした言動であって、業務上必要かつ相当な範囲を超えたもの」をパワハラだと定義し、使用者に対してパワハラを防止するための雇用管理上必要な措置を取ることを義務付けています。

　上記の円卓会議ワーキング・グループ報告によると、パワーハラスメントに該当する行為の類型として、①暴行・傷害、②脅迫・名誉毀損・侮辱・暴言、③隔離・仲間外し・無視、④遂行不可能な仕事の強制、⑤労働者の能力に見合わない仕事の命令、⑥私的な事柄への過度の介入といった行為が挙げられています。ただし、これらの類型は一例に過ぎず、この他の行為もパワーハラスメントに該当する可能性があります。

　本件で問題になったような、短時間勤務を行う部下に対して、勤務時間後の遅い時間に電話によって業務報告を頻繁に求める行為は上記の類型のどれにも該当しないように思います。そもそも上記の類型がパワハラに該当するとされたのは、これらの行為の多くが、労働者の人格権や人格的利益を侵害する性格を持つものだったためだと思われます（古くは、労働者の監視・ロッカーの無断点検が問題になった関西電力事件・最3小判1995・9・5労判680号28頁）。

　しかし、本判決においては、勤務時間後の遅い時間に業務報告を求めるという、労働者の人格的利益や人格権を侵害するとまではいえなくても、業務の適正な範囲を超えて、他の労働者に精神的、肉体的苦痛を与える行為もパワハラに該当するとし、上記の類型以外にもパワハラに該当とする行為が判断された点で他の事例にも参考になると思われます。

3　営業社員の労働時間管理

　本判決では、営業社員に貸与されたタブレット端末の起動ログの時刻から、Xの実労働時間が計算されています。これまでの裁判例においても、パソコンのログイン時刻等から実労働時間を把握する方法が取られていました。例えば、パソコン

の起動と終了を記録したログデータをもとに、労働時間を算定した事例があります（PE&HR事件・東京地判2006・11・10労判931号65頁）。

本判決では、営業社員に配布されたタブレット端末の開始ログと終了ログを基礎にしながら、Xの実労働時間が算定されています。行政解釈によると、労働時間は客観的な記録として把握されることが求められています（「労働時間の適正な把握のために使用者が講ずべき措置に関する基準」2001・4・6基発339号）。

働き方改革以降、特に、労基署等が客観的な記録として労働時間を管理することを求める傾向にあると思われますが、タブレット端末による記録も営業社員の労働時間を客観的に把握したものと判断された点でも、本判決は実務的な意義があるように思われます。

4　使用者の安全配慮義務違反

本判決で特徴的なのは、前述したように、Xが具体的な疾患を発症していない場合にも、会社が長時間労働を放置したことを理由に、Yの安全配慮義務違反を認めた点にあると思われます。

安全配慮義務とは一般に、使用者が労働者の生命及び身体等を危険が保護するよう配慮すべき義務と理解されてきました（川義事件・最3小判1984・4・10民集38巻6号557頁）。使用者に課される安全配慮義務の内容は広がりを見せており、近年では職場環境配慮義務や健康配慮義務等を含むと理解されています。

安全配慮義務違反を理由として、使用者に対して損害賠償請求をする場合、これまでの多くの事例では、労働者がうつ病を発症するなどして、具体的な損害が発生している場合でした。例えば、富士通四国システムズ事件（大阪地判2008・5・26労判973号76頁）や横河電機事件（東京高判2013・11・27労判1091号42頁）等でも、過重な業務によってうつ病等の精神疾患を発症したことに相当因果関係があるとして、使用者に対する損害賠償請求が肯定されてきました。

しかし、労働者が長時間労働によってうつ病等を発症してしまったという場合、治療に長い時間がかかり、また、以前と同様に働くことが困難になってしまうケースが多くあります。失われた健康は戻らないため、労働者の損害が金銭によって賠償されたとしても、労働者の補償としては十分とはいえないように思います。

こうしたことを鑑みますと、本判決において、使用者が長時間労働を放置したこと自体から安全配慮義務違反を認めた点で重要な意義があるように思います。長時間労働を放置したことに安全配慮義務違反が認められるならば、うつ病等の発症という重大な事態が発生することを予防することも可能になると思われます。

これまでの裁判例においても、使用者には労働時間の適正把握義務があるとし、「その雇用する労働者に従事させる業務を定めてこれを管理するに際し、労働者の労働時間、勤務状況等を把握して労働者にとって長時間又は過酷な労働とならないように配慮する」義務があると述べた裁判例があります（九電工事件・福岡地判2009・12・2労判999号14頁）。

こうした事例においても、労働者の労働時間や勤務状況を把握し、労働者にとって長時間労働とならないように配慮し、長時間労働を放置しないことも安全配慮義務の一内容に含まれると考えられるため、本判決は安全配慮義務の具体的内容を確認した判決だということがいえます。

実務へのポイント

パワハラに関しては、円卓会議ワーキング・グループが示した類型以外にも、パワハラ行為に該当する可能性があることから、業務の指導の範囲を超えるものではないか、労働者に対する研修等を通じて会社が具体的な事例を示すなどして、何がパワハラかを認識させることが必要です。

また、働き方改革以降、使用者が労働者の労働時間や勤務状況を把握し、管理することが強く求められるようになっています。本判決によると、長時間労働を放置した場合にも安全配慮義務違反と判断される可能性もあることから、労働者の労働時間の状況を適切に把握し、長時間労働を放置することにならないよう、早急に対応することが使用者に一層、求められています。

（松井　良和）

労働災害

入社前に不安障害と診断された者の自殺と業務起因性

国・福岡中央労基署長（新日本グラウト工業）事件　福岡地判2021・3・12労判1243号27頁

LEX/DB25569048

【問題となったポイント】
・従前に不安障害等の診断を受けていた労働者が精神障害を理由に自殺した場合、精神障害と業務との間に相当因果関係（業務起因性）が認められるか。特に、当該精神障害を新たに発病したものと捉えるべきか、又は、元々の不安障害等が悪化したものと捉えるべきか

事案の概要

　本件は、A（1983年生）が2011年3月22日に自殺したのは、Z社（建設、地質調査、測量等を業とする会社）での長時間労働や上司からの叱責等の業務上の心理的負荷によりうつ病を発症したことによるものであるとAの父Xが主張し、労災保険法に基づく遺族補償年金の支給を求めたところ、福岡中央労基署長が不支給決定をしたため、Y（国）に処分取消を求めた事案です。

　Aは大学卒業後の2008年4月からWに入社したものの、研修終了後に同期の中で一人だけ別の支店に配属されたことを契機に、会社の方針と合わないと思い、同年8月に同社を退職しました。その後、Aは2009年4月にXの紹介でZに入社し、技術部に配属されました。同部にはC部長、D次長、E課長ら7名が所属し、AはEとともに、自社工事の調査や設計、図面作成、積算等を担当していました。

　技術部では11月から2月が繁忙期であり、Aは死亡前の4～6か月間で平均月80時間前後の時間外労働をしていました。特に、2010年12月12日～2011年1月10日までの1か月間の時間外労働時間数が36時間だったのに対し、その後の1か月間（1月11日～2月9日）では106時間30分であり、時間外労働時間数が急増していました。また、A

は死亡前6か月間に休日出勤を24日しており、これは所定休日59日の約4割に及ぶものでした。

　Cは高い完成度を部下に求めており、仕事のやり直しを命じることがあったほか、業務指導の際に言葉遣いが荒く、手で机を叩きながら叱責することもありました。2011年3月18・19日、CはAへの業務指導の中で「この中で一番俺が腹黒い、二番目はA君ぐらいだろう」、「偽善的な笑顔でいいんだよ」等と言いました。同月19日、この発言を受け、Aは普段とは異なり夕食を自室で食べる等、落ち込んでいる様子でした。翌20日、Aは友人から遊びの誘いを受けたものの体調不良を理由に断りました。

　Aは同月21日午前8時頃に起床したものの、意識が朦朧としており、出社せずに夜まで自宅にいた後、車で外出しました。同日午後10時以降、AはDや元交際相手に「僕ってそんなに腹黒いですかね？僕の笑顔はそんなに嘘くさいですかね？」、「『どんな顔して外を歩いたらいいのかな』ってよくわかんなくなりました」等と書いたメールを送信後、翌22日に自動車内で練炭自殺をしました。

　Aの既往歴を確認すると、高校1年次に不眠症で不登校となり、大学在学中の2007年頃にも不眠症が再発し通院したことがあったものの、Wへの内定が決まったことで症状が解消しました。

　AはW退職後の2009年2月16日にGクリニックを受診し、不眠・不安の症状や当時のアルバイト先で周囲と上手くいっていないこと等を訴えました。主治医HはAを不安障害と診断したものの、抗うつ薬は処方しませんでした。その後、同年4月18日からHはAに抗うつ薬を処方し、就寝前に服用するよう指示しました。

　2010年4月30日、Aの不眠と抑うつ気分的な訴えが目立ち、アルコールへ逃避する言動も多くなったため、Hはうつ状態と診断しました。2011年3月までの間、Aの症状は遷延していたものの、投薬内容の大幅な変更は行われませんでした。他方、Aはこの間に月1回程度体調不良を理由に遅

刻することがあったものの、長期間休業したことはなく、週末には同僚とテニスや旅行に出かけていました。

加えて、Aは2010年3月27日にアルコール依存症と診断されたものの、同年5月の健康診断では自己申告酒量が減り、肝機能の数値も改善し、正常値となっていました。

判旨

Xの請求認容

1　業務起因性の判断枠組み

業務災害認定のためには「業務と当該傷病等との間に……相当因果関係が認められることが必要である」。また、労災保険制度が労基法上の危険責任の法理に基づき、使用者の災害補償責任を担保する制度であることからすれば、「相当因果関係を認めるためには、当該傷病等の結果が、当該業務に内在する危険が現実化したものであると認められることが必要である」。

今日の社会では何らかの個体側の脆弱性要因を有しながら業務に従事する者も少なくなく、労災保険制度が危険責任の法理に根拠を有することを併せ考慮すれば、「業務の危険性の判断は、当該労働者と同種の平均的な労働者、すなわち、何らかの個体側の脆弱性を有しながらも、当該労働者と職種、職場における立場、経験等の点で類似する者であって、特段の勤務軽減まで必要とせずに通常業務を遂行することができる者を基準とすべきである」。上記「平均的な労働者を基準として……心理的負荷が、一般に精神障害を発病させるに足りる程度のものであるといえる場合には……相当因果関係を認めるのが相当である。」

厚労省労働基準局長が2011年12月26日付けで発出した「心理的負荷による精神障害の認定基準について」（以下「認定基準」）は裁判所を法的に拘束するものではないが、「その作成経緯や内容に照らし一定の合理性を有するものといえる。したがって……基本的に認定基準を参考としつつ……業務起因性を判断するのが相当である」。

2　精神障害の「発病」か、「悪化」か

認定基準によれば、対象疾病の発症の有無は「ICD-10　精神および行動の障害臨床記述と診断ガイドライン」の示す診断基準（以下「診断基準」）を基に判断すべきである。

Aには学生時代から不眠等の症状があり、2009年2月16日には不安障害と診断されているものの、抑うつ気分がこの頃までにあったとはいえない。また、同年4月18日以降、Hは抗うつ薬を処方しているものの、これは不眠改善を目的としたものといえる。「そうすると、この期間において、Aにつき、うつ病エピソードの主要症状である『①抑うつ気分』は認められない」。

Aは、2010年4月30日にはHからうつ状態と診断されたものの、同年3月頃から2011年2月頃にかけて、週末には同僚とテニスや旅行をし、毎日仕事に通って長時間の残業をし、頻繁に休日出勤をしていた。これらに鑑みると「診断基準における『②興味と喜びの喪失』、『③活動性の減退による易疲労感の増大や活動性の減少』といううつ病エピソードの主要症状が現れているとはいい難く、『①抑うつ気分』という主要症状の1つを満たすにとどまるから、この頃までにAがうつ病エピソードを発症していたということはできない」。

Aが2011年3月19日には落ち込んだ様子で自室で夕食を食べたこと、翌日には友人からの誘いを断っていること、その前数日間は口数が少なかったことからすると、同月20日の時点で、うつ病エピソードの基本症状の全てを認めることができる。他の症状としても、同月21日にAがDや元交際相手に発信したメールによれば、「自己評価と自信の低下」、「将来に対する希望のない悲観的な見方」や「罪責感と無価値感」が認められ、翌22日にAは自殺している。「そうすると、2011年3月19日又は20日頃には、うつ病エピソードの基本3症状の全て、基本症状以外の他の症状……4つを認め得ることから、少なくとも『中等症うつ病エピソード』の診断基準を満たしている。そして、Dや元交際相手へのメールをみると、Aの落ち込みの程度は大きく、『①抑うつ気分』は重症であったことがうかがえるし、結果的に自殺に至っていることからすると、『自傷あるいは自殺の観念や行為』も重症であった」。「以上によれば、Aは、2011年3月19日ないし同月20日頃には、重症うつ病エピソードを発症したことが認められる」。

3　業務上の心理的負荷の評価

発病前6か月間、Aは恒常的に長時間労働に従事し、発病前2か月間は100時間前後の残業をし

労働災害

ていた。また、2010年12月12日から2011年1月10日までの時間外労働時間数が36時間であったのに対し、その後1か月間では時間外労働時間数が急増している。このように、Aは時間外労働の急激な増加を余儀なくされ、その後うつ病エピソードの発症に至るまでの1か月間（2011年2月10日から同年3月18日）では、優に月100時間を超える時間外労働を継続し、多大な労力を要したと認められるから、Aには大きな心理的負荷がかかったことが認められる。これを認定基準に即して判断すると、『仕事内容・仕事量の（大きな）変化を生じさせる出来事があった』に該当し、その心理的負荷は『強』と判断すべきである」。

CはAにとって畏怖の対象となる苦手な上司であったところ、2011年3月18・19日頃に、AはCから「腹黒い」、「偽善的な笑顔」等と言われ、Aとしては、Cが「その言葉のとおり否定的に評価しているものと捉えてもやむを得ない面があったといえるから、これらの発言を単発的なものと評価するのは相当ではなく、一体のものとして評価すべきである。したがって、上記Cの発言は、入社2年目のAにとっては相当程度の心理的負荷があったものと認められる」。そして「これらの発言の前には月100時間を超える長時間労働を余儀なくされていたことからすると、長時間労働によって疲弊していたAに対して追い打ちをかけるような形で心理的負荷がかかったというべきである。これを認定基準に即して判断すると、当該出来事は『（ひどい）嫌がらせ、いじめ、又は暴行を受けた』に該当し」、その出来事前に月100時間以上の残業が認められることからすれば、「心理的負荷の程度を『強』と修正すべきである」。

この点、Yは、Cの各発言はAへの業務指導として行われ、厳しい口調や執拗になされたものではなく、平均的労働者であれば気に留めない程度のものであると主張する。「しかしながら……業務指導のために、このような否定的評価を伴う言葉や表現をあえて用いる必要性はなく……、AとCとの従前の関係性やCによる部下に対する指導の厳しさを踏まえると、Aからすれば……『腹黒い』及び『偽善的』という言葉をそのまま自己に対する否定的評価として受け止めたとしても不自然ではないし……平均的労働者の感覚から外れたものともいえない。また、Cは、二日連続で……人格否定的な言葉をAに対して用いて」おり、「入社して約2年間部下としてCに接してきたAに

とって相当程度の心理的負荷があることに変わりはな」い。「以上によれば、Aのうつ病エピソード発症前6か月の間に、心理的負荷『強』となる出来事が2つ認められるから、その心理的負荷の総合評価は『強』と判断すべきである」。

4　個体側要因の有無

YはAに顕著な個体側要因があると主張する。確かに、Aは2009年2月16日に不安障害を発症し、継続的に治療を受けていたものの、Z入社後に同障害によって仕事に支障があったとは認められず、同僚と円滑に交流し、支障なく社会生活を送ることができていた。「そうだとすると、Aの不安障害は重度のものとまでは認められず、平均的労働者の範囲を逸脱するものとはいえない」。

更に、Aは2010年3月27日にアルコール依存症と診断されたものの、アルコールの影響で仕事に支障を来していたとはいえない上、同年5月頃には改善傾向にあった。そうすると、Aのアルコール依存症の程度は「重いものではなく、平均的労働者の範囲内といえるから、Aの個体側要因として評価すべきとはいえない」。

また、Aが執着型あるいはメランコリー型性格であったことは否定できないものの、これも平均的労働者の性格傾向の範囲内というべきである。

「以上の次第で、Aは、業務上、心理的負荷『強』となる出来事に複数遭遇して、2011年3月19日ないし同月20日頃にうつ病エピソードを発症したものと認められ、その発症に個体側要因や業務外の心理的負荷の明らかな関与は認められないから、Aのうつ病エピソードの発症は業務に起因するものと認められる」。

ポイント解説

1　精神障害の発症と悪化の区別を論ずる意義

本判決が述べるように、「業務上」の災害と認定されるためには、業務と災害との間の相当因果関係や業務に内在する危険が現実化したことを証明する必要があります（熊本地裁八代支部延吏事件・最2小判1976・11・12判時837号34頁、地公災基金東京都支部長（町田高校）事件・最3小判1996・1・23労判687号16頁等）。これは本件のような精神障害の場合も同様です。一般に、精神障害の発症が業務災害といえるか否かについては、

発症前約6か月間の業務による心理的負荷の程度や業務以外のその他の発症要因の有無等が検討されます。

この点、Aさんのように不安障害等を元々抱えていた方の場合、業務を原因として精神障害が新たに生じたのか、それとも、業務とは関係ない形で元々の症状が悪化したことにより、精神障害が生じたのかが判然としないこともあります。認定基準によれば、特に後者の「悪化」の場合では、業務上の「特別な出来事」（「発病直前の1か月におおむね160時間を超えるような時間外労働を行った」等の出来事）によって症状が悪化したものと認められて初めて業務災害認定が行われることになります。もっとも、裁判例の中には、認定基準とは異なり、必ずしも「特別な出来事」を要求しないものもあります（例えば、国・岐阜労基署長（アピコ関連会社）事件・名古屋高判2016・12・1労判1161号78頁）。

本件でのXさんの請求が認められた要因は、2011年3月19日・20日頃にAさんがうつ病エピソードを新たに発症したと評価された点にあるといえます。すなわち、Aさんのうつ病エピソードを元々の疾病の悪化ではなく新たな発症と認定することで、少なくとも、認定基準において要求されており、かつ、業務災害認定にとってのハードルとなる上記「特別な出来事」の証明が不要となります。また、発症時期をこの時期と認めることで、発症前約6か月間の業務による心理的負荷の評価において、Aさんの長時間労働の実態やC部長の業務指導中の発言が考慮されることになります。

2 心理的負荷の評価部分での特徴

こうした認識を前提にした判旨の「心理的負荷の評価」の中では、まず、発病前6か月間のAさんの長時間労働や2010年12月から2011年2月にかけて時間外労働時間数が急増していること等が指摘され、これをもとに心理的負荷の程度が『強』と判断されています。他の裁判例に照らしても、労働者が恒常的に長時間労働を行う場合には、心理的負荷の程度が『強』と判断されています（例えば、国・川崎北労基署長（富士通ソーシアルサイエンスラボラトリ）事件・東京地判2011・3・25労判1032号65頁）。

更に特徴的であるのは、2011年3月18日・19日頃のC部長の発言を重要視している点です。確かに、「腹黒い」・「偽善的な笑顔」といった言葉は他人に向けて使うべきではない不適切なものですが、これだけを切り取ってみると、Yが主張するように、さほどの心理的負荷をもたらすものではないと言えるかもしれません。しかし判旨は、①従前からのC部長の職場での振る舞いを踏まえ、畏怖の対象であった上司Cからこうした人格否定の言葉を浴びることがAにとっては相当程度の心理的負荷を与えるものであったことや、②長時間労働で疲弊したAに追い打ちをかけるような出来事であったことから、心理的負荷の程度を『強』と判断しています。このような丁寧な状況把握が行われた下での判断としてみれば、裁判所による判断は妥当なものと言えるのではないでしょうか。

実務へのポイント

企業で部下を持つ方に向けた示唆としては、特に、本判決のうちの「腹黒い」・「偽善的な笑顔」といった業務指導中のC部長の発言に対する評価が注目できるでしょう。部下を指導する方にしてみれば、「したたかさや打たれ強さを身につけてほしい」との意図から、こうした言葉を用いることがあるのかもしれません。しかし、本判決が述べるように、Aさんのように恒常的に長時間労働を行い、また、入社して間もない労働者にとっては、こうした発言が精神障害発症の引き金になる可能性があることに注意すべきでしょう。なお、労災民訴の事案ですが、同様に長時間労働を行っていた労働者に対する上司の叱責が精神障害発症の引き金となったことを指摘する裁判例として、音更町農業協同組合事件・釧路地帯広支判2009・2・2労判990号196頁や医療法人雄心会事件・札幌高判2013・11・21労判1086号22頁があります。

その他、恒常的な長時間労働についても、使用者は労働者を就労させる際に、「業務の遂行に伴う疲労や心理的負荷等が過度に蓄積して労働者の心身の健康を損なうことがないよう注意する義務」を負っており（電通事件・最2小判2000・3・24労判779号13頁等を参照）、より具体的には、労働者のメンタルの把握、心身の状態に適した配属先への異動や時間外労働の抑制に向けたその他の対応が求められます（上記各裁判例に加え、山田製作所（うつ病自殺）事件・福岡高判2007・10・25労判955号89頁等も参照）。

（後藤 究）

労働災害

労働組合関連

労働組合と使用者という集団的労働関係については、より理解を深めるために、本解題では、主に近年の裁判例を中心に取り上げて行くこととします。

1. 労働組合と組合員との関係

まず、労働組合と組合員との関係ですが、組合員の権利義務や除名が問題となることが少なくありません。

組合員のもっとも基本的な義務は、組合費納入といえるでしょう。三多摩合同労働組合元組合員事件（東京地裁立川支判2021・9・16労判1258頁）は、組合費ではなく、労働争議解決時に使用者から支払われた解決金のうち20％を、脱退組合員が労働組合に支払う義務があるかという珍しい紛争です。本判決は、同規定が制定された以前の解決金を支払う義務はないと判断しました。

次に、ユニオンショップに基づく解雇事件である大和自動車王子労働組合事件（東京地判2021・5・31労判1256号50頁）があります。ユニオンショップ協定（ユシ協定）とは、労働協約に基づき、組合を脱退したり、あるいは除名された組合員を解雇する義務を使用者が負うという労働協約の条項です。従来、最高裁は、ユシ協定の組織強制の性格を肯定しながら、組合からの除名処分が無効であれば、ユシ協定による解雇権も無効と判断してきました（日本食塩事件・最2小判1975・4・25判時774号3頁）。本件は、ユシ協定のうち、締結組合以外の他の労働組合に加入している者、および締結組合から脱退又は除名されたが、他の労働組合に加入しもしくは新たな労働組合を結成した者について、使用者の解雇義務を定める部分は無効とされています。これは、他の労働組合を結成し、もしくは加入した労働者にはユシ協定の効力は及ばないとする三井倉庫事件最高裁判決（最1小判1989・12・14労判552号6頁）の判断に依拠するものです。

次も、労働組合からの除名処分の事案である北海道協同組合通信社労働組合事件（札幌地判2020・8・6労判1232号5頁）です。本判決は、

労働組合は、自律性を有する団体として有する統制権に基づき、組合員に対する制裁を課すことができるが、他方、手続的正義を担保するため、そのような制裁を行うにあたっては、少なくとも労働組合規約に制裁の内容、制裁事由、手続等の制裁に関する主要部分が定められ、組合員に対して周知されていることが必要とされました。これは、就業規則で懲戒処分を使用者が行う場合の手続と類似しているのが注目されます（フジ興産事件、最2小判1993・10・10労判861号5頁参照）。

また、組合脱退後のユシ協定に基づく雇い止めの効力が争われたトヨタ自動車事件（名古屋地裁岡崎支判2021・2・24労判1265号83頁）においては、過半数組合が締結するユシ協定は、労働者が労働組合員の資格を取得せず、またはこれを喪失した場合に、使用者をして当該労働者との雇用関係を終了させることにより、間接的に労働組合の組織の拡大強化を図る制度であり、このような制度としての正当な機能を果たすものと認められる限りにおいて、その効力が認められるとして、ユシ協定の有効性要件を示しています。そのうえで、同判決は、期間従業員の組合員が増加したのに伴い、一定の勤続年数を経過したシニア期間従業員のみを制度対象とすることには合理性があると判断されています。

最後に、産業別組合からの脱退をめぐる谷川電機製作所労組ほか事件（東京高判2021・4・7労判1245号5頁）では、法人である労働組合には、一般社団法人法78条が準用され（労組法12条の6）、その代替案がその職務の執行にあたり、他人に損害を与えた場合、権利能力なき社団である労働組合にもあてはまると判断されています。

2. 不当労働行為

労組法7条2号によれば、使用者は、団体交渉の席に着くだけでなく、労働組合と誠実に交渉する義務（誠実交渉義務）を負うと考えられています。山形県・県労委（国立大学法人山形大学）事件では、賃下げ等の交渉事項は、既に賃下げ等が実施されてから4年前後を経過した時点におい

て、使用者が同事項について団体交渉を行う義務を負うかが争点となりました。

これに対し、控訴審（仙台高判2021・3・23労判1241号5頁）は、本件各交渉事項について改めて団体交渉をしても、有為な合意を成立させることは事実上不可能であったと推認から、更なる誠実交渉を命ずる県労委の本件救済命令は、労働委員会の裁量を逸脱するものであるとして、同決定を取り消しました。しかし、最高裁（最2小判2022・3・18労判1264号20頁）は、労働組合法7条2号は、使用者がその雇用する労働者の代表者と団体交渉することを正当な理由なく拒むことを不当労働行為として禁止しているところ、使用者は、必要に応じてその主張の論拠を説明し、その裏付けとなる資料を提供するなどして、誠実に団体交渉に応ずべき義務を負い、この義務に違反することは、同号の不当労働行為に該当するとしたうえで、合意の成立する見込みがないことをもって、誠実交渉命令を発することが直ちに救済命令制度の本来の趣旨、目的に由来する限界を逸脱するということはできず、団体交渉にかかる事項に関して合意の成立する見込みがないと認められる場合であっても、誠実交渉命令が事実上または法律上実現可能性のない事項を命ずるものであるとはいえないし、不当労働行為によって発生した侵害状態がある以上、救済の必要性がないということもできないとして、原審に破棄差戻しました。

次に、団体交渉においては、労使間において、開催の場所・時間、参加人数等の条件が一致しないことが少なくありません。国・中労委（アート警備）事件（東京高判2020・8・20労判1262号37頁）においては、団体交渉開催にあたり、使用者が提示した3条件（守秘義務、録音撮影禁止、議事進行条件）に、労働組合が同意しないことを理由として、団体交渉を拒否することの必要性・合理性を認めることができず、正当な理由のない団体交渉拒否と判断されています。

さらに、複数の労働組合が併存している場合の団体交渉のあり方も、問題となります。このような場合、使用者は、団体交渉やその他の労使関係の局面において、各組合に対し、中立的な態度をとるべきであり、各組合をその性格や運動方針の相違により、合理的な理由なく差別したり、一方の組合の弱体化を図ることは許されないと判断されています（日産自動車事件、最3小判1985・4・23労判450号23頁）。このように、使用者は、併存組合に対して中立義務を負う一方で、同判決は、各組合の組織力、交渉力に応じた合理的、合目的的な対応をすることは許されるともの得ています。

近年の国・中労委（関西宇部）事件（東京地判2020・3・23労判1237号88頁）においても、使用者として、各組合に対して、中立的態度を保持し、その団結権を平等に承認、尊重すべきであるが、それぞれの組合の主張内容や主張態度が異なる場合には、対応の仕方に相違を生ずることはやむを得ないものであり、上記の中立性の枠を損なわない限り、このような相違が生じ、これにより特定の組合に一定の不利益を生じることをもって直ちに当該組合に対する不当な差別であるとはいえないとされています。

最後に、混合組合という、聞きなれない組合名をめぐる事件である大阪府・府労委（大阪市・市労組）事件（大阪地判2021・7・29労判1255号49頁）を紹介します。混合組合とは、地方公務員法が適用される非現業職員と地公労法（地方公営企業等の労働関係に関する法律）により労組法が原則として適用される現業職員が加入する労働組合ですが、混合組合は、労組法適用職員に関する事項について、労働委員会に対して、不当労働行為救済命令の申立人資格があることが肯定されました。また、同組合からの組合事務所貸与に関する団体交渉の申し入れを、管理運営事項にあたるとして拒否したことは不当労働行為であり、団体交渉の応諾と謝罪文の手交を命じた大阪府労働員会命令の取消しを求める訴訟が棄却されました。

同判決では、労組法適用職員に関する労働条件等の団体交渉が円滑に行われるための基盤となる労使関係の運営に関する事項は、義務的団体交渉事項となり得ると解されるから、管理運営事項に当たるとして交渉を拒否する市の対応は、正当な理由のない団体交渉拒否および支配介入に該当すると判断されています。

（山田 省三）

労働組合による組合員の賃金支払猶予とその放棄

平尾事件　最1小判2019・4・25労判1208号5頁　　　　　　　　**LEX/DB25570206**

【問題となったポイント】
・労働組合は、労働協約によって組合員の具体的に発生した賃金債権を処分・変更することができるのか

事実の概要

　本件は、貨物自動車運送等を業とする株式会社であるYに雇用され、生コンクリート運送業務を行う営業所において生コンクリートを運送する自動車の運転手として勤務していたXが、Yに対し、Xの所属する労働組合とYとの間の労働協約により減額して支払うものとされていた賃金につき、当該減額分の賃金（2013年8月から2014年11月までの支給分のもの）及びこれに対する遅延損害金の支払等を求めた事案です。

　Xは、2003年2月1日、Yに雇用されました。XはA労組に所属しています。

　XとYとの間の労働契約では、月例賃金は毎月20日締めの末日払いとされ、賞与は7月、12月に支払われるとされていました。

　Yは、経営状態が悪化し、2013年8月28日に、A労組及びA労組分会（以下「A労組等」。）と、「1．A労組等は、会社が提案した年間一時金を含む賃金カットに応じる。カット率は、家族手当、食事手当及び交通費を除く総額から20％とする。2．上記1の期間は、平成25年8月支給分の賃金から12か月とし、その後の取扱いについては労使双方協議の上、合意をもって決定する。3．Yは、前記1によるカット分賃金の全てを労働債権として確認する。カットした金額は賃金明細に記載する。4．経営改善に関する協議は、労使協議会を設置し、Y、CおよびA労組等の3者で3か月ごとを原則として必要に応じておこなう。5．本協定に定めのない事項は、YはA労組等と事前に協議し、合意をもっておこなう。」旨の労働協約（以下「第1協約」。）を書面により締結しました。

　そして、Yは、Xに対し、2013年8月から同26年7月までの支給分の月例賃金と2013年12月及び2014年7月の支給分の賞与の一部をそれぞれ減額して支給しました（以下「本件未払賃金1」。）。

　さらに、Yは、経営状態が改善しなかったことから、2014年9月3日、A労組等との間で、賃金カットがされる前記2の期間を同年8月支給分の賃金から12か月とするほかは、第1協約と同旨の労働協約（以下「第2協約」。）を書面により締結しました。そして、Yは、Xに対し、2014年8月から同年11月までの支給分の月例賃金の一部を減額して支給しました（以下「本件未払賃金2」。本件未払賃金1と併せて「本件各未払賃金」。）。

　Xは、2014年12月14日、本件訴訟のうち、本件各未払賃金及びこれに対する遅延損害金の支払を求める請求に係る部分の訴えを提起しました。

　Xは、2015年3月20日、定年退職しました。

　その後も、Yは、経営状態が改善しなかったことから、A労組等との間で、2015年8月10日、賃金カットがされる前記2の期間を同月支給分の賃金から12か月とするほかは、第1協約と同旨の労働協約（以下「第3協約」。）を書面により締結しました。Yの生コンクリート運送業務を行う部門は、2016年12月31日をもって閉鎖されることとなり、YとA労組は、第1協約及び第2協約によって賃金カットの対象とされた賃金債権の取扱いについて協議をして、これを放棄する旨の合意をしました（以下「本件合意」。）。

　一審判決は、まず、各労働協約における「カット」の意味を「賃金債権全額の発生は肯定しつつもその20％分について支払いを猶予すること」と認定しました。次に、支払猶予された賃金の弁済期について、第1協約内で言及されていないことから、「第2項に定める期間が経過した後、協議をするのに通常必要な期間を超えて協議が行われ

ず、何の決定もされない場合は、支払いが猶予された賃金について弁済期が到来すると解すべきである」と判示しました。そして、第2協約に規範的効力が認められる場合に、第2協約により支払猶予された賃金のみならず、第1協約によって支払猶予された賃金も、第2協約により引き続き支払猶予する趣旨であり、第1、第2協約によって支払猶予された賃金は、第3協約に規範的効力が認められる場合に、第3協約によって改めて支払猶予をすることが決められたと認めることができると判示しました。そして、一審判決は、第2協約と第3協約の規範的効力を認めたので、Xの請求を棄却しました。これに対し、Xが控訴しました。

原審判決は、上記の一審と同様の判断をしたうえで、新たに、「Yの生コン輸送部門は2016年12月31日をもって閉鎖され、レミコン営業所に勤務していたA労組所属の組合員2名も退職したが、その際、YとA労組との間で第1協約及び第2協約によってカットされた賃金債権の取扱いについての協議が行われ、同債権については、免除、放棄することが合意されたこと」から、「カットされた賃金については、弁済期を定めることなく、免除ないし放棄することが労使間で合意されたことになるから、同賃金債権はすでに消滅したというべきである」と判示して、控訴を棄却しました。これに対して、Xが上告しました。

判旨

一部破棄自判、一部破棄差戻し〔全員一致〕

1 本件合意による本件各未払賃金の放棄の法的効力

「本件合意はYとA労組との間でされたものであるから、本件合意によりXの賃金債権が放棄されたというためには、本件合意の効果がXに帰属することを基礎付ける事情を要するところ、本件においては、この点について何ら主張立証はなく、A労組がXを代理して具体的に発生した賃金債権を放棄する旨の本件合意をしたなど、本件合意の効果がXに帰属することを基礎付ける事情はうかがわれない。

そうすると、本件合意によって上告人の本件各未払賃金に係る債権が放棄されたということ

はできない。」

2 本件各未払賃金の弁済期について

(1) 具体的に発生した賃金債権を処分又は変更する労働協約の効力

「具体的に発生した賃金請求権を事後に締結された労働協約の遡及適用により処分又は変更することは許されない(最高裁1985年(オ)第728号1989年9月7日第一小法廷判決・裁判集民事157号433頁、最高裁1993年(オ)第650号1996年3月26日第三小法廷判決・民集50巻4号1008頁参照)ところ、Xの本件未払賃金1に係る賃金請求権のうち第1協約の締結前及び本件未払賃金2に係る賃金請求権のうち第2協約の締結前にそれぞれ具体的に発生していたものについては、Xによる特別の授権がない限り、労働協約により支払を猶予することはできない。」

(2) 支払猶予された賃金の弁済期

「そして、本件各未払賃金のうち、第1協約により支払が猶予されたものについては第2協約及び第3協約が締結されたことにより、第2協約により支払が猶予されたものについては第3協約が締結されたことにより、その後も弁済期が到来しなかったものであり、これらについては、第3協約の対象とされた最後の支給分(2016年7月支給分)の月例賃金の弁済期であった同月末日の経過後、支払が猶予された賃金のその後の取扱いについて、協議をするのに通常必要な期間を超えて協議が行われなかったとき、又はその期間内に協議が開始されても合理的期間内に合意に至らなかったときには、弁済期が到来するものと解される。

この点につき、原審は、本件未払賃金1に係る賃金請求権のうち第1協約の締結前及び本件未払賃金2に係る賃金請求権のうち第2協約の締結前にそれぞれ具体的に発生していた賃金請求権の額、第1協約及び第2協約が締結された際のXによる上記特別の授権の有無、2016年7月末日以降、YとA労組等との間で支払が猶予されていた賃金についての協議の有無等を認定しておらず、原審が確定した事実関係の下においては、本件各未払賃金の弁済期を確定することはできない。

もっとも、第1協約、第2協約及び第3協約は、Yの経営状態が悪化していたことから締結されたものであり、Yの経営を改善するために締結されたものというべきであるところ、2016年12月31日にYの生コンクリート運送業務を行う部門が

閉鎖された以上、その経営を改善するために同部門に勤務していた従業員の賃金の支払を猶予する理由は失われたのであるから、遅くとも同日には第3協約が締結されたことにより弁済期が到来していなかったXの賃金についても弁済期が到来したというべきであり、原審口頭弁論終結時において、本件各未払賃金の元本221万2720円の弁済期が到来していたことは明らかである。」

3 結論

「原判決中、本件各未払賃金に係る請求及びこれに対する遅延損害金の請求に関する部分は破棄を免れない。そして、以上に説示したところによれば、Xの請求のうち、本件各未払賃金の元本221万2720円を請求する部分は認容すべきである。また、Xの請求のうち、本件各未払賃金に対する遅延損害金を請求する部分については、その遅延損害金の起算日について更に審理を尽くさせるため、同部分につき本件を原審に差し戻すこととする。」

ポイント解説

1 はじめに

この事件では、経営状況が悪化していたYと労働組合が組合員の賃金につき、一定期間、20%カット（支払猶予）される旨の労働協約（第1協約、第2協約、第3協約）を締結し、さらにはこのカット分の賃金を放棄する旨の合意（本件合意）をしたところ、XがYに対しこのカット分の賃金の支払等を求めました。一審、原審ともに、Xの請求を認めませんでしたが、最高裁は、Xの請求を一部認めました。

本判決は、その論拠の一つにおいて、具体的に発生した賃金請求権を事後に締結された労働協約の遡及適用により処分又は変更することは許されないという従来の判例法理を確認するとともに、具体的に発生した賃金債権を労働組合が労働協約により処分・変更する場合には、個別組合員の特別の授権を要するとしています。

2 協約自治の限界

労働協約に定める労働条件その他の労働者の待遇に関する基準に違反する労働契約の部分は無効であり、この場合に無効となった部分や労働契約に定めがない部分は、この基準の定めるところによります（労組法16条）。労働組合と使用者又は使用者団体間の契約である労働協約が、組合員である労働者と使用者との間の労働契約を拘束する効力は、労働協約の規範的効力と呼ばれています。

企業が経営難に陥っている場合、当該企業における雇用を守るため、労働組合が使用者と労働協約を締結して組合員の賃金水準を下げることや、本件のように賃金の一部の支払猶予をすることがありえます。確かに、労働協約に何を定めるかは原則として当事者の自由であり、労働協約の規範的効力についてもその当否を裁判所が審査しないのが原則です（協約自治の原則）。しかし、この協約自治にもいくつかの限界があります。

まず、労働協約に公序良俗や労基法等の強行法規に反する内容を規定することはできません。このような内容を定める労働協約の条項は無効となります。

次に、協約自治には、内在的な限界もあります。休日・休暇の過ごし方のように、労働関係とは関連を有しない労働者の私的領域に属する事柄を規律することは、労働組合の目的外と考えられるので、労働協約に規定されたとしても労働協約の当該部分は規範的効力をもたないと考えられます。

また、本判決が示すように、労働関係から生じる賃金債権についても、具体的に発生して以降は、労働協約の規範的効力によって当該債権を「処分・変更」することはできません。この「処分・変更」には、賃金の支払猶予も含まれます。このように「処分・変更」できない根拠を本判決やこれが引用する判決は示していませんが、賃金債権は、具体的に発生して以降、権利としては労働者の私的領域に組み込まれるからと考えられます。

本判決は、具体的に発生した賃金を労働協約により「処分・変更」するためには、個別組合員の特別の授権を要すると判示しました。どのような場合に、個別組合員の特別の授権が認められるのか、本判決は明らかにしていません。この授権とは、少なくとも、労働者の労働組合への加入意思や、組合大会における承認決議による労働組合への授権ではなく、対象となる組合員が当該処分・変更について労働組合へ個別的になす授権を意味すると解されます。学説では、組合の方針に異議

をとどめていないというだけでは足りず、組合員の明確で具体的な意思表示が必要というべきとする見解や、個々人にすでに生じた請求権は労働者が私的生活を維持し設計するために必要不可欠のものであり、個々人にもたらす影響が同一でないことから、ケースによっては、相当の期間、個々の組合員が意を決するための猶予期間をおくなどの配慮が必要と判断されるような場合もあるだろうとする見解があります。

3　労働協約による労働条件の不利益変更

組合員の将来の賃金基準を引き下げることや、弁済期到来前の賃金を支払猶予することは労働協約の規範的効力の対象となります。労組法16条は、労働協約に定める基準に「違反する」労働契約の部分について規定しており、かつ、企業別組合が支配的な日本では労働協約で定められた労働条件が当該企業における労働条件と考えられることから、当該協約において別段の定めがない限り、就業規則や労働契約において労働協約よりも有利な労働条件が定められていたとしても労働協約所定の労働条件となります。

それでは、労働協約によって労働条件を不利益に変更する場合、労働協約の規範的効力が無条件に認められるのでしょうか。

かつての下級審判決には、労働組合が組合員にとって労働契約の内容となっている現行の賃金その他の労働条件より不利なものについて使用者と協定を締結する場合には個々の組合員の授権を要するものと解するものがありました（大阪白急タクシー事件・大阪地決1978・3・1労判298号73頁）。しかし、裁判例の多くは、労働条件の不利益変更であることのみではその規範的効力を否定していません。ただし、労働協約が特定の又は一部の組合員を殊更不利益に取り扱うことを目的として締結されたなど労働組合の目的を逸脱して締結された場合には労働協約の規範的効力が否定される可能性を示唆するもの（朝日火災海上保険（石堂）事件・最1小判1997・3・27労判713号27頁）や、労働組合が組合規約に定める労働協約の締結手続きを遵守しておらず組合の協約締結権限に瑕疵がある場合に、労働協約の規範的効力を否定したもの（中根製作所事件・東京高判2000・7・26労判789号6頁）があります。

本件では、A労組等は、各協約によって弁済期を特定することなく賃金の一部を支払猶予してい

ます。これは労働協約による労働条件の不利益変更に当たります。一審・原審判決は、このような労働協約の規範的効力を認めました。この点について、本判決は判断をしていないので、原審の立場を是認したものと考えられます。ただし、本判決は、協約の目的、文言及び協約当事者の認識に基づく労働協約の合理的解釈として、支払猶予された賃金の弁済期の特定を試みることで、各協約の組合員に対する不利益を限定しています。

4　本件合意による未払賃金債権の放棄

原審判決は、YとA労組間の本件合意によって組合員であるXの賃金債権が消滅したと解しています。しかし、本件合意自体は労働協約の規範的効力が認められるための要式（労組法14条参照）を具備しているか明らかではありません。原審判決は本件合意による組合員の未払賃金債権の放棄を本件における各協約の規範的効力から基礎づけていた可能性がありますが、本判決は各協約についてそのように解することはできないと判断したものと考えられます。

実務へのポイント

労働協約締結権限に瑕疵がなく、労働協約の内容が労働組合の目的を逸脱したものでない限り、労働者の団結体である労働組合と使用者間の判断が尊重されるでしょう。しかし、たとえ労働関係から生じる賃金債権であっても、具体的に発生してからは労働協約の規範的効力が及ばなくなります。この賃金債権を労働組合が処分・変更するには、個別組合員の特別の授権を要することになります。

この授権がなかった場合、使用者は、元々の賃金を支払う必要がありますし、遅延損害金も支払う必要があります。さらに、使用者が弁済期の到来した賃金を労働者に支払っていないことは労基法24条1項の賃金の全額払い原則違反となります。このため、使用者が労働組合との労働協約で従業員＝組合員の具体的に発生した賃金債権を処分・変更することには当然ながらリスクを伴います。

（小林　大祐）

労働組合

既に実施された就業規則の不利益変更をめぐっての団体交渉と団交応諾命令

山形県・県労委（国立大学法人山形大学）事件　最2小判2022・3・18労判1264号20頁

LEX/DB25572036

> **【問題となったポイント】**
> ・既に実施されている就業規則の不利益変更に関して、団体交渉に応じなければならないとの命令を出すことは、労働委員会の裁量権を超えるものか
> ・団体交渉における「合意」とは何か

事実の概要

　本件は、使用者である国立大学法人X大学が、Z組合（大学職員組合）との団体交渉（以下、団交）において、十分な説明や情報提供などをしないままに自らの立場に固執し続けたことが、労組法7条2号の禁止する不誠実団交にあたるとして、Y県労働委員会（労委）が団交応諾命令を出したことが、労働委員会の裁量権の範囲を逸脱したものか、が争われた事案です。

　X大学では、2012年度の人事院勧告（55歳超の国家公務員についての昇給の抑制・停止）にならって、2014年1月から55歳を超える教職員の昇給を抑制することとし、Z組合との間で複数回の団交を行いましたが、Z組合の同意が得られないまま、職員給与規程（X大学の就業規則の一部）を改定し、2015年1月から教職員の昇給抑制を実施しました。またX大学では、2014年度の人事院勧告（基本給の平均2％の引き下げなど）にならって、2015年4月から給与制度の見直しを行うこととし、Z組合との間で、複数回の団交を行いましたが、こちらもZ組合の同意を得られないまま、職員給与規定を改定し、2015年4月から給与制度の見直しを実施しました。

　2015年6月に、Z組合はY県労委に対し、団交でのX大学の態度が不誠実であり、労組法7条2号の禁止する不当労働行為（不誠実な団体交渉）に該当するとして救済の申立てを行いました。こ

れに対しY県労委は、2019年1月に、団交におけるX大学の態度は不誠実なものであり不当労働行為に該当するとして、上記の団交事項（昇給抑制、給与制度見直し）につき、「どの程度昇給を抑制し、どの程度賃金を引き下げる必要があるのかに関する適切な財務状況や将来予測資料を提示するなどして、自らの主張に固執することなく、誠実に応じなければならない」との救済命令を発しました（以下、本件救済命令）。これに対しX大学は、職員給与規程は既に改正されており、実施の可否について「さらに団体交渉を行うことは不可能」などと主張して、本件救済命令の取消しを求めて提訴しました。

　第一審（山形地判2020・5・26）は、「本件各交渉事項に係る規定の改正は…既に施行されており、…改めて合意を達成する…ことはあり得ないから…団体交渉に応ずるようX大学に命ずることは、X大学に不可能を強いるもの」であり、Y県労委の裁量権の範囲を超えるものであるとし、本件救済命令を取り消しました。

　第二審（仙台高判2021・3・23）は、団交に係る規定が実施済みでも、法律上合意を成立させることは不可能になるものではないが、本件における事情（職員給与規定の改定から4年前後が経過しており、それを前提とした法律関係が積み重ねられてきたこと、X大学が事業運営経費の約3割を国からの運営費交付金に依存せざるを得ない実情にあったこと等）を踏まえ、「Z組合にとって有意な合意を成立させることは事実上不可能であった」としました。そして第一審の判断は「一般に、使用者が一方的に団体交渉を打ち切って交渉事項に係る就業規則を使用者の意図どおりに改正すれば、労働委員会は使用者に不当労働行為が認められても更なる団体交渉を命ずることができなくなるとするものではなく、本件に現れた具体的な事情により、団体交渉の目的が事実上不可能になったと認められることによるもの」とし、団体交渉が最終的には労使間の一定の合意成立を目

的とするものであることから、事実上、労働組合にとって有意な合意成立が不可能となった事項につき組合との団交を命じることは、目的を達成する可能性がない団体交渉を強いるもので行き過ぎといわざるをえない」として、救済命令を取り消した一審判決を相当としました。これに対してY県およびY県労委（以下、Y労委等）が上告したのが本判決です。

判旨

破棄差戻し

1　使用者は、（団交に際して）必要に応じてその主張の論拠を説明し、その裏付けとなる資料を提示するなどして、誠実に団体交渉する義務（誠実交渉義務）を負い、その義務に違反することは不当労働行為に該当する。使用者が誠実交渉義務に違反した場合に、誠実に団交に応ずべき旨を命ずる内容の救済命令（誠実交渉命令）は一般に、労委の裁量権の行使として是認される範囲を超えたり、又は濫用にわたるものではない。

2　団交に係る事項に関して合意の成立する見込みがないと認められる場合には、誠実交渉命令を発しても、労働組合が労働条件等の獲得の機会を現実に回復することは期待できないものともいえるが、このような場合でも、使用者がその後誠実に団交に応じれば、組合はその団体交渉に関して使用者から十分な説明や資料の提示を受けられるとともに、組合活動一般についても組合の交渉力の回復や労使間のコミュニケーションの正常化が図られるから、誠実交渉命令を発することは、不当労働行為によって発生した侵害状態を除去、是正し、正常な集団的労使関係秩序の迅速な回復、確保を図ることに資する。そうすると、合意の成立の見込みがないことをもって、誠実交渉命令を発することが直ちに救済命令制度の本来の趣旨、目的に由来する限界を逸脱するということはできない。また、上記のような場合でも、使用者が誠実に団体交渉に応ずること自体は可能なのだから、誠実交渉命令が事実上又は法律上実現可能性のない事項を命ずるものであるとはいえないし、上記のような侵害状態がある以上、救済の必要性がないともいえない。以上から、使用者が誠実交渉

義務に違反する不当労働行為をした場合には、当該団体交渉に係る事項に関して合意の成立する見込みがないときであっても、労委は、誠実交渉命令を発することができる。

3　原審（仙台高裁）が、被上告人（X大学）と上告補助参加人（Z組合）とが改めて団交をしても一定の内容の合意を成立させることは事実上不可能であったと認められることのみを理由として、Yの裁量権の範囲を逸脱したものとして違法であると判断したことにつき、「判決に影響を及ぼすことが明らかな法令の違反がある」。X大学の対応が不当労働行為に該当するか否かについて更に審理を尽くさせるために、原審に差し戻す。

ポイント解説

1　はじめに

本事案の争点は、厳密には「労働委員会の出した団交応諾命令が、労働委員会の裁量権の範囲を超えたものかどうか」です。ただし、企業実務の観点でいえば、労働委員会の裁量権の範囲よりも、「すでに変更された就業規則の規定をめぐっての団交にも、使用者は誠実に応じなければならないのか」、いいかえれば「合意の成立の見込みがない場合でも、使用者は団交に誠実に応じなければならないのか」という点に関心が高いと思われますので、その点を中心に解説していきます。

2　不当労働行為制度とは？

不当労働行為とは、組合や労働者に対する、使用者の一定の嫌がらせ行為であり、具体的には、①労働者への組合への加入・組合結成等を理由とする不利益取扱い等（労組法7条1号）、②正当な理由のない団交拒否（同条2号）、③組合の結成・運営に対する支配介入および経費援助（同条3号）、④労働委員会への救済申立てなどを理由とする不利益取扱い等（同条4号）が不当労働行為として禁止されています。不当労働行為があった場合、組合や労働者は、裁判所に訴えることもできますが（司法救済）、労組法では、労使関係に関する専門的行政機関である労委に行政救済を申し立てることも可能です。

不当労働行為制度が労組法に置かれている理由については諸説ありますが、判例は「正常な集団

的労使関係秩序の迅速な回復、確保のため」と述べています（第二鳩タクシー事件・最大判1977・2・23民集31巻1号93頁）。このような観点から、労委による不当労働行為の救済命令の内容は、一般的には司法救済よりも、事案の実情に応じた幅広いものとなっていますし、判例・通説とも、救済命令に関しては労委の裁量を幅広く認めています（前掲・第二鳩タクシー事件判決、山川隆一編『不当労働行為法』（2021年）1頁。本事案の最高裁判決も参照しています）。

3　誠実に交渉に応じないのも不当労働行為

　　使用者が正当な理由なく団交に応じないことは、不当労働行為の一種として禁止されています（団交拒否）。もっとも、ただ団交に応じればよいというわけではなく、誠実な態度で対応しなければなりません（誠実交渉義務）。判例では、使用者は、組合の要求や主張に対する回答や、自己の主張の根拠を具体的に説明したり、必要な資料を提示したり、結果的に譲歩できないとしてもその論拠を示して反論するなどの努力をするべき義務があり、「誠実な対応を通じて合意達成の可能性を模索する義務」を負っている、とされています（カール・ツアイス事件・東京地判1989・9・22労判548号64頁）。Y県労委の団交応諾命令も、この考え方に沿ったものといえます。

　　他方、「使用者は、組合側の要求や主張を飲んで合意しなければならない」わけではありません。誠実に交渉をしても合意の到達が難しいような場合に、その後の団交を打ち切ったり、その後の申入れを拒否すること自体は、団交拒否には該当しないと考えられています（池田電気事件・最2小判1992・2・14労判614号6頁）。

4　合意形成の見込みがない場合は、誠実交渉義務は負わない？

　　では、本件のように、既に就業規則が変更・運用されている場合は、合意形成の見込みがないから、誠実交渉義務は負わないのでしょうか。これについて「そもそも合意形成の見込みが本当にないのか」という点と、「仮に『ない』として、使用者は誠実交渉義務は負わないのか」とに分けて考える必要があります。

⑴　合意形成の見込みが本当にないのか

　　本件の第一審がいうように、救済命令が出される前に就業規則が既に変更・運用されているような場合、たしかに一般論としては、既に運用が始まってから時間が経っていればいるほど、それと異なる合意が難しくなる面は否定はできないでしょう。

　　この点、第一審は、そのような合意を「あり得ない」としていましたが、第二審は「法律上、本件各交渉事項について改めて団体交渉をして一定の合意を成立させることが不可能になるものではない」と修正しています。しかし一方で、①すでに昇給抑制や賃金引下げを前提とした法律関係が積み重ねられていること、②X大学の事業運営に関する経費は国からの交付金に依存せざるをえないが、交付金は減額が続いており、以前より組合との厳しい折衝を余儀なくされていたこと、から「改めて団体交渉をしても、Z組合にとって有意な合意を成立させることは事実上不可能だった」として、結論的には第一審と同じく、合意形成の見込みを否定しています。

　　しかし、実際の団交では、就業規則変更に関する交渉が何らかの事情で困難そうであれば、組合もそれを前提として、要求事項を柔軟に変える場合もあります（たとえば、変更そのものを交渉することはやめるが、代わりに代償措置の獲得を目指す、など）。そう考えると、「有意な合意」というのがそもそも何なのかもはっきりしませんし、Z組合がどんな合意の成立を求めていたかを判断するための事情にも触れていない点にも、問題がありました（山川和義「判批」中央労働時報No.1282（2021年）17頁）。

　　その点、最高裁は、本件において合意形成の可能性があったかの事実関係についてはほとんど言及していませんが（最高裁は事実認定は基本的には行いません）、次に述べる⑵において、興味深い判示をしています。

⑵　合意成立の見込みがなくても、使用者は誠実交渉義務を負うのか

　　本件の一審・二審は、団交の目的を「合意の成立」と捉えたうえで、合意の成立の可能性の有無から結論を導いていましたが、このような理解については、団交制度の意義や目的を狭く捉えすぎているとの批判がありました（上述の山川和義評釈のほか、水町勇一郎「判批」ジュリストNo.1561（2021年）5頁）。

　　確かに、労組法1条は「労働協約を締結するための団体交渉…の手続きを助成すること」としており、「団交→合意→労働協約の締結」を想定し

ていますが、同時に「労働者が使用者との交渉において対等の立場に立つことにより労働者の地位を向上させること」とも述べており、必ずしも団交の目的を「合意→労働協約の締結」に限定しているわけではありません。実際、仮に合意が難しくても、使用者からの丁寧な説明や詳細な資料の提示などがあれば、組合側の納得もある程度は得やすくなるでしょうし、それだけでも、不当労働行為制度の趣旨である「公正な労使関係秩序の迅速な回復・確保」に資するものといえましょう。その点で本件最高裁は、まさにそういった観点から「使用者が誠実交渉義務に違反する不当労働行為をした場合には、当該団体交渉に係る事項に関して合意の成立する見込みがないときであっても、労働委員会は、誠実交渉命令を発することができる」と述べたわけです。

本件の最高裁判決は「合意成立の見込みがない場合でも、使用者は誠実交渉義務を負う」と明確に述べていますが、では、労使双方の主張が平行線で、行き詰まりになっているような場合でも使用者は誠実に応じなければならないということなのでしょうか？ これについては、交渉過程において使用者の態度がすでに不誠実だった場合であれば、使用者がもともと誠実な対応をしていれば団交がスムーズに展開していた可能性もあったことから、行き詰まりを理由とする団交の打切りは基本的には不当労働行為になると考えられます。しかし反面、使用者が組合の質問に丁寧に回答したり、新たな提案を行うなど、誠実に対応しているにも関わらず、組合が歩み寄ることなく従来の主張に固執しているような場合には、使用者が一定回数の団交後に打ち切ることは団交拒否の不当労働行為とは判断されにくい傾向にあります。本件の最高裁判決も、団交の過程でのX大学の対応が誠実交渉義務に違反する（不当労働行為に該当する）対応かどうかを審理せよ、と述べて高裁に差し戻しただけであり、従来の裁判例の傾向に沿ったものといえます。

規則変更がなされて、かつその運用がスタートしている場合」であってもそれは変わらない、と判示された点が大きなポイントと思われます。しかしこれはある意味で当然とも考えられます。というのは、就業規則の変更が労働者を拘束するためには、法的にはその変更が合理的なものであることと、労働者に周知されていることという要件を満たす必要があります（労契法10条）が、現実には労働者が就業規則の変更をめぐって裁判を起こすことは並大抵のことではありません。そういった中で、使用者が一方的に就業規則を変更し、それを見切り発車させれば「もう合意の可能性がない」から、使用者は誠実に団交に応じなくてもよいとしたら、団体交渉権そのものが完全に骨抜きになってしまうからです。

「そうはいっても、やっぱり後から変えるのは大変だし～」という声も使用者側からはあるかもしれませんが、丁寧な説明や詳細な資料の提示、あるいは不利益性を緩和する代償措置の検討などを行っていれば、誠実な交渉と評価される可能性は高くなりますので、決してハードルが高いわけではないでしょう。

最後に本件は、国から国立大学への交付金（運営費交付金）が、人事院勧告に応じて減額されるという、国立大学ならではの事情が背景にあったという点で、やや特殊な事案でもありました。国立大学法人の教職員は、（かつては国家公務員でしたが）今は完全な民間労働者（法的には、労基法、労契法、労組法ともに完全に適用される）であるにもかかわらず、今なお、半ば機械的に人事院勧告に準拠している国立大学は少なくありません。したがって、通常の民間企業であれば、合意成立の見込みが困難と判断されるようなケースは、さらに少なくなるのではないかと思われます。

（河合 塁）

実務へのポイント

本判決からは、仮に合意成立の見込みが難しい場合でも、使用者は丁寧な説明や詳細な資料の提示などを通じて、誠実に対応しなければならないということが改めてみて取れますが、「既に就業

労働組合

自力救済としての争議行為の正当性

学校法人関西外国語大学事件　大阪高判2021・1・22労経速2444号3頁　　LEX/DB25569711

【問題となったポイント】

・指名ストの正当性
・争議行為と団体交渉との関係

事案の概要

控訴人X1〜X4（以下、X1ら）は、被控訴人Y大学の教員であり、X労働組合の組合員でした。Yは、2011年度から2016年度までの間、X1らに対し、春学期および秋学期において、週8〜10コマの講義を担当するよう指示しました。また、Yは、2014年4月1日、X1らに対し、同年度の留学生選考面接試験委員兼教育実習委員を委嘱する旨の通知を行いました。

X1らは、2011年度の春学期から、講義担当科目週8コマのうち、2コマの講義を拒否し、同年10月からは、これを争議行為として行ってきました。またX1らは、2013年2月ないし4月から、各々講義担当科目8コマ、10コマのうち6コマを超える担当部分を争議行為として担当を拒否してきました（以上、本件争議行為1）。さらに、X2らは、2014年度以降、上記委員会業務のうちの教育実習委員の担当を拒否し、2015年度6月以降は、争議行為としてこれを拒否しました（以下、本件争議行為2）。

これに対し、Yは、2017年1月、正当な理由なしに業務命令を拒否したものとして、X1らを譴責の懲戒処分としました（以下、本件懲戒処分）。そして、Yは、1週間にわたり、本件懲戒処分を記載した書面を大学キャンパス内の4か所に掲示しました。

これに対し、X1らが、週6コマ担当および委員会業務は1委員会のみであることが労働契約の内容となっており、これを超える講義や委員会業務を負担する義務がないこと、本件懲戒処分が正当な争議行為を理由とするものであり、無効であること等を主張したのが本件事案です。

第一審判決（大阪地判2020・1・29労判1234号52頁）は、①労働契約上、週6コマ担当が義務であり、任意であるとはいえないこと、②本件業務命令は違法ではないから、本件懲戒処分は権利濫用には該当しないこと、③本件争議行為が正当な争議行為に該当しないとして、Xらの請求を棄却しました。なお、本稿では、上記③の部分のみを取り上げます。

判旨

1　本件争議行為の正当性判断

「憲法28条は、勤労者の団結する権利及び団体交渉その他の団体行動をする権利を保障しているところ、その本旨は、労使間の団体交渉によって、労働組合を組織する労働者と使用者との間の労働契約関係の内容をなす労働条件が対等の立場で決定されるようにすることを保障する趣旨のものと解される」。

「X組合が、本件争議行為を、主観的には上記目的を実現するために行ったものであったとしても、Yにおいて、団体交渉を拒否し、あるいは不誠実な団体交渉を行ったものとは認められず、むしろX組合において、団体交渉によって要求事項の実現を図るというよりも、自らの要求事項を自力執行の形で実現する目的で本件争議行為を行ったといわざるを得ない場合には、もはやその目的及び態様において、争議行為としての正当性を欠くものと解されるのであって、許されない争議行為というべきである」。

2　本件争議行為1の正当性

「本件争議行為1は、X組合の一部の組合員を指名して行われ、また、指名された組合員がYから業務として担当を命じられた授業科目のうち特定の週2コマの授業科目のみを行わず、かつ、これを、年度の概ね半分に当たる学期を通じて毎週継続して行うという点で、組合に所属する労働者が一斉に業務を停止する態様の同盟罷業とは明ら

かに異なるものである」。

「本件争議行為1は、指名された一部の組合員が、自ら選択した業務の一部のみを約半年間にわたり行わないというものであるところ、本件争議行為1が行われた時点においては、X組合とYとの間のこの点をめぐる団体交渉が、何年にもわたり平行線をたどり、膠着状態にあったもので、その対立点について上記（略）のような事情が認められるにもかかわらず、X組合が、新たな提案や資料の提出等をしないだけでなく、従前の要求に固執しながら、その時点までに5年以上（略）にわたって続けていた特定の授業担当科目週2コマの実施の拒否をさらに続けるものであったことに照らせば、本件争議行為1は、これによって団体交渉における交渉の行き詰まりを打開するなど団体交渉を機能させてその内容を実現することを目的としたものとは認められないもので、むしろ、X1らの団体交渉における担当コマ数を週6コマとするという要求を単に自力執行の形で実現する目的に出たものといわざるを得ない。また、態様においても、長期間にわたり業務命令が発せられている授業科目のうち特定の授業科目を担当せず、その結果、Yとしては、その授業科目を、他の教員に担当させざるを得なくなったこと（略）に照らすと、本件争議行為1は、態様において、結果としてX組合がYの人事権を行使するものであり、これらの点にかんがみれば、本件総合行為1は、その目的及び態様に照らして正当なものであるということはできない」。

3 本件争議行為2の正当性

「本件争議行為2は、指名された一部の組合員が、自ら選択した業務の一部のみを年度を通じて行わないというものであるところ、本件争議行為2が行われた時点において、X組合とYとの間のこの点をめぐる団体交渉は1年半程度行われて、本件争議行為1をめぐる団体交渉よりも短期間であったものの、担当拒否行為は2年以上にわたって継続されていること、X組合の主張は、（略）、X2ら個人とYとの間において、労働契約締結時に委員会業務を1つに限定するとの合意があったとは認められないにもかかわらず、この点に関する合意の存在に固執するものでり、時機としても、本件争議行為1が行われた後に、X2およびX3が2つ目の委員会業務を命じられて以降、直ちに行われたものであること、Yにおいて、実際

に、2つの委員会業務を配当された教員の数が、委員会業務が増加する前の2000年度以降も10名以上おり、委員会業務の数が増加した後の平成29年においては、2つの委員会業務を担当する教員の数が最も多かったこと（略）をも総合すると、本件争議行為2は、本件争議行為1と同様に、これによって団体交渉における交渉の行き詰まりを打開するなど団体交渉を機能させて要求を実現することを目的としたものとは認めがたく、X2らによる委員会業務を1つに限定するという要求を単に実現する目的に出たものといわざるを得ないもので、態様においても、年度を通じて業務命令が発せられている委員会業務のうち特定の委員会業務を担当せず、その結果、これによって他の教員の負担が増加したこと（略）に照らすと、本件争議行為2は、態様においても、結果としてYの人事管理権を害するものと言わざるを得ず、これらの点にかんがみれば、本件争議行為2も、その目的及び態様に照らして正当なものであるということはできない」。

ポイント解説

1 ストライキの権利

(1) 労働基本権の保障

本件は、5年以上継続して、Y大学の教員組合であるX組合の組合員の一部が担当講義・委員会業務の一部を拒否するストライキ（部分スト）の正当性が問題となっています。最近、日本ではストライキを見聞することが少ないので、まずストライキを含む争議行為とは何かという基本的な解説から始めたいと思います。

憲法28条は、「勤労者に対する団結権、団体交渉権及び団体行動権は、これを保障する」と規定しています。これが、団結権、団体交渉権および争議権という、いわゆる労働三権（労働基本権）の保障と呼ばれるものです。労働争議とは、労働組合がストライキ（同盟罷業。業務を集団的に拒否すること、語源はアメリカ野球の「打て！」です）、サボタージュ（怠業といい、業務を普段よりゆっくりすること、「サボ」とはフランス語で「木の靴」のことをいい、昔女工さんたちが木の靴を踏み鳴らして仕事を遅れさせたことが由来とされており、授業をサボるもここからきていると言われています）、ピケッティング（スコットラ

ンド語で「見張り」を意味します）、会社製品の不買を呼びかけるボイコット等の種類がありますが、ここではストライキを中心に労働争議を説明していきます。

まず、労働基本権が「勤労者」（労働者のことです）のみに保障されていることに注目されるべきでしょう。通常、憲法における基本的人権の保障の権利主体は、すべて「何人」か、「国民」のどちらかですが、憲法28条に限って、特定の社会的階層である「勤労者」（労働者）に対する基本的人権の保障とされているのが特徴です。憲法28条は、経済的地位や情報力において使用者よりも劣っている労働者が、労働条件等について使用者と対等に交渉するためには、労働組合を結成して、争議権の保障を背景とする集団的な交渉（団体交渉）により労働条件の維持改善を図ることを期待したわけです。

憲法28条の労働基本権保障を受けて、労働組合法（以下、労組法）は、刑事免責、民事免責、不当労働行為制度を定めています。

第1が、労働組合の正当な活動については、刑事罰が科されないというのが刑事免責です（労組法1条2項本文）。労働組合による団体交渉や、ストライキをはじめとする争議行為は、刑法上の強要罪（刑法223条1項）や業務威力妨害罪（刑法234条）等の犯罪構成要件に該当する可能性がありますが、それでは労働組合の活動が成り立ちません。そこで登場したのが刑事免責です。たとえばボクシングの試合では、選手の殴り合いが不可欠であり、これは傷害罪の構成要件に該当しますが、リング上で殴り合うのがボクサーの業務ですから、正当な業務行為として刑罰に問われることはありません。労働組合の正当な行為についても、同様です。

第2の民事免責とは、正当な争議行為については、労働組合や争議参加組合員は損害賠償責任を負わないということです。ストライキは、使用者の業務を阻害する行為なので、労働組合や労働者は不法行為責任（民法709条）、あるいはスト参加組合員は労働契約違反の債務不履行責任（同法415条）を負うことになります。しかし、それでは争議権を保障した意味が失われるので、労組法は、正当な争議行為については、使用者や第三者（取引先、顧客等）は損害賠償請求ができないとしています（同法8条）。

最後が、不当労働行為制度です。これは、労働

組合に加入した、労働組合を結成した、あるいは労働組合の正当な行為をした等を理由とする解雇その他の不利益取扱い等が不当労働行為として禁止されています（労組法7条）。これは各都道府県に置かれる労働委員会による行政救済と、裁判所による民事救済とがあります。

(2) 正当な争議行為の判断基準

以上のように、憲法28条の労働基本権の内容を実現する労組法上の民刑事免責や不当労働行為制度の保護を受けるためには、それが労働組合の「正当」な行為でなければなりません。では、争議行為の正当性は、どのように判断されるのでしょうか。

一般的には、①目的、②態様、③手続き等によって判断されます。

裁判例によれば、政治ストや同情スト（他企業等の争議支援目的のスト）等については、使用者が解決できないとして、正当性が否定されています。ただし、安保法制反対のような純粋政治ストはともかく、労働基準法「改悪」や税金・社会保険制度に関する経済的政治ストについては、正当性を認める見解もあるところです。

次が争議行為の態様ですが、暴力の行使は正当ではないと規定されています（労組法1条2項但書）。

(3) 団体交渉と争議行為

労働基本権については、争議権と団体交渉権との関係をどのように把握するかが問題となります。

第1が、両者はそれぞれ独立した権利であり、争議権の保障を独自のものと認める立場です。第2が、争議権は、あくまで団体交渉を円滑に促進するために承認された手段と理解する団体交渉中心主義です。

本判決は、後者の団交中心主義に依拠しているようです。本件は、一部の組合員が争議に参加する部分ストと言われます。ストライキ参加期間中賃金が支払われません（ノーワーク・ノーペイと呼ばれる原則です）ので、部分ストは、少ない参加者でより多くの効果をもたらす争議行為の形態で、それ自体正当性を失うことはありません。

2　本件ストライキの正当性判断

本件では、労務の一部提供を拒否する指名ストの正当性が問題となっていますが、本判決は、3年という長期にわたる本件指名ストライキが、目

的・態様の点で正当性を欠いていると判断しています。その理由として、一審判決は、団体交渉を通じた労使関係の合意形成を促進するか否かが正当性の判断基準とされているのに対し、本判決は、本件ストライキが、使用者の人事権を侵害すること、自らの要求事項を自力執行の形で実現するものであることが挙げられています。

本判決の論理構成は、かなり独特のものと指摘できます。まず、組合による人事権行使という意味は必ずしも明らかではありませんが、たとえば通常時に上司からの業務命令を無視すれば、場合によっては懲戒処分の対象になりますが、ストライキとは、そもそも使用者の人事権（指揮命令権）を排除するものですから、本件部分ストライキが使用者の人事権を侵害するから正当性を欠くという点については、議論が出てくるところでしょう。使用者の指揮命令権から離脱するというストライキの本質との関係が問われるからです。

次に、本判決は、ストライキを含む争議行為の目的を「団体交渉における交渉の行き詰まりを打開させて、団体交渉を機能させて要求を実現させること」に求めており、本件ストライキが団体交渉の推進を目指すのではなく、ストライキ自体が要求目的を達成してしまうこと、すなわち自力執行力を行使するものであることを理由として、本件ストの正当性を否定しています。本判決によれば、ストライキとは、争議権は団体交渉のための手段であるとの考え方に依拠するものであり、ストライキでその目的を達成してはいけないという論理については、ストライキ権の本質をめぐる議論を呼びそうです。

しかし、ストライキには多様な形態があり、たとえば組合員が解雇された場合等に行われる抗議ストは、必ずしも団交の存在を前提としていません。本判決は、大学教員が担当する講義や委員会の業務をストライキにより拒否することにより、争議目的を達成したという理屈だと考えられます。しかし、この理屈ですと、時間外休日労働拒否や配転命令拒否の場合には、ストライキにより、争議目的を達成してしまうことになりますので、正当性が否定されることになります。

しかし、組合役員に対する配転命令を不当として、その撤回を求める5名の組合員の指名ストが実施された新興サービス事件（東京地判1987・5・26労判498号13頁）では、組合役員に対する配転命令を不当として争議行為を実施するに際し、争議手段として配転対象者の労務不提供という手段を選択し、当該従業員がこの指令に従い、配転命令を拒否して新勤務に従事しないという争議行為に出たときは、当該争議は、労務不提供にとどまる限り、正当性を有するものと解すべきであると判断されています。

本判決は、このほか、本件ストライキにより、他の教員が授業を担当せざるを得ないという負担が増加したと指摘していますが、これは集団的労務提供であるストライキの必然的結果であり、これをもって正当性を欠くというのは困難でしょう。

団体交渉との関係では、具体的な要求・主張もせずにストライキに入った場合（富士文化工業事件・浦和地判1960・3・30労民集11巻2号280頁）、あるいは使用者の回答がない段階でストライキが実施された場合（西神テトラパック事件・神戸地判1998・6・5労判747号64頁）には、いずれも正当性が否定されています。本件は、団体交渉とストライキが並行して行われていたケースですが、両者の関係をどのように理解するかは、憲法28条の労働基本権をどのように理解するかという問題抜きには解決不能のようです。

実務へのポイント

裁判例の多くは、本判決のように、ストライキと団体交渉との関係について、団交中心主義を採用しています。もっとも、この説においても、団体交渉が行き詰まり、これ以上交渉しても無意味という場合には、ストライキに入ることは正当とされるでしょう。労働基本権は、勤労者（労働者）のみに保障されていますから、使用者には、憲法上の争議権保障はありません。しかし、労使対等原則から、使用者にはロックアウト（作業所閉鎖）の権利が認められていますが、先制的ロックアウトは正当ではなく、防衛的ロックアウトのみが正当とされ、この場合、使用者は賃金支払い義務を免れることになります（丸島水門事件・最3小判1975・4・25判時777号15頁）。

（山田　省三）

労働組合

団交時の社労士批判SNS投稿等に対する社労士からの名誉棄損を理由とする損害賠償請求

首都圏青年ユニオン執行委員長ほか事件　東京地判2020・11・13労判1246号64頁

LEX/DB25568163

【問題となったポイント】

・名誉毀損とは、「ある人の社会的評価を現実的に低下させる行為」をいい、単なる「名誉感情（主観的評価を下げる行為）」の侵害を含まない

・労働組合の情宣活動（組合活動）において、ツイッター等のSNSの活用が名誉毀損行為に該当するとして争われる場合がある。この場合、事実を摘示する方法によるものと、意見・論評を表明する方法によるものという2類型に分けて、正当性が判断され、これとは別に、労働組合の情宣活動（組合活動）の正当性の問題として判断される

事案の概要

　本件は、特定社会保険労務士（以下「特定社労士」）で株式会社A社（以下「本件会社」）の執行役員であるXが、首都圏青年ユニオン（以下「本件組合」）の組合員らの団体交渉時の言動、ツイッターへの投稿、雑誌記事によって、Xの名誉等が毀損され精神的苦痛を受けた等と主張して、本件組合委員長Y1、事務局長Y2に対して、不法行為（民法715条、719条）に基づき損害賠償を請求したものです。

　Xは代表者としてB社労士事務所を開設しています。2016年4月1日、Xは本件会社との間で、契約期間を2017年12月31日までとする契約書を作成し、同日までの間、本件会社の執行役員を務めていました。本件組合は、企業の枠を超え、主に中小企業の労働者により組織された、個人加盟ができる労働組合です。2016年11月、本件組合は、本件会社に勤務していたCの処遇をめぐる争いについて団体交渉（以下「団交」）を申し入れ、同

年12月に第1回の団交が行われました。この団交には、本件会社からXと管理職2名が出席しました。その後、Xから本件組合に、期限を定めた団交対象事項の書類回答要求、本件組合が労働組合であるか疑わしいといった内容や団交事項であった制服の着脱時間に関して、団交の場で着替えの実演を求める等の内容の書面が届きました。

　本件組合はCに関する紛争をSNSの公式アカウントで発信したところ、リツイートが多数に上りメディアからの取材も受けました。本件会社は本件組合に金銭解決による和解を申し入れ、2017年2月に第2回団交が本件会社の社屋で開催されました。この際に、Xおよび本件会社と契約関係のないXの知人であるEが社屋で待っており、本件組合の組合員との間で、団交の人数をめぐる争いが生じました。その後、団交は開始されましたが、その席で組合員がEの氏名をネットで検索した結果、特定社会保険労務士であることがわかり、組合員らが社労士法違反ではないか、虚偽の発言をするなといった抗議を行いました。その後、もっぱらXが本件会社の担当者として発言し、本件会社が持参した合意文書案について協議しました。本件組合の活動や本件会社との団交の様子を発信していた開設者不明のSNSアカウントFは、第2回団交当日から翌日にかけ、団交の経過や本件会社を批判する書き込み（以下「本件投稿」）しました。

　2017年3月に、本件組合とCと本件会社は、合意書を作成して団交は終了しました。にもかかわらず、XはY1らに対して、第2回団交前や団交時に正当な組合活動の範囲を超えた威迫行為やXに対する誹謗中傷をした、名誉棄損等の行為があったとして慰謝料等の支払いを求める訴えを提起しました。この経過について、労働関係情報誌の特集の中で、Y2は「甲野太郎特定社労士事件」というタイトルで、事実経過や本件訴訟の提起が組合つぶしのスラップ訴訟である等の内容を含む記事（以下「本件記事」）を執筆しました。

争点は、①第2回団交前のY1らを含む組合員の言動は、Xに対する関係で違法性を有するか否か、②第2回団交中のY1らを含む組合員らの発言は、Xに対する関係で違法性を有するか否か、③本件投稿は、違法性を有するか否か、④本件記事は、Xに対する関係で違法性を有するか否か、⑤損害の有無および損害額です。

本判決は、Xの訴えを全て退け、これを棄却しました。本稿では、以下、争点③を中心に述べ、争点④については結論のみ述べます。

判旨

1 争点③について

「人の社会的評価を低下させる表現は、事実の摘示であるか、又は意見ないし論評の表明であるかを問わず、人の名誉を毀損するというべきところ、ある表現による事実の摘示又は意見ないし論評の表明が人の社会的評価を低下させるものであるかどうかは、当該表現についての一般の読者の普通の注意と読み方を基準としてその意味内容を解釈して判断すべきである……。問題とされている表現が、事実の摘示であるか、意見ないし論評の表明であるかを区別するに当たっては、当該表見についての一般的な読者の普通の注意と読み方とを基準として判断すべきものであり、当該表現が、証拠等をもってその存否を決することが可能な他人に関する特定の事項を明示的又は黙示的に主張するものと理解されるときは、当該表現は、上記特定の事項について事実を摘示するものと解するのが相当であり、他方、上記のような証拠等による説明になじまない物事の価値、善悪、優劣についての批評や論議などは、意見ないし論評の表明に属するというべきである」。

「本件投稿の閲覧者の普通の注意と読み方を基準として判断すれば、本件投稿のいう『平気で嘘をつくブラック社労士』『なりすまし社労士』いずれかがXを指すものであると理解することができ」、「本件投稿は、本件会社から金銭を受領し団体交渉に関する事項を委任された社労士であるXが、団体交渉において虚偽の事実を述べ、又は、何らか身分を偽って団体交渉に参加したとの事実を摘示した上で、違法ないし不当なことを生業にする社労士であると論評したものということができ」、「本件投稿は、Xについて社労士として品位

を欠き、信頼できない人物であるとの印象を抱かせるものであるといえ、Xについての社会的評価を低下させる」。

「本件組合の執行委員会の構成員であるY1らの活動は、Fによる本件投稿と同一の目的を有する共同行為であるということができ、本件投稿がXの社会的評価を低下させるものであるといえる以上、Xに対する関係で共同不法行為（民法719条1項）を構成する」。

「事実を摘示する表現の名誉毀損については、その表現行為が公共の利害に関する事実に係り、その目的が専ら公益を図ることにあった場合に、摘示事実が真実であることの証明があったときには、上記行為には違法性がなく、仮に上記事実が真実であることの証明がないときにも、行為者において上記事実を真実と信ずる相当の理由があれば、その故意又は過失は否定され……（筆者注：最高裁1966年6月23日第三小法廷判決、後述のポイント解説では「判断枠組み（1）」とする）……ある事実を基礎として意見ないし論評を表明する表現の名誉毀損については、その行為が公共の利害に関する事実に係り、かつ、その目的が専ら公益を図ることにあった場合に、上記意見ないし論評の前提事実がその重要な部分につき真実であることの証明があったときには、人身攻撃に及ぶなど意見ないし論評としての域を逸脱したものでない限り、上記行為は違法性がなく、仮に上記事実が真実であることの証明がない時にも、行為者において上記事実を真実と信ずるについて相当の理由があれば、その故意又は過失は否定され……（筆者注：最高裁1997年9月9日第三小法廷判決、後述のポイント解説では「判断枠組み（2）」とする）……不法行為責任は成立しない」。

「表現行為が労働組合により組合活動の一環としてされたものである場合の名誉毀損については、憲法28条が団体交渉その他の団体行動をする権利を保障する趣旨に鑑み、結果的に使用者等の名誉を毀損するようなものであったとしても、当該表現行為の趣旨・目的が当該組合活動と関連性を有するものであるか否か、摘示事実の真実性、表現態様の相当性及び表現行為の影響等一切の事情を総合し、正当な組合活動として社会通念上許容される範囲内のものであると判断される場合には違法性が阻却される」。

労働組合

2 争点③のうち、本件投稿の違法性ないし責任が阻却されるか否か（公共性及び公益目的、真実性又は相当性）について

「本件投稿内容は労働問題という公共の利害に関するもの」であり、「本件投稿は、組合活動の一環として行われたものであり、その目的は、団体交渉における本件会社側の対応の問題点を明らかにした上で団体交渉を正常化し、ひいては、Cの労働問題を早期に解決するという労働組合の正当な活動のためであった」から、もっぱら公益目的に出たものである。

「違法ないし不当なことを生業にする社労士であるとの論評については、……Xが第2回団体交渉の場においてCによる制服脱着の実演を求めるなどしていたこと、Fが違法ないし不当なことを生業にする社労士の具体的氏名を適示してはいないことなどを併せ考慮すれば、その表現が意見ないし論評としての域を逸脱したものとまでいうことはできない。」

「Fによる本件記事の執筆は、正当な組合活動として社会通念上許容された範囲内のものであるか否か等を判断するまでもなく、違法性ないし責任が阻却され、不法行為は成立しない」。

3 争点④について

「本件訴え提起の目的は、本件組合の活動を指弾し、これに掣肘を加えることにもあることが窺われる」。

「Y2による本件記事の執筆は、正当な組合活動として社会通念上許容された範囲内のものであるか否か等を判断するまでもなく、違法性ないし責任が阻却され、不法行為は成立しない」。

ポイント解説

本件の特定社労士Xは、本件組合を不法行為上の名誉毀損で訴えています。本件組合は、この訴えをスラップ（SLAPP：Strategic Lawsuit Against Public Participation）訴訟と位置づけ、Y1およびY2の「濡れ衣」をはらし、ユニオンとしての労働組合の活動の社会的重要性を問うています。スラップ訴訟とは、公共の関心事に係る意見表明等の行動をした者に対して、抑圧・萎縮・報復等の効果を狙って、戦略的に提起される訴訟のことです。

名誉毀損が不法行為となりうることは、民法710条（「他人の身体、自由若しくは名誉を侵害した場合又は他人の財産権を侵害した場合のいずれの場合を問わず、前条の規定により損害賠償の責任を負う者は、財産以外の損害に対しても、その賠償をしなければならない。」）および民法723条（「他人の名誉を毀損した者に対しては、裁判所は、被害者の請求により、損害賠償に代えて、又は損害賠償とともに、名誉を回復するのに適当な処分を命ずることができる。」）という条文からも明らかです。不法行為上の名誉毀損とは、「ある人の社会的評価を現実的に低下させる行為」をいい、単なる「名誉感情（主観的評価を下げる行為）」の侵害を含まないと解されており（最3小判1970・12・18民集24巻13号2151頁）、不法行為といえる程度の社会的評価の低下がある場合に限って名誉毀損にあたると判断されます。名誉毀損行為には、事実を摘示する方法によるものと、意見・論評を表明する方法によるものという2類型があります。例えば、「本件組合は合同労組（ユニオン）である」の如く、証拠等によりその存否を判断できる場合は「事実摘示型」であり、例えば、「合同労組（ユニオン）は過激である」の如く、意見や論評が特定の事実の摘示を含む場合は「意見・論評型」であると区別されます。事実摘示型においては「事実」を摘示する方法による名誉毀損が問題となりえます。意見論評型では、「意見・論評」を表明する方法による名誉毀損が問題となりえます。本件では、「本件投稿」および「本件記事」にかかわる、意見論評型の名誉毀損が問題となっていますが、本稿では、本件投稿のみを検討素材とします。

事実摘示型の裁判例の判断枠組みは、判旨で「判断枠組み（1）」と記した部分にあるように、つぎのようなものになっています。

①まず、Yの事実摘示（表現行為）によってXの社会的評価の低下が存在する場合は、原則として名誉毀損の不法行為が成立します。

②ただし、Yの表現行為が、（ⅰ）公共性を有する事実に関するものであり、（ⅱ）公益目的をもってなされ、かつ、（ⅲ）表現行為において示された事実が真実である場合には、違法性が阻却され不法行為責任は不成立となります（「真実性の抗弁」）。

③上記②の中、（ⅲ）の要件を満たさない場合においても表現行為において示された事実が真実

であると信ずるについて相当の理由があった場合には、過失が否定され、不法行為責任は不成立となります（「相当性の抗弁」）。

つぎに、判旨で「判断枠組み（2）」と記した部分は、一定の事実を前提とする意見論評型の場合において、その事実に関する部分については、事実摘示型の名誉毀損の判断を利用することを示すとともに、③の（ⅲ）の要件に付加して、人身攻撃に及ぶなど意見ないし論評の域を逸脱しない限り、不法行為は不成立となることを示しています。

本判決は、これらの判断枠組みをあてはめて、本件投稿の公益目的を肯定し、真実性および相当性において、その表現が意見ないし論評としての域を逸脱したものではないとして、違法性ないし責任は棄却されるとして、Xの主張を退けており、労働組合活動としての正当性を判断するまでもないとしています。

本件に関連して、労働組合の情宣活動等が使用者等に対する名誉毀損に該当するか否かが争われた裁判例をあげると、つぎのようなものがあります。

例えば、銀行産業労働組合（エイアンドジー・スター生命）事件・東京地判2005・3・28労判894号54頁は、Y労働組合が情宣活動において配布したビラとY組合のホームページ上での公衆送信に対して、X社が名誉・企業イメージ・信用を毀損されたとして損害賠償等を求めたものです。判決は、組合活動の一環として行われた表現行為により使用者の名誉を毀損した場合の民事免責の基準については、「摘示された事実が真実であるか否か、真実と信じるについて相当な理由が存在するか否か、真実と信じるについて相当な理由が存在するか否か、また、表現自体は相当であるか否か、さらには、表現活動の目的、態様、影響はどうかなど一切の事情を総合し、正当な組合活動として社会通念上許容される範囲内のものであると判断される場合には、違法性が阻却されるものと解するのが相当である」と判示しながら、使用者からの損害賠償請求を否定しています。同様に、連合ユニオン東京V社ユニオン事件・東京地判2018・3・29労判1183号5頁においても、裁判所はY労組がそのホームページにおいて、X社執行役員兼営業本部長X1が代理店の女性にセクハラを行い、X社がこれを隠蔽した等と記載したことおよびY1がX社株主総会においてX1がセクハラを行った旨発言したことについて、正当な組合活動として社会通念上許容される範囲内であるとして違法性が阻却されるとして、X社およびX1の請求を棄却しています。同様な傾向にある裁判例としては、スカイマーク（スカイネットワーク）事件・東京地判2007・3・16労判945号76頁、全労連府中地域合同労働組合（トラストシステム）事件・東京地判2007・9・10労判953号48頁、住之江A病院（退職金等）事件・大阪地判2008・3・6労判968号105頁があります。

一方、フジビグループ分会組合員ら（富士美術印刷）事件・東京高判2016・7・4労判1149号16頁（最3小決2017・8・22で上告不受理・労判1161号92頁）は、労働組合の情宣活動に対する使用者からの損害賠償事案です。判決は、ビラ等の内容に虚偽があり、真実と信ずるに足りる相当な理由もないとして、労働組合による情宣活動の正当性を否定して、使用者からの損害賠償請求を認容しています。

実務へのポイント

本件では直接の争点とはなりませんでしたが、ウィズコロナの時代において、労働組合の情宣活動（組合活動）において、ツイッターやインターネットの利用等が活用されることで、情報化社会に即した新たな情宣活動（組合活動）が広がっています。今後、これまでの組合活動の正当性にかかわる裁判例とは別に、SNS等を利用した情宣活動の正当性が、別途、問われていく場面も増えていくことは、十分に予想されるところです。労働組合・使用者とも、今後の新たな動向を注視していく必要があるでしょう。

（春田 吉備彦）

労働組合

執筆者

山田 省三（弁護士・中央大学名誉教授）

　中央大学大学院法学研究科博士後期課程満期退学（法学修士）。中央大学法学部教授、中央大学大学院法務研究科（法科大学院）教授を経て現在に至る。主な著書に『労働契約の法理論、イギリスと日本』（共著、総合労働研究所、1993年）、『男女同一賃金』（共著、有斐閣、1994年）、『セクシュアルハラスメントと雇用平等』（旬報社、2001年）、『労働法解体新書』4版（共編著、法律文化社、2015年）、『現代雇用法』（共著、信山社、2007年）、『トピック労働法』（共編著、信山社、2020年）、『同一価値同一労働賃金の実現』（共著、2022年）など。

春田 吉備彦（沖縄大学経法商学部教授）

　中央大学大学院博士後期課程満期退学（修士（法学））。沖縄大学法経学部教授を経て、現職。主な著書に『沖縄県産品の労働法』（琉球新報社、2018年）『基地労働者から見た、日本の「戦後」と「災後」と「今後」』（共編著、労働開発研究会、2021年）、主な論文に「米人上司による駐留軍等労働者に対するパワーハラスメントに対する米軍の不法行為責任および契約責任と外国国家の主権免除についての一考察」労働法律旬報2007号（2022年）22頁など。

河合 塁（岩手大学人文社会科学部准教授）

　中央大学大学院法学研究科博士後期課程修了（博士（法学））。企業年金連合会年金サービスセンター企画調整課主査、宝塚大学非常勤講師等を経て2013年より現職。岩手県労働委員会委員、岩手地方労働審議会委員等も務める。最近の主な著書に『リアル労働法』（法律文化社、2021年（共編著））、主な論文に「コロナ禍での休業と補償・賃金に関する一考察」季刊労働法271号（2020年）17頁、「パワハラ防止法制の意義と課題」日本労働法学会誌133号（2020年）261頁など。

後藤 究（長崎県立大学地域創造学部専任講師）

　中央大学大学院法学研究科博士前期課程修了（修士（法学））。ミュンヘン大学（Ludwig-Maximilians-Universität München）法学修士課程修了。主な著書、論文に連合総合生活開発研究所編『生活時間の確保（生活主権）を基軸にした労働時間法制改革の模索』（第III部第6章、2022年）、「なぜ、『経済法』による保護なのか？：フリーランスガイドライン等の近時の政策文書への疑問として」季刊労働法275号（2021年）109頁、「『フリーランス保護』をめぐる政策論議を深化させるために：人権・基本権的基礎付けを求めて」月刊労委労協785号（2022年）2頁など。

小林 大祐（平成国際大学法学部専任講師）

　明治大学大学院法学研究科博士後期課程単位取得退学（修士（法学））。主な著書・論文に、「労働者派遣法における労働契約申込みみなし規定の偽装請負への適用可能性～東リ事件大阪高裁判決を素材として～」労働判例1264号（2022年）5頁、「フランスにおけるプラットフォーム型就労と労働契約性」労働法律旬報2004号（2022年）17頁、「フランス労働法における『企業』と労働者代表制度」法学研究論集54号（2021年）113頁など。

榊原　嘉明（名古屋経済大学法学部教授）

　明治大学大学院法学研究科博士後期課程満期退学（修士（法学））。2015年名古屋経済大学准教授を経て、2022年現職。主な論文に「団体交渉権論の構成のための素描」法律論叢93巻4・5号（2021年）135頁など。

東島　日出夫（桐蔭横浜大学スポーツ健康政策学部兼任講師）

　中央大学大学院法学研究科博士後期課程単位取得満期退学（修士（法学））。主な著書、論文に「『女性の年金権』の法的規範性に関する考察−第三号被保険者制度と近時の制度改正を踏まえて」新田秀樹ほか編『現代雇用社会における自由と平等』−山田省三先生古稀記念（信山社、2019年）525頁、山田省三・石井保雄編『トピック労働法』（共著・信山社、2020年）、河合塁・奥貫妃文編『リアル労働法』（共著、法律文化社、2021年）など。

藤木　貴史（帝京大学法学部法律学科助教）

　一橋大学大学院博士後期課程修了（博士（法学））。主な著書、論文に浜村彰・石田眞・毛塚勝利編著『クラウドワークの進展と社会法の近未来』（共著、労働開発研究会、2021年）、「アメリカにおける労働組合のピケッティングに対する法的保護の歴史的展開と現代的課題（1）〜（4・完）」帝京法学34巻1号247頁、同2号199頁、35巻1号239頁、同2号101頁（2020-2022年）、「プラットフォームワーカーに対する集団法上の保護」日本労働法学会誌135号（2022年）36頁など。

松井　良和（茨城大学人文社会科学部講師）

　中央大学大学院博士後期課程修了（博士（法学））。連合総合生活開発研究所研究員を経て、現職。主な著書、論文に山田省三・石井保雄編著『トピック労働法』（共著、信山社、2020年）、「賞与・一時金の法的請求権に関する考察」人文社会科学論集1号（2022年）195頁、「労働者の基本権としての職業の自由−職業の自由の保障にてらした出向命令権の根拠に関する考察」国士舘法学54号（2021年）191頁など。

よくわかる！
労働判例ポイント解説集　第2版

2014年12月28日　　第1版1刷発行
2023年1月25日　　第2版1刷発行

編著者　山田省三

　　　　春田吉備彦

　　　　河合　塁

著　者　後藤　究

　　　　小林大祐

　　　　榊原嘉明

　　　　東島日出夫

　　　　藤木貴史

　　　　松井良和

発行者　江曽政英

発行所　株式会社労働開発研究会

〒162-0834　東京都新宿区北町41
電話　03-3235-1861　FAX　03-3235-1865
https://www.roudou-kk.co.jp
info@roudou-kk.co.jp

2023　Printed in Japan

印刷・製本　第一資料印刷株式会社